股市赢利
必读书

股票作手
回忆录

〔美〕埃德温·利非弗 杰西·利弗莫尔◎著 屠建峰 马晓佳◎译

湖南文艺出版社
HUNAN LITERATURE AND ART PUBLISHING HOUSE

博集天卷
CS·BOOKY

图书在版编目（CIP）数据

股票作手回忆录 / （美）利非弗 (Lefevre, E.) ,
（美）利弗莫尔 (Livermore, J.) 著；屠建峰，马晓佳译 .
— 长沙：湖南文艺出版社，2015.1 （2022.2重印）
书名原文：The reminiscences of a stock operator
ISBN 978-7-5404-7011-1

Ⅰ . ①股… Ⅱ .①利… ②利… ③屠… ④马… Ⅲ .
①利弗莫尔，J. (1877~1940) - 回忆录②股票投资 - 经
验 - 美国 Ⅳ . ① K837.125.34 ② F837.125

中国版本图书馆 CIP 数据核字（2014）第 265281 号

上架建议：投资理财

股票作手回忆录

作　　者：[美] 埃德温·利非弗　杰西·利弗莫尔
译　　者：屠建峰　马晓佳
出 版 人：刘清华
责任编辑：薛　健　刘诗哲
监　　制：陈　江　毛闽峰
营销编辑：张　璐
封面设计：WONDERLAND 仙境
出版发行：湖南文艺出版社
　　　　（长沙市雨花区东二环一段 508 号　邮编：410014）
网　　址：www.hnwy.net
印　　刷：三河市鑫金马印装有限公司
经　　销：新华书店
开　　本：165mm×240mm　1/16
字　　数：247 千字
印　　张：18
版　　次：2015 年 1 月第 1 版
印　　次：2022 年 2 月第 11 次印刷
书　　号：ISBN 978-7-5404-7011-1
定　　价：32.00 元

质量监督电话：010-59096394
团购电话：010-59320018

序 | 百年美股第一人：他凭什么把巴菲特和格雷厄姆比下去

杰西·利弗莫尔，美国投机家，1877 年生于马萨诸塞州农村。父亲逼其子承父业，他愤而离家出走，小学刚毕业就进场了。

他从 5 美元开始做起，40 年后则一笔净赚 1 亿美元，股票史上无人可及。也确实如此，《纽约时报》在 1999 年举行了一场投票，他当选为"百年美股第一人"，把正当时的巴菲特、索罗斯、彼得·林奇远远地甩在后边，把作古的江恩、艾略特、格雷厄姆等也甩了好几条大街。本书是记者埃德温·利非弗以他的口述为基础写的小说。

华尔街是个造神的地方，这里从来都不缺神。每个时代都有一批巨擘擎天而起，一代代的股神此起彼伏，很少有人能成为两代人的偶像。他年轻时崇拜的名字，对我们来说都陌生得很，比如詹姆斯·基恩、爱迪生·杰罗姆、迪肯·怀特等。

华尔街上朝代的更迭甚为迅速，一批批的神崛地而起，又相继而殁。这些人，连洛克菲勒和摩根都要请他们帮忙，只是后来又被新的众神取代。也许再过几十年，就没人记得巴菲特是谁了，因为到时会出现新一代的股神，去引领新的时代。

没有人能成为两代人的偶像，除了一个人，那就是利弗莫尔，他穿透了时间之墙。

利弗莫尔是疯狂的。如果你和投行业打过交道，就不难理解利弗莫尔的生活了：他在美国和欧洲有多处豪宅，有两艘长达90米的游轮，情人最多时高达二十几个，豪华舞会更是夜夜笙箫……这些放到现在也算很奢侈了。而当时的美国股市，天天有人跳楼。在这样的大背景下，人们对他憎恨到了极点，甚至说要暗杀他。与他同时代的大师江恩虽然承认他在交易上的伟大，但同时也指责他"贪婪地追逐金融资本的利润，一旦成功获取了巨额利润又忘乎所以，大肆挥霍"。

财富来来去去，股票此起彼落。利弗莫尔的伟大，不仅仅在于他的盈利，更在于他犯过的错误。他说："知道不该做什么，比知道该做什么更重要。"任何人进场，都不是来捡钱的，是来赢钱的；要赢钱，就得有经验。而每一个经验，都必须用真金白银来买（或看着别人去买）。成长就是试错，对交易商来说尤其如此。

利弗莫尔的成长是漫长的，他几乎什么都做过：他做过散户，当过主力，做过操盘手，干过承销商，操纵过美国的国计民生，在股票和期货市场做空做多都大赔大赚过……他的一生，是一份从14岁入场到63岁共49年经验的总结。投机商能犯的错误，他都犯过了；投机商将犯的错误，他也都犯过了。他提出的各种规则，不是几千块几万块换来的，每一条都是几百万美元买回来的，所以比真金白银更加有价值。

如果说格雷厄姆（巴菲特的老师）是"教父"，巴菲特是"股神"，索罗斯是"股魔"，王亚伟是"股佛"，彼得·林奇是"股圣"，那么利弗莫尔就只能叫做"股痴"了。为什么呢？在只有一百多年的股票历史中，他在股市待了半个世纪。

大部分在股市赚过钱的，后来都离开去做投资了，不管是索罗斯还是巴菲特，不管是格雷厄姆还是彼得·林奇。股市上没有常胜将军，没有人能几十年不败，如果贪战，最终必有一次大跌。和利弗莫尔同时代的摩根和洛克菲勒等，则开山挖油建铁路，搞的是实业。但利弗莫尔从来没有搞过投资，也没有做过实业，他痴迷股市，不肯离开，直到63岁时死亡才给自己的交易生涯画上句号。据他自己说，这是因为他没有别的营生，什么都不会干。毕竟他只是小学毕业，读书少，别的也干不了。

最后要说的是译本。喜欢读书的人总会发现，翻译作品很难懂。但我们从不抱怨，我们说："人家是经典，是大师写的，咱看不懂很正常！"但我发现：看不懂的只是翻译作品，原版英文书还是很简单的。

原来，英文书越经典就越简单。如果它不简单，大部分美国人看不懂，那它怎么引领美国人的思潮，并成为经典呢？中国人读不懂外版经典，不是因为经典难，只是译本的问题。

我不能吹嘘这个版本多么好，但我可以毫不羞赧地说：这个版本，比我三年前的版本，要强一百倍。

就拿本书的第一句话来说吧："我 grammar school 刚毕业就参加工作了。"针对这句话，彼得·林奇说："只要可以做五年级的数学题，你就有了基本的技能。"那很显然，grammar school 是"小学"的意思。但是市场上流通的大部分版本（包括我之前的版本），都译作了"中学"。原来，grammar school，在英国是"中学"，但在美国却是"小学"。

翻译错误或语焉不详，你就不知道它在说什么，就被剥夺了从经典中获得真知灼见的机会。利弗莫尔是一个智者，现在你和他擦肩而过，和智者擦肩而过就必须得有所收获才好，不然就像卖掉一支股票却眼睁睁地看着它暴涨了一百多块一样，人会后悔，想补仓又不敢。

而这个版本和好股票又不同，不会瞬息万变，它很有耐心，一直会等你回来，再慢条斯理地跟你讲完一份 49 年的交易经历，半个世纪的起起伏伏，一份从 5 元本金到月入 1 亿的故事和智慧。

‖‖‖ ‖‖目录‖

第一章
不要问为什么，原因总比机会迟到很久

　　我小学① 刚毕业② 就直接工作了，在一家证券公司做杂工，负责更新交易大厅里报价板上的价格。我对数字很敏感，因为我在学校学过一年算术，它本来是一门三年的课程。有个客户常坐在报价器旁边，把最新价格大声读出来，我尤其擅长心算，所以对我来说，他读得不算快，我能轻松跟上。我记数字向来很快，一点儿都不费劲。

　　公司里还有很多其他同事，当然，我和他们都成了朋友。但我就是干这个的，很忙，市场交易活跃时，我从早上 10 点一直忙到下午 3 点，所以也没多少时间聊天。当然，工作时间我也不喜欢聊天。

　　但是，交易再忙也没有妨碍我的思考。在我眼里，那些数字并不代表价格，也就是每股多少钱。它们只是数字。当然，它们必然是有某种意义的；它们总是在变。我只对一样东西感兴趣，那就是"变化"。至于它们为什么变，我不知道，也不在乎，我从来没想过这个问题，我只是知道它们在变。这就是我平时 5 小时、周六 2 小时在思考的东西：它们不停地在变。

　　这就是我对股价行为产生兴趣的开始。我记忆数字的能力不错，能回忆起前一天股价表现的细节，对心算的爱好就这样帮上了我的忙。

---

① Grammar school，在英国为中学，在美国为小学。

② 要成功投资，你不必是个数学天才。只要可以做五年级的数学题，你就有了基本的技能。——彼得·林奇

我注意到：在任何涨或跌之前，股价总会出现某些"习惯"，如果可以把它叫"习惯"的话。类似的情况一再重复，没完没了，于是成了某种征兆，可以为我指示其走向。虽然我只有 14 岁，但已经默默地观察了几百次同样的情况。于是，我发现自己开始不自觉地比较今天和昨天的波动，看自己测得准不准。不久我就开始有意识地预测价格的走向，就像我刚说的，唯一指导我的，就是股价过去的表现。我脑子里装着"内幕"，眼瞅着价格一路奔向我预测的结果；我还给它"计时"，你知道我是什么意思。

比如，你会发现某些点，买进和卖出基本上差别不大。股市就是战场，而波动线就是你的望远镜，靠它你就能有七成的胜算。

我很快就学会了另外一个道理：华尔街没有新鲜事，不可能有的。投机①像群山一样古老，亘古长存，从未改变。股市上今天发生的事，过去曾经发生过，将来也会再次发生。一直到今天我都没有忘记这一点，我想自己一直在努力记住，某些事是在什么时候怎么发生的，我记住了这些经历，它们使我在交易中少交学费。

我很痴迷这个预测游戏，由于特别想预测所有活跃股的涨跌，我特意买了一个小本，把我看到的信息都记下来。这可不是所谓的"虚拟交易"；很多人做虚拟交易，赚几百万也不狂喜，赔几百万也不怕自己会进救济院。②我只是记下自己测得对不对，也就是动态的方向；其实，我最感兴趣的还是检查自己测得准不准，也就是我猜对了没有。

比如吧，在研究了一支活跃股一天的所有振荡后，我就可以得出结论：这种波形以前出现过很多次，之后它会突破当前价位 8~10 个点③。周一，我通常会把股票名称和价位记下来，参考它之前的表现并预测周二和周三的走势，到时候我就会拿着报价器打出来的明细做实际验证。

---

① 投机，英文 speculation，是个褒义词或中性词。原意表示"预测"，用在股市表示"根据对未来的预测获利或亏损"。与"投资"相对：投机表示短期预测，也就是短线或快线；投资表示长期持股，也就是长线。
② 实战和虚拟操作的最大区别就是，一个人的智商和情商都会急速降低成另一个人。——彼得·林奇
③ 在本书中，一个点就是一美元，另外还有三个常用的单位：$\frac{1}{2}$ 点、$\frac{1}{4}$ 点、$\frac{1}{8}$ 点。

所以我开始对报价器产生了兴趣，在我脑子里，那些波动从头到尾都暗示着它将上扬或下跌。当然，波动总是有原因的，但报价器不会告诉你为什么，它不解释原因。我14岁时就没问为什么，现在我40岁，我也不问。今天涨跌的原因，也许两三天、几周甚至几个月之后才知道。但知道了又有什么用，不知道又有什么关系呢？你和报价器的关系，就在当时当下，而不是明天。原因可以以后再说，而现在，你要么立刻行动，要么丢掉机会。① 我一次次亲眼见证了这条真理。你应该记得前两天，市场上所有股票都在猛涨，而空管公司的股票却跌了3个点。这是事实，是结果。后来星期一董事会说不分红了，这就是原因。董事会早就知道公司的决定，所以即使自己没有卖出，至少也不会买进。内部不买进撑盘，价格没有理由不跌。

我在自己的小本上记了大概六个月。下班后我并不直接回家，而是记下那些我想要的数字，用来研究变化。我一直在寻找完全一样或类似的波动。其实我已经在学习如何读盘了，尽管当时我没意识到这一点。

一天，我正在吃午饭，一个比我大的杂工跑过来，悄悄问我有没有带钱。我说："问这干吗？"

他说："哦，我有伯灵顿的内幕，如果有人跟我一起干，我就玩一把。"

我问："玩一把？玩多大？"在我看来，能玩这个游戏的只有那些客户，有大把大把钞票的冒险家。为什么我会这么觉得？要玩这个游戏，需要几百甚至几千美元②，那意味着你得有自己的私人马车，马车夫都能戴丝绸帽子。

他说："我的意思就是，玩儿玩儿。你有多少钱？"

"你要多少？"

"嗯，有5块钱③做本金，我就能买5股。"

① 在信息不全的条件下当机立断非常重要，在股市中，你不可能把所有信息都弄清楚再行动，因为那时赚钱已晚。——彼得·林奇

② 20世纪初，20美元约为1盎司黄金，1盎司约31克，每克现在市价为300元左右。这样算下来，当时的1美元相当于现在400~500元人民币的购买力，1000美元相当于四五十万元人民币的样子。

③ 相当于现在2000多元人民币，大概也就是一个人半个月的工资。

在本书中，部分"美元"以"元"或"块"代替了，这样可以传达说话人的语气，或可以使阅读更加流畅。

"这怎么玩？"

"我会把钱交给投机商行做保证金，买伯灵顿，能买多少就买多少。一定能赚，就跟捡钱似的，钱马上就能翻番。"

我对他说："等一下。"然后掏出了我的小本。

我对钱翻番并不十分感兴趣，但他说伯灵顿会涨，如果是真的，我的小本也应该这样显示。我查了查，确定无疑，根据我的记录，伯灵顿会涨，它的表现就像以前上涨前一样。当时，我还没做过任何交易，也从没和别人一起赌过什么，但我觉得这是个检验我的工作兼爱好是否准确的好机会。我立刻想到，如果我的小本在现实中预测不准的话，那这套理论就没啥意思了。所以我掏光兜里的钱都给了他，他带着我们的"基金"跑到附近一家投机商行买了伯灵顿。两天后我们套现，我赚了3.12美元。

这是我平生第一次交易，之后我开始一个人在投机商行里做，我会在午饭时去买或卖。我觉得买还是卖并不重要，我只是在和一个系统玩游戏。我并不青睐特定的股票，也没什么特别的理论支撑，我只会初等算术。实际上，我的这种方式是在投机商行做交易的最佳状态，投机客唯一要做的就是根据价格的波动下注。

交易得来的钱，很快就远远超过了我做杂工的工资，所以我辞了职。家人虽然反对，但看到我带回家的钱也就没有多说什么。我只是个孩子，杂工工资并不高，可做股票却挣了不少。

15岁时我赚到了第一笔一千美元，几个月就赚了这么多。当我把一沓现金（外加之前已经带回家的）摆在母亲面前的时候，她的眼神中充满了敬畏。她说想让我把钱存到银行去，免得我禁不住诱惑；她说她从没听说过哪个15岁的孩子能空手赚到这么多钱；她甚至不相信那是真钱；她常为此担忧、发愁。但对我来说，只要能一直玩，证明自己的预测是对的，别的也就无所谓了。用脑子做正确的预测，我就喜欢做这个。如果买了10股，结果证明我是对的，那么买100股我就10倍正确。对我来说，这就是本金多寡的意义，本金一多我就更对了。买100股比买10股需要更多的勇气吗？不，没什么区别。有 10 块就买 10 块的，有 200 万而买 100 万存 100 万，前者会需要更多的勇气。

总之，我 15 岁时就靠股市过上了小康的生活。一开始我在一些小投机行里做，在这种地方，你一笔做 20 股就会被当做乔装打扮的约翰·盖茨[①]或微服出行的 J.P. 摩根[②]。当年的投机行从不欺骗顾客，他们不必这么做，因为即使顾客猜对了，也有很多方式让他们把钱吐出来。投机行很赚钱。

即使投机行合法经营（我是说他们不暗地里捣鬼），在投机行里，价格的自然波动会主导一切。价格只要反弹 $\frac{3}{4}$ 个点（这很平常），顾客的本金就已被洗掉了。如果赖账那就永远别玩这个游戏了，不能进场了。

我没有同伴，我自己干自己的事，这本来就是一个人的游戏。我只凭自己的脑子赚钱，不是吗？如果价格朝我押注的方向走，不是因为我有朋友或伙伴帮忙；如果股价反向走，也没有好心人可以让它停下来。我不需要把我的交易告诉任何人。我当然有朋友，但工作起来我一直都是独行侠。这本来就是一个人的游戏，所以我一直一个人玩。

啊，投机行很快就开始讨厌我，因为我总是赚他们的钱。当我走进去把本金堆在柜台上时，他们只是看一看而不收钱，他们会告诉我今天不营业。也就是从那时起，他们开始叫我"少年杀手"[③]。我被迫不断更换公司，从一家换到另一家，后来甚至被迫使用假名。我不会着急，而是慢慢来，一开始不多做，只做 15-20 股。当我被怀疑时，我偶尔会有意先输些钱，然后才一口咬死。当然他们很快就会发现我太能挣钱了，然后叫我走人去别的地方交易，不许我再抢劫他们老板的利润。

一次我在一家大投机行做，刚做了几个月他们就不让我去了，但我决心必须多拿些钱走才甘心。这家公司的分号遍布全城，在市内的酒店大堂

---

① John W. Gates，以大手笔著称，有"跟你玩一百万"的名声。
② J. P. 摩根（J. P. Morgan），是美国历史上的大实业家，主要做铁路，和洛克菲勒齐名，洛克菲勒主要做石油。摩根和洛克菲勒也都做股票。
③ Boy Plunger，其中 plunger 这个词意思比较丰富：一，plunge 表示"向下跳"，说明他善于做空；二，plunger 意为"活塞"，说明是短线交易；三，plunger 和 plunder（抢劫）拼写上相似，说明赚钱很多，而且狠。做空、短线、狠赚。没有一个精确对应的词，所以权且取"杀手"一词。

中有，在郊区也有。我去了一家酒店大堂分号，问了分号经理几个问题，开始在这家做。但当我开始用我特有的风格交易一支活跃股时，分号经理收到了总部一连串的电话，问到底是谁在操作那支股票。分号经理按照吩咐问我是谁，我告诉他我是从英国剑桥来的爱德华·罗宾森。他高兴地给大老板回话说没事儿。但电话那头的人想知道我长得什么样子。分号经理问我的时候，我告诉他说："请转达我是个矮胖子，黑头发，大胡子。"但他没听我的，而是原原本本地描述了我的模样。他端着听筒，脸开始涨红，一挂断电话就叫我赶紧滚蛋。

我礼貌地问："他跟你说了什么？"

"他说：'你这个白纸一样的白痴，难道我们没告诉过你不做拉里·利文斯顿的生意吗？你让他从我们这儿弄走了700块！你他妈是故意的！'"他没继续说下去。

我一一试探了其他分号，但他们都认出了我，不接受我的本金，就连进去看看报价板，营业员们都会对我冷言冷语。最后，我只能在诸家分号间游走，隔很长时间才去同一个地方，试图让他们允许我做，但没什么结果。最后只剩下一家可去了，那是"世界一家"投机行最大、最有钱的分号。

世界一家公司类属A甲，生意非常大，在新英格兰的每个工业城市都有分号。他们接受了我的交易，觉得没事，而我则买进卖出，几个月有赔有赚。但最后，他们还是和别家一样了。他们并没有像之前那些小公司一样直接拒绝我，但不是因为他们秉持公平的体育精神，而是担心，担心拒绝一个碰巧赚了点小钱的人，会让他们脸上过不去，万一让人知道必然招来非议。但他们更加可恶：他们要我交3个点的保证金；溢价①一上来就是$\frac{1}{2}$点②，接着是1个点，到最后竟然变成了$1\frac{1}{2}$个点。

这是恶意障碍！为什么这么说呢，简单解释一下。比如某钢材股价格是90块，你买进了，按照一般的溢价，你的交易单上会写着："以$90\frac{1}{8}$元买

---

① 溢价指支付的实际金额超出有价证券面值的部分，此处指交易佣金。
② 一股溢价（交易佣金）是$\frac{1}{8}$美元。

进10股某钢材。"而一个点的保证金，意思就是说，当它跌破$89\frac{1}{4}$①元，你就自动爆仓了。所以顾客也不必做出艰难的决定告诉经纪人赶紧抛空，能卖多少是多少，因为这时候你的钱已经被洗光了。一般说来，投机行不会强迫顾客多交保证金。

世界一家收这么高的溢价，却是在耍阴招。如果一支股票市价90块，我买了，我的交易单上不会写着"以$90\frac{1}{8}$元买进某钢材"，而是"以$91\frac{1}{8}$元买进某钢材"。啊，买进后，即使在涨了$1\frac{1}{4}$块后平仓，我仍然是亏的。而且，上来就苛求我交三个点的保证金，他们就把我的交易上限额度削减了三分之二。

当然，我时赚时赔，但总体来说稳中有赚。世界一家强加给我的苛刻条件足以压垮任何人，但他们仍不满意，他们还给我设套，但他们套不住我，我总能逃掉，就像出自本能一样。

前面说过，世界一家是我最后可去的地方了。它是整个新英格兰最富有的投机行，所以向来不设置单笔交易的上限额。我想我是他们最大的顾客了，我的意思是说，每天都在并每天都交易的顾客。他们的大厅很高档，还有我见过的最全面、最大的报价板。报价板从大厅这头一直铺到另一头，收录了你能想到的任何物品的报价。我说真的，它不仅包括纽约和波士顿证交所里所有的股票，还包括棉花、小麦、日常用品和五金，等等等等。总之，从纽约、芝加哥到波士顿、利物浦所有地方能够买卖的所有东西这里都有。

你知道人们怎么在投机行里交易吧？当然很简单，你把钱交给一个营业员，告诉他你想买或卖什么，他会看一眼报价器或报价板，把最新价格记下来。他还会写下时间，这样，它看起来就像一张真正的交易报告了，仿佛他们真的在某天的某个时间点在某一个价位给你交易了多少股的某支股票，收了你多少钱。当你想平仓时，你就走向同一个或另一个营业员（这得看你待的公司里有多少营业员）并告诉他。他就会记下最新的价格，如果价格不活跃，他就等报价器显示最新的数字后再记。他会在交易单上记

① 平仓时还要再交$\frac{1}{8}$点的溢价。

下时间和价格，盖个章，把单子还给你，你就可以去收银台收钱了，该收多少收多少。当然，当市场形势不利，价格突破了你保证金能承受的范围，你就会自动爆仓，交易单就成了废纸一张。

在较小的投机行里，交易量可以小到5股，交易单只是张小纸条，不同颜色代表买和卖。有时，比如在狂牛市里，投机行会受到重创，因为所有顾客都在做多而且碰巧都做对了。这时投机行就会加收买卖手续费，也就是，如果你买了一支20美元的股票，交易单上就会写着"$20\frac{1}{4}$美元"，你赚一块就只能得$\frac{3}{4}$点了。

但世界一家是新英格兰最高大上的投机行。它有数千"恩主"，而我确实觉得我是他们唯一害怕的人。摧毁性的高溢价和三个点的保证金也没有太影响我的交易量。我持续按照最大限额买进卖出，有时会有一连串5000股的交易记录。

我要告诉你一件事，啊，当天我做空[1]了3500股美国制糖，手里拿着七大张500股的粉色交易单。世界一家用的是大纸条，有很大的边空可以追加保证金。当然，他们从不要求顾客追加保证金。你掌控力越小，对他们越有利，因为他们最赚钱的模式就是把你洗掉。在小投机行里，如果你想追加保证金，他们就会重开一张票，这样他们就可以收取买进佣金了，而且卖出时也当新交易一样收取佣金，这样你赢的每个点的跌幅[2]就只剩$\frac{3}{4}$点了。

好了，我记得那天我有一万多块的保证金。我赚到一万块现金时只有20岁，如果你还记得我母亲的话，也许会认同，一万块现金实在太多了，不宜随身携带，除非是老约翰·洛克菲勒。她以前常告诫我要满足，该做一些正常营生了。我费了很大力气才说服她说我不是在赌博，而是靠预测能力赚钱。在她眼里，一万块是一笔巨款；但在我眼里，那只代表更多的保证金。

---

① "做空"一般是期货术语，在股票市场没有，也就是赌价格会跌；但在美国，股票也可以做空。

② 此时是做空，所以价格下跌才有收益。

　　我在105$\frac{1}{4}$块的价位放空了3500股美国制糖。大厅里还有一个人放空了2500股，他叫亨利·威廉姆斯。我常坐在报价器旁边，为小杂工大声念出报价来。就像我预料到的一样，价格是这样波动的：急跌几个点，停一下，仿佛是另一次猛跌前的盘整。市场整体非常疲软，各种征兆都说明做空很有前途。但是突然，它的犹豫不决让我感到异常不快。我开始觉得不舒服，觉得自己想要平仓离场。这时的价位是103点，今天的最低点。我本该信心满满的，但我却觉得非常不安。我觉得在什么地方有什么事出了什么错，但我不知道到底是什么问题。如果要发生什么，但我不知道它是什么，我就无法保护自己。如果真有暗涌，我最好还是赶快平仓。

　　你知道，我从不盲目行事。我不喜欢盲目，也从不盲目。从小我就必须清楚地知道自己为什么这么做。[①]而这次我给不出明确的理由，但我就是不舒服，我受不了了。我叫过来一个熟人大卫·威曼，对他说："大卫，你坐在我这儿。帮我个忙，在报美国制糖新价之前，稍微顿一下好吗？"

　　他说行，然后我让出报价器旁边的位子。他坐在那里，为杂工大声念出价格。我从兜里拿出那七张美国制糖单，走向柜台平仓，但我真的不知道为什么要离场，所以我只是靠着柜台站着，我把交易单捂在手里免得营业员看到。没一会儿，我听到电报机响，汤姆·本汉姆，那个营业员，立刻把头转过去听。然后我感觉仿佛有什么邪恶的事情正在酝酿，我决定不再等了。就在这时，报价器旁边的大卫·威曼开始喊："美国制……"大卫还没报出来，我就闪电一样把交易单摔在柜台上，对营业员吼道："平掉美国制糖！"这样，投机行当然必须按上一报价给我平仓。后来我知道，大卫报的价格仍然是103点。

　　根据我的预测，美国制糖这时应该已经跌破103点了，但这次我的预测机制失灵了。我有一个感觉：周围有个陷阱。电报机发了疯似的一个劲儿地响，我发现汤姆·本汉姆（就是那个营业员），把我的交易单放在一边迟迟不动手，而是一直在听电报机的咔嗒声，就像在等待什么似的。于

---

① 盲目地持续交易，还不如把钱藏在床底下。——彼得·林奇

10

是我朝他大叫："嘿！汤姆，你他妈在等什么？快给我平仓，103点！麻利点儿！"

大厅里所有人都听到了我的叫声，开始朝我们俩张望，窃窃地打听发生了什么事。你懂的，世界一家以前从没赖过账，因为没人传闲话，但一旦有人传，大家就会像挤兑银行一样挤兑投机行。只要有一个客户起疑，其他客户就会纷纷仿效。汤姆绷着脸，转过来，在我的交易单上记下："于103点平仓。"然后把那七张交易单扔了过来。他的脸色真的很难看。

从汤姆的柜台到收银台的"笼子"只有两米远，我还没走近出纳员去拿钱，报价器旁边的大卫·威曼就激动地喊出了价格："天啊！美国制糖，108！"但已经太晚了，所以我远远地朝汤姆大笑："晚了一步，是吧，老弟？"

这当然是个圈套。我和亨利·威廉姆斯共放空了6000股美国制糖。投机行拿着我和亨利的保证金，大厅里应该还有不少别人放空了美国制糖，总共大概有8000~10000股。如果世界一家拿着2万美元的保证金，就足以在纽交所拉抬价位，把我们全都洗净。在那个年代，当投机行发现很多客户都盯着一支牛股所以压力超大时，常常会在交易所里找个券商，打压股价，让所有做多的客户爆仓。投机行只需做几百股，亏几个点，就能赚几千美元。

这就是世界一家用来对付我、亨利和其他美国制糖空头的方法。他们的操盘手在纽约把价格抬高到了108点。当然，价格随即回跌，但亨利和其他很多客户就这样被洗掉了。当时，但凡某支股票猛降又快速反弹，而且无法解释，媒体就把它叫做"投机行的赶市"。

最搞笑的是，就在世界一家企图算计我后不到十天，纽约的一个操盘手就让世界一家损失了七万多。此人当时如日中天，在市场上是个响当当的人物。他是纽约证交所的会员，以在1896年的布赖恩金融恐慌中做空一举成名。为了实施自己的某些计划，他常不惜牺牲其他会员的利益，所以一直不断违反证交所的规定。一天他想，榨取些投机行的钱，证交所和警察局都不会有什么意见的，因为投机行的钱本身就不干净。于是，他派了 35 个人扮成客户去了世界一家的总部和较大的分号。在同一天的同一时间，这 35 个人以最大限额做多同一支股票，并按照指示在特定的利润点全部出清。当然，他需要做的就是，在朋友圈散播利多消息，然后煽动证交所的场内交易员抬高股价，当然还有很多信任他的广大股民。他又精心挑选了最合适的股票，所以拉抬三四个点简直易如反掌，而此时他派去投机行的人们就按计划套现了。

一个老兄告诉我，除去给那 35 个人的开销和报酬，他最后净赚 7 万美元。他在全国多次上演了同样的把戏，狠狠地教训了纽约、波士顿、费城、芝加哥、辛辛那提和圣路易斯的大投机行们。西部联合铁路公司是他最宠爱的股票之一，因为它一直半死不活，所以让它振荡几个点非常容易。他的手下会先在一个价位买入，涨 2 个点就平仓，然后转手做空，再赚 3 个点。

顺便提一下，前两天我在报纸上看到他死了，死得一贫如洗，默默无闻。如果他改在 1896 年去世，纽约所有报纸的头版都会给他留至少一个专栏的位置，但他没有，所以只在第五版留了两行。

第二章
价格是最浅的表象，对涨跌下注是小孩子的游戏

世界一家用3个点的保证金和$1\frac{1}{2}$个点的溢价都没干掉我，据说他们将采用更加卑鄙的手段来对付我，而且他们已经暗示无论如何都不愿再做我的生意了。所以我决定去纽约了。这样我就可以在纽约证交所的贵宾单间里真真正正地做交易了。我不想去波士顿，因为波士顿也算分部，行情还得靠电报传递。我想靠近源头。这样，21岁的我来到了纽约，身上所有家底加起来共2500美元。

我曾经说过，我20岁时就有一万美元了，在美国制糖交易中的保证金就有一万多。但我并非总能赢利。倒不是我的交易方法有问题，我的方法很完美，赢多亏少。如果我能一直坚持自己的原则，就有七成的胜算。[①]

实际上，只要我先确定自己是对的，然后再出手，一般都能赚钱。我失手的原因是不能足够坚强，坚持自己的游戏规则：市场信号出现之前，不要出手。任何事情的成功都需要掐准时间，但当时的我还不懂这个道理。这也正是华尔街上众多高手失足的原因，他们绝不是一般的傻瓜。

一般的傻子，随时随地都在犯错。但还有一种"华尔街傻瓜"，认为自己要不停地交易才行。没有任何人有充分的理由天天交易，没有任何人有足够的知识保证自己手手都高明。[②]

---

① 我买错过很多股票，妄图100%操作正确注定会亏损。——彼得·林奇

② 很多事情都有利可图，但你必须坚持只做自己能力范围内的事，我们无法打败泰森。——巴菲特

我的经历证明了这件事。只要我根据经验仔细解读行情，就能赚钱，而只要犯傻我就一定会输。我也是人，也会成为华尔街傻瓜，不是吗？在纽约证交所，巨大的报价板直勾勾地盯着我的脸，客户们忙着交易，眼看着手里的交易单变成钞票或废纸。于是，寻求刺激的欲望压倒了理智。在投机行，保证金有限制，玩不长，人很容易出局。但在华尔街不一样，人们可以泡在股市。不顾股市背后的大环境，频繁地操作，是华尔街上甚至大量专业人士失败的主要原因之一。他们把股票交易当成了一份有固定收入的工作，总觉得每天都该赚些钱回家。不过请原谅我，当时我还小，并不懂得我后来学到的经验，那些经验让我在 15 年后，可以苦等两个星期眼瞅着一支本来就看涨的股票上蹿 30 个点才放心买进。

当时我钱紧，一心想东山再起，我输不起，所以玩不起鲁莽的游戏。我选择等待，因为我必须是对的。那是 1915 年发生的故事，但说来话长，咱们得另找个合适的地方再说。

咱们还是言归正传，说说我在投机行赚了几年后又眼瞅着丢掉大部分战利品之后的故事。（当然，投机行那几年也不是我干蠢事的唯一阶段，一个作手必须战胜自己心中很多昂贵的敌人。）

总之，我揣着 2500 美元到了纽约。这里投机行是非法的，证交所和警察局把它们关得不能再死了。而我也不想再在投机行做了，我只想找一个可以放开手脚大干一场的地方，除了本金之外别无其他束缚。我本金确实不多，但觉得总有改变的一天。一开始，对我来说最重要的就是找一个可以不被黑的地方。于是我来到了证交所的一个会员公司，它在我的家乡也有分部，不过早就倒闭了，我还认识分部的几个职员。我没待多长时间，因为我不喜欢其中一个合伙人，于是我来到了艾德·富乐圉公司。

想必艾德·富乐圉公司对我早年的战绩有所耳闻，因为他们很快就开始叫我的外号"少年杀手"。我长得年轻，到现在也还这样。这在某些方面不是好事，很多人都想占我的便宜，但这也让我学会了自强。在投机行的时候，那些人看我年轻，都认为我是个碰运气的傻小子，不过这也是我总能打败他们的原因。

但是，不到半年，我就破产了。我频繁地做交易。人们说我总能赚钱（我猜我的交易佣金可能都是一笔巨资了），也真的一度赚过不少钱，但最终还是输光了。我非常谨慎，却注定会输。我可以告诉你原因：之前在投机行里的骄人成就注定了我会亏损。

只有在投机行里，我那套交易方法才能赢，因为在投机行，只是根据价格的涨跌下注。我只需要看行情就够了。我买进时，价格就在报价板上，就在我面前；甚至买进前我就知道自己的成交价，而且想卖立刻就能脱手。由于是即时交易，我总能成功切到头寸，瞬间套现或止损。比如有时候，我确信一支股票会涨至少一个点。我不会让自己太贪婪，我会设定一个点的止赢点，本金加倍，一眨眼就赚双倍的钱；或者我就设置半个点的止赢点。这样每天做一两百股，一个月下来也是笔不错的收入，对吧？当然，这套策略的现实问题就是，没有太多的投机行能够承受这样稳定且巨大的损失，即使有这个能力也不愿意承受。他们才不会允许一个品位如此之差的顾客，在自己的店里天天赢自己的钱。

总之，投机行里那套完美的策略，在富乐囤公司失灵了。在投机行，人们只是在模拟股票买卖；而在富乐囤，这是在真正交易股票。当报价器显示美国制糖105点时，我能预测它会跌3个点。但此时交易所场内的实际价格可能已经是104或103点了。当我发出放空1000股的交易委托去场内执行时，价格可能已经更低了。我不知道到底是在什么价位成交的那1000股，直到我从营业员那里拿到交易报告时才能知道。同样这笔交易，换在投机行，我肯定能赚3000美元，可到了正规证券公司就一分钱也赚不到了。当然，我举的是个极端例子，但事实就是，富乐囤的报价器里，价格总是慢半拍，而我还在用从前的策略做交易，完全没有意识到这一点。

更糟的是，如果我的交易量很大，我的卖单本身就会压低股价。而在投机行里，我根本不用考虑自己的交易会对股价产生什么影响。由于游戏规则完全不同了，我在纽约输得精光。我亏钱倒不是因为纽约的游戏是合法的，而是因为我完全不了解游戏的规则。

人们一直说我善于读盘，但对行情的专业解读能力并没有救得了我。如果能在场内交易，也许情况会好得多。在场内交易，也许我就能根据眼前的情况迅速调整策略了。但我现在的交易规模会对价格产生影响，我的策略还是行不通。

总之，我还没有了解股票游戏的真正玩法。我只知道其中一部分，很重要的一部分，这部分对我来说一直很有价值。我掌握了那么多，还是输了，那么，那些新手还怎么赢呢，或者说怎么赚钱呢？

我很快就意识到自己的交易方式出了问题，但又不知道问题到底出在哪儿。我的交易策略有时会非常成功，但突然又连遭打击。但是别忘了，当时我只有 22 岁，不是我偏执，不想弄清问题所在，而是在那个年龄，没人懂得太多。

公司里的人对我都很好。公司本来对本金有限制，让我无法随心所欲地玩，但老富乐囤先生和公司其他人对我都很不错，所以，六个月的频繁交易后，我不仅把带来的和新挣的钱全部输光了，还欠了公司好几百美元。

我这个第一次背井离乡的小毛孩，在纽约输了个精光。但我知道这不是我自己有什么问题，而是玩法出了问题。不知道我说明白了没，我从不抱怨市场，从不责备行情。责任永远不在市场，抱怨市场有百害而无一利。

我着急重返交易，于是一分钟也没耽误，直接去找老富乐囤说：“我说，艾德，借我 500 块吧。”

“干什么？”他问。

“我急需用钱。”

“干什么呢？”他重复道。

“当然是做本钱。”我回答。

他皱起眉头：“500 美元？你知道，保证金是 10%，也就是 100 股1000 美元①。你最好还是记账多拿些吧……”

---

① 股票面值为 100 美元。

我说："不，我已经欠公司人情了，不想再记账了。我只想借 500 块，出去赚一圈就回来。"

"你打算怎么赚？"老富乐囤问。

"我会到投机行里去交易。"我告诉他。

"在这儿做吧。"他说。

我说："不，在这里我没把握一定能赢，但我确定在投机行可以赚钱。我了解那里的游戏规则。我感觉自己在这里的交易好像哪儿出了什么问题。"

他借给了我，我离开了富乐囤。在这里，我这个"投机行的少年杀手"输了所有的财富。我不能回老家，因为那里的投机行都不接我的生意。纽约也不行，因为这里没有投机行。有人告诉我 90 年代的宽街和新街有不少投机行，但我需要时它们却已经消失了。经过一番思考，我决定去圣路易斯；据说那里有两家大投机行生意很大，在整个中西部都有名，他们利润一定不错，因为在几十个城市都有分号。实际上，人们告诉我没有任何东部投机行能在规模方面和它们相提并论。他们公开营业，最奉公守法的人也可以大摇大摆地在这里做。一个老兄甚至告诉我，其中一个老板是商会副主席，但不是圣路易斯商会。总之，我带着 500 块去了那儿，想捞点儿本钱回到纽交所会员艾德·富乐囤公司做本金。

到圣路易斯后，我先去了酒店，梳洗一番后就去找那两家公司。一家叫多兰公司，另一家是特勒公司。我知道自己可以打败它们。我一定要谨慎再谨慎，确保绝对安全。但我担心有人会认出我来，揭穿我的身份，因为全美国的投机行都听过"少年杀手"的名字。投机行就像赌场，专业玩家的故事会立刻传得到处都是。

多兰公司比特勒公司近，所以我先去了那里。我希望能尽量不露声色，在他们把我赶走之前尽量多做几天。我走了进来。交易厅大得惊人，至少有几百人在盯报价板。我心里窃喜，有这么一大群人做掩护，就不会有人注意到我了。我站着看了一会报价板，仔细看了一遍，选好了我要做的第一支股票。

我环顾四周，看到交钱下单的窗口。下单员正在打量我。我走过去问："这儿是交易棉花和小麦的地方吗？"

"是啊，哥们。"他说。

"我也可以交易吗？"

"只要你有钱。"他说。

"啊，我有啊，我有钱！"我说话的口气就像个吹牛的小伙。

"你有？真的？"他笑着问。

我装作气愤地问："100块能买多少？"

"如果你真有100块，就能买100的。"

"我有100，当然，我还有200呢！"我对他说。

"哇，天啊！"他说。

"那你给我买200的吧。"我大声说。

"买200的什么？"他问，不再嬉皮笑脸，因为现在是生意了。

我又看了看报价板，装出使劲动脑筋猜的样子，告诉他说："买200块的奥马哈。"

"好的。"他说。他收了钱，清点后给我开了单。

"怎么称呼？"他问。

"贺拉斯·肯特。"我说。

他把单子递给我，我走开，坐在顾客中间，等着股价上涨。我操作迅速，当天就做了好几笔交易，第二天照旧。两天我共盈利2800块，心里暗自祈祷他们能让我在这里做够一个星期。照我的速度，一周的战绩将很不错，然后我就可以再去另一家，如果运气好就能再做一周，我就可以攒点本钱回纽约了。

第三天早上，我羞怯地走向窗口，要买500块的B.R.T.。营业员对我说："我说，肯特先生，我们老板想见见你。"

我心里明白游戏可能结束了，但我还是问他："他见我干啥？"

"我不知道。"

"他在哪儿？"

"在他的办公室，从那边进去。"他指着门说。

我走了进去。多兰坐在办公桌后面，他转过身来，指着一把椅子对我说："请坐，利文斯顿。"

最后一线希望破灭了。我不知道他是怎么发现我的身份的，也许是他查了酒店的入住登记簿。

"您为什么要见我？"我问。

"听着，小伙子，我不想和你过不去，明白吗？一点也不想，明白吗？"

"不，我不明白。"我说。

他从转椅上站起来，一个超级大块头。他对我说："你过来一下，利文斯顿，过来吧。"他边说边走向门口，打开门，指着交易厅里的客户问我："你看见了吗？"

"看见什么？"

"那些人。看看他们，小伙子。那里有300个人，300个蠢货！他们养活我和我的家人，懂吗？300个蠢货！但是你来了，两天就赚了我两周才能从他们身上切的头寸。生意不是这么做的，小伙子，这对我不太公平。我不想和你过不去，你已经拿走的钱，我就不追究了，但你不能再这么干了，这里的钱不是给你准备的！"

"啊，我……"

"就这样吧。前天见你进来，我当时就看你不顺眼。坦白地说，真的很讨厌。我一眼就发现你不是善茬。于是我把那个蠢驴叫来，"他指着那个犯错的营业员继续说，"问他你都干了什么。他描述了一番，然后我对他说：'我不喜欢那家伙的样子，他不是好人。'可那个蠢货却说：'不是好人？不会的，老板！他叫贺拉斯·肯特，只是个想玩成人游戏的小毛孩。他没事的！'好吧，我没再理他，就由着他了。但结果这个白纸一样的白痴让我赔了2800美元。小伙子，我不怪你，但是现在，我的保险箱已经锁上了！"

"听我说……"我说。

"你听我说，利文斯顿，"他说，"我知道你的底细。我靠切傻瓜的赌资谋生，但你不属于这里。你已经从我这里拿走的，可以随便拿走，这已经够意思了吧？但我不蠢，既然我已经知道你是谁了，你就快滚吧，小子！"

就这样，拿着在多兰公司赚的2800块，我离开了那里。特勒公司就在同一条街上。我早知道特勒富得流油，除了投机行还开了好几家赌场。我决定去他的投机行。我在考虑怎么做才算明智：是先谨慎出手慢慢加大到每笔1000股，还是干脆上来就大干一场？因为我可能只有一天的交易时间。他们一发现赔钱就会迅速变得聪明，但我很想买1000股B.R.T.，因为我确定可以赚4~5个点的利润。而一旦他们起疑，或者太多客户都在做多，他们可能根本不让我交易。经过考虑，我觉得还是别那么猛，先小手笔地分散交易比较稳妥。

特勒公司的交易厅没有多兰的那么大，但设备更高级，而且很明显，这里的客人都要高级一些。这简直就是为我量身打造的！所以我决定，买1000股B.R.T.。于是我走到下单窗口对营业员说："我想买B. R. T.，限额多少？"

"没有限额，"营业员说，"只要你有钱，想买多少都行。"

"买1500股。"我边说边从兜里掏出一大卷钞票，营业员开始开单。

这时，我瞥见一个红头发的男人一把把营业员从柜台边搡开。他靠在柜台上，对我说："我说，利文斯顿，你回多兰公司去吧，我们不接你的生意。"

"等会，我还没拿到买单呢，"我说，"我刚买了点B.R.T.。"

"你没有在这里下单！"他说。这时其他营业员开始聚在他身后，一起瞪着我。"不要再踏进这里的门，我们不做你的生意，听明白了没？"

抓狂和争辩都毫无意义，我只好回到酒店，付清账单，赶最早一班火车回到了纽约。真坎坷。我本想多赚点，可特勒公司居然一笔都不让我做！

回到纽约，还了富乐囤那 500 美元，我开始重新交易，本金就是在圣路易斯赚来的那笔钱。运气时好时坏，但总体略有盈余。毕竟，我脑子里没有太多需要去除的错误信念，我只要抓住一点就行：富乐囤公司的股票投机游戏，比我原想的要复杂得多。填字游戏的脑残粉，如果做不出周末报纸增刊上的填字游戏，是决不会罢休的；我也一样，我当然想找到我的字谜的答案。我认为自己这辈子再也不会回投机行了，但我错了。

回到纽约数月后，一天来了一个老赌客，他认识富乐囤，有人说他们曾共同拥有一群赛马。很明显他也有过好日子，经人介绍，我认识了老麦克德维特。当时他正在给一群听众讲西部赛马场上的一个个老骗子，不久前还有个人在圣路易斯搞了一把。他说：骗子头是个赌场老板，叫特勒。

"哪个特勒？"我问他。

"个子高高的特勒，H. S. 特勒。"

"我认识那个鸟人。"我说。

"他不是个好鸟。"麦克德维特说。

"简直是个烂鸟，"我说，"我跟他还有笔账要算呢！"

"怎么算？"

"教训他这种矬人，唯一的办法就是打击他们的账本。前两天在圣路易斯我没治得了他，但总有一天我会找他算账的。"于是我把自己的委屈都告诉了他。

"啊，"老麦克说，"他曾想在纽约这里开爿店，没做成，所以在霍博肯开了个分号。有消息说那里没有交易限额，所以玩一圈，就能让直布罗陀巨石输成跳蚤的小影子。"

"那是家什么店？"我以为他说的是赌场。

"投机行。"麦克说。

"你确定它开门营业？"

"没错，几个人都亲口跟我说过。"

"那只是道听途说。"我说，"你能不能亲自跑一趟去确认一下它是不是真的营业，还有他们允许的最高限额？"

"好吧，孩子，"他说，"我明天一早就去跑一趟，回来给你消息。"他去了。特勒的生意好像做得很大，猛吸金。那天是周五，整整一周，市场都在上扬。别忘了，那是 20 年前，周六的银行报告常说又大幅降低银行准备金了。

这是个常识，大炒家们一般都会知道这是进场的好机会，可以从实力不足的小投机客那里挤钱出来。在交易的最后半个小时里，股票一般都会出现回档，尤其是那些股民最看好、最活跃的个股，这些个股当然正是特勒公司的股民都大量押注做多的个股。投机行非常高兴看到场内有人做这些股票，因为保证金是一个点，股价的回踩一把就可以洗掉投机行里所有人！只要起伏超过一个点，不管傻瓜们是做多还是做空，两头都是死路。

周六一早，我就赶到了霍博肯市的特勒分号。宽敞的交易厅里，新安了一块华丽的报价板，外加一大群营业员和穿灰制服的保安。当时交易厅里有大约 25 个客人。

我找到经理开聊，他问我有什么可以效劳，我也没说什么，只是说，在马场上，人们可以凭运气赚很多钱，还可以倾囊而出，站着等一分钟就赢几千美元。但在股市里只能赚小钱，可能还要等好几天。一听这话，他开始劝我说：股市比赌马要安全得多，他的一些客户赚了多少多少。他说得天花乱坠，你简直可以完全相信，他们做的是正经生意，真有一个正规的经纪人在证交所场内为你交易股票。而且，只要买卖做得大，赚到的利润可以满足任何人。他一定以为我正在赶去赌马，所以急切地想吞一点我的赌本，趁我把钱都输在赌马上之前先让他赚一点。他劝我赶紧进场，因为周六股市 12 点就收盘了，这样我就还有一个下午的时间去做别的消遣。如果我选对了股票，没准还能多带点钱去马场呢。

我装出不太信他的样子，他就不停地絮絮叨叨。我看了看挂钟，到 11：15 时，我说"好吧"，然后给了他 2000 块现金，让他帮我做空几支股票，他很高兴地收下了。他告诉我他认为我能大赚，并希望我常来光临。

股价的走势正如我所料。场内交易员开始打压那些他们认为可以使其阶段性下跌的股票，自然，价格迅速下滑。通常在最后五分钟，场内交易员又会习惯性地回补，价格就会随之反弹，而我那时已经平仓。

一把赚了 5100 块。我去了结头寸。

"真庆幸我来了贵公司。"我对经理说，把交易单递给他。

"我说，"他对我说，"我一时不能全兑给你。我没想到你能赚这么多，周一上午我一定给你准备好，保证不会有问题。"

"好的。但你现在有多少，要先全兑给我。"我说。

"你最好让我先兑给那些小客户，"他说，"等我了结了其他客户的交易单，我会把你的本金和剩下的钱都留给你。"于是我等着他给其他赢家付钱。我知道自己的钱很安全，这里生意这么好，特勒不会赖账的。即使他赖账，我也能拿走当场所有的钱，只能这么干了。我拿回了自己的 2000 块本金和营业厅里剩下的 800 多块，然后和经理说我周一早上会再来。他发誓到时一定把钱准备好了。

周一我到了霍博肯，这时刚不到 12 点。我看见一个熟悉的人影在跟经理说话。在圣路易斯，当特勒公司叫我回多兰公司那天，我见过这个人。我马上意识到，经理给总部发了电报，而总部派了亲信来调查此事。骗子永远不会相信任何人。

"我来拿你欠我的钱。"我对经理说。

"是这个人吗？"圣路易斯人问。

"是的。"经理边说边从兜里掏出一捆钞票。

"等一下！"圣路易斯人对经理说，然后转向我，"我说，利文斯顿，我们不是说过不接你的生意吗？"

"先把我的钱给我。"我对经理说，他用两根手指叉出 2 张一千块、4 张五百块和 3 张一百块。

"你刚说什么？"我问圣路易斯人。

"我们说过，我们不让你在我们的地盘交易！"

"是的，"我说，"所以我才来这里。"

"哼，不许再来，滚得远远的！"他对我吼道。穿着灰色制服的保安走了过来，看似漫不经心的。圣路易斯人对经理挥了挥拳头，嚷道："蠢货，你早该知道绝对不能让这个人进来。他是利文斯顿，你接到过命令的！"

"你听着，"我对他说，"这里不是圣路易斯，你的老板可以对付外行小毛孩，但在这里你耍不了花招。"

"滚得远远的！你不能在这里交易！"他喊道。

"如果我不能做，别人也甭想做，"我告诉他，"在这个地方，拒绝客户可没好下场。"

一听这话，他马上变了语气。"你看，哥哥，"他焦虑地说，"帮帮忙吧，讲讲道理。如果你天天这么干，我们真的受不了，你懂的。如果老特勒知道是你，一定会把房顶掀了。发发善心吧，利文斯顿哥哥！"

"我会小心的，不让你们老板知道。"我答应他。

"你就听我的吧，行不行？看在老天的分上，离开吧！我们出来混口饭吃也不容易。我们也是新来的，刚开始不容易，别让我们开门黑，行不行？"

"下次再来的时候，我可不想再看到你们这副趾高气扬的态度。"说完，我转身离开，而他则滔滔不绝地骂分号经理。因为他们在圣路易斯对我不好，所以我才这样从他们身上搞钱，没必要闹僵或把他们的生意搞砸。我回到富乐囤，把故事讲给麦克德维特听。我还告诉他，如果他乐意，我想让他去特勒的地盘交易。先做二三十股的小额，让他们慢慢习惯这个新客户；然后，等我看准机会，就打电话给他，大肆掠夺一番，大赚一笔。

我给了麦克德维特1000块，他去了霍博肯，依计行事。很快他就成了常客。一天，我认为行情要跌破，就悄悄通知了麦克，让他全力放空。当天，除了付给麦克的佣金和开销，我净赚了2800块。我猜麦克私下里自己也下了些注的。之后不到一个月，特勒在霍博肯的分号就倒闭了，警方开始介入。我只在那里交易了两次，但他们还是赔得停业了。我们碰到

25

了疯狂的牛市，回踩非常弱，根本吞不掉一个点的保证金，投机行只能干赔。所有股民都在做多，都在赢，收益剧增。投机行的倒闭风席卷全国，根本停不下来。

然后，游戏彻底改变了。与在正规证券公司相比，在老式投机行里交易有一些决定性的优势：首先，达到保证金的耗尽点后，你就会自动出局，这是最好的止损指令。你最多只会损失最初的本金，也不会因指令执行不力而有什么后果。而且，纽约的证券公司对恩主们非常吝啬，远没有西部投机行那么慷慨。他们常把活跃股的盈利范围限制在两个点以内，比如美国制糖和田纳西煤铁。哪怕它们十分钟涨了10个点，一张交易单也只能挣2个点。否则，他们会觉得客户赔一赚十，赚得太多了。

有一段时间，所有的投机行，包括最大的那些，都拒绝交易某些股票。比如1900年大选的前一天，麦金莱当选已成定局，所以全国所有投机行都不接受交易。赌麦金莱当选的赔率高达三比一。周一下注，你站一会就能赚3~6个点，甚至更多。就算你同时赌布莱恩赢，也稳赚不赔。但全国的投机行当天不接受交易。

要不是投机行拒绝接受我的交易，我是不会转战他处的。但如果真那样的话，除了跟几个点的波动瞎玩之外，我就永远学不会真正的股票投机了。

第三章
所有的错误都要一一犯过，每一个经验都需要真金白银[①]

---

① 认错是件值得骄傲的事。犯错并没有什么好羞耻的，只有知错不改才是耻辱。——索罗斯

　　人从错误中总结所有所需经验，需要漫长的时间。人们说，凡事皆有两面性，但股市只有一个面，不是牛面或熊面，而是正确的一面。这是基本原则。我花了很长时间才学会股票投机游戏的技术层面的东西，但我花了更长的时间，才把这一基本原则铭记于心。

　　据说有些人自娱自乐，喜欢玩虚拟交易，用虚拟的钱证明自己水平高超。有时，这些幽灵似的赌徒可以赚几百万。做虚拟交易很容易赚大钱，就像那个老故事说的一样。一个人第二天就要找人去决斗，他的副手问他："您枪法如何？"

　　"嗯，"决斗者说，"我可以在 20 步内射中高杯脚的杯颈。"他回答得还算谦虚。

　　"这很好。"副手漠然地说，"但如果这只酒杯端着一把子弹上膛的手枪正瞄准您的心脏，您还能击中杯颈吗？"

　　对我来说，只有真金白银才能证明我的观点是对的。失败的教训让我明白：只有确定不必取消交易时，才能买进，否则就得按兵不动（我的意思不是说，出手后发现不对也得任由损失扩大，你应当止损，而且决不能犹豫不决）。我一生都在犯错，虽然钱财受损，却买来了经验，积累了很多颇有价值的交易禁忌。我几次倾家荡产，但我的精神从不破产，否则我也就不会出现在这里了。我一直知道自己还有机会，我也不会两次犯同一个错误。我相信自己。

要想在股市生存，人必须相信自己和自己的判断。这也是我不信别人的建议的原因。如果我按史密斯[1]的建议买进了股票，那就必须照他的建议卖出，这样我就得靠他。但如果卖出时机到了而史密斯去度假了，那我怎么办？不，老兄，靠别人的判断做股票永远赚不了大钱。我的经验告诉我：没人可以给我任何一个或一套建议，依靠我自己的判断才能帮我赚更多的钱。这是个聪明人的游戏，我花了五年的时间才学会靠自己的正确判断明智地玩这个游戏，只有这样才能赚大钱。

我并不像你想象的那样经历过很多趣事。我是说，回头看时，我学习投机的过程是漫长的，也不好玩。我几次破产，那不是舒服的。我赔过钱，而我赔钱的方式是在华尔街上赔钱的人们必须经历的赔钱方式。证券投机是一项艰难、磨人的工作，投机客必须时时都在工作，否则他将很快失去这份工作。

在富乐圈受挫后，我就该明白了：我的任务其实很简单，那就是换个角度去看待投机。但当时我并不知道，这个游戏的奥秘，远比我在投机行里学到的所有技巧多得多。我自以为打败了游戏，实际上我只打败了投机行。同时我必须承认，我在投机行培养的读盘能力和过人的记忆力确实十分有价值。这两点是自然而然形成的。我早期的成功就靠这两点，而不是知识和智慧。我的心灵没有受过淬炼，我也相当缺乏专业的知识。我边玩边学习如何玩，而它在教我的同时也没有放下教鞭。

第一天踏上纽约土地的情景历历在目。我刚才说过，投机行拒绝接我的生意，所以我只好去找个大证券公司。我第一份工作的一个同事在哈丁兄弟公司做，它是纽约证交所的会员公司。我上午到的纽约，下午一点前已经在哈丁兄弟公司开了户，准备交易。

我前面没说过，在哈丁兄弟公司，我自然而然地开始沿袭投机行里的做法：捕捉细微而明确的股价波动，靠赌涨跌盈利。没人告诉我这里和投

---

[1] 史密斯是个最普通的名字，所以指代任何人。

机行的本质区别，也没有人纠正我。即使有人说我的方法不对，我还是会亲自验证来说服自己。如果我错了，就只有一件事可以证明，那就是赔钱；如果我对了，也只有一件事可以证明，那就是赚钱。这就是证券投机。

当时形势一片大好，市场相当活跃。这总能让人高兴，我马上找到了熟悉的感觉。面前还是以前那熟悉的报价板，上面写着我15岁以前就懂的语言。一个男孩做着我第一份工作时完全一样的活儿。还是那群股民，目不转睛地盯着报价板，或站在报价器前喊出价格，或聊着行情。就连设备看上去也和我熟悉的那些设备一样。气氛还是那个熟悉的气氛，就和我在伯灵顿股票上挣到人生的第一个3.12块时一模一样。同样的报价器，同样的股民，玩着同样的游戏。我自认为完全了解这个游戏，为什么不呢？别忘了，那时我才22岁。

我盯着报价板，看到一只不错的股票，在我看来，它表现得挺对。于是我在84点时买进了100股，半小时后以85点卖出。然后我看到另外一只我喜欢的股票，如法炮制，一小会儿就净赚了$\frac{3}{4}$个点。开门红，不是吗？

现在请注意：作为一个正规证券公司的顾客，我在第一天的前两小时内频繁买进卖出了1100股，结果当天净损失了整整1100美元。也就是说，我一出手就损失了近一半的股本。别忘了，部分交易是有账面利润的，但是那天我却赔了1100美元。

我也没有太在意，因为我不觉得自己哪儿有问题。我的操作也足够正确，换作是在世界一家投机行，我应该多多少少是赚了些的。1100美元的损失只是让我感觉这里的报价器出了问题，老是慢半拍。但只要维修师说没问题，就不必担心。毕竟，无知对于一个22岁的人来说很正常，这并不说明他一无是处。

几天后我对自己说："我可不能再这样交易下去了，这儿的机器老出错！"但我只是任其发展，没有深究问题的本质。我就这样继续交易，当然有赔有赚，直到我赔得精光。接着就发生了之前的那一幕，我去找老富乐囤资助了我500美元。就像我说的，然后我从圣路易斯回来了，带着从投机行赚到的钱。

回来后，我开始更加小心地操作，一度收获不错。钱一好赚，日子就好过。我交了很多朋友，日子过得很开心。别忘了，我还不到 23 岁，一个人在纽约闯荡，兜里揣着轻松赚来的钱，满心以为我已经开始理解这套全新的交易机制了。

我开始考虑交易指令在证交所场内的实际执行情况，我操作得更加谨慎了，但我还是只盯着数字变化，忽视基本原则。而忽视基本原则，则让我一直找不到我的问题到底是什么。

1901 年经济大繁荣，我也挣了一大笔，对于我当时的年纪来说。还记得那个年代吗？国家空前繁荣，这是工业合并和资本整合的年代，资本打败了我们从前见识过的所有的一切，而且大家疯了一样拥进股市。据说，繁荣期之前华尔街曾吹嘘日成交量一度高达 25 万股，也就是 2500 万美元的证券成交额。而 1901 年，日成交量就已经达到了 300 万股。人人都在赚钱。钢材大亨们也拥进纽约，这群百万富翁不在乎钱，就像喝醉的水手一样挥金如土。只有股市的游戏能满足他们的挥霍欲。我们见到了华尔街历史上最高端大气的玩家：包括以 "跟你玩一百万" 著称的约翰·盖茨和他的朋友们，约翰·德雷克、洛伊尔·史密斯等等；还有里德·利兹·摩尔和他周围那一帮人，他们卖掉部分钢材股后收益巨大，几乎买断了公开市场上的罗德岛系统股票；还有施瓦布、弗里克、菲普斯和匹兹堡集团；更别提那几十号虽然在市场大洗牌中落败，却在股票历史上留下 "大赢家" 名声的人了。人们可以交易任何股票。詹姆斯·基恩[①] 为钢材股开拓了市场，一个大操盘手几分钟就抛售了 10 万股。多么伟大的时代！多少伟大的赢家！而且那时候还不用交股票交易税。这种好日子仿佛会一直持续下去，根本看不到终点。

当然，过了一段时间，我就听到了一些灾祸传言。老操盘手们说，除了他们之外大家都疯了。但除了他们人人都在赚钱。我当然明白，涨势总

---

① James R. Keene，美国最伟大的股票作手之一，是主人公的前辈和偶像。

有尽头，这种逢买必赚的日子不可能持久。于是我开始看空。但我每次做空就亏钱，如果不是止损及时，一定就赔老了。我等着暴跌，却操作谨慎。一买进就赚，一做空就赔，所以我并没有赚多少。你可能觉得我在繁荣期一定一掷千金，大赚特赚，虽然我只是个孩子。

但有一支股票我没有看空，那就是北太平洋铁路。我的读盘能力起了作用。我认为大多数股票已经被推上了波峰，而这个小家伙的表现好像还要猛涨。现在我们知道，当时库恩·罗卜·哈里曼集团正在稳步吸进它的普通股和优先股。虽然证券公司里的所有人都劝我赶紧卖掉，但我还是做多了1000股北太平洋的普通股，而且坚持持有。当它涨到110点时，我已经有了30个点的利润，于是了结头寸，这让我在公司的账户逼近5万块，这是我到那时为止最有钱的时候了。对于几个月前刚刚在同一家公司输得精光的孩子来讲，这还真是相当不错的。

不知你是否还记得，当时哈里曼集团知会了摩根和希尔[1]，说有意参股伯灵顿—大北方—北太平洋联合铁路公司。于是摩根集团先派基恩去买5万股，以确保其在该公司的控股权。但据说基恩让罗伯特·培根购进了15万股，银行家们执行了。另一个版本是，基恩先把他的券商之一艾迪·诺顿派到了北太平洋公司，买进了10万股；我想他们后来又追加了5万股，所以共15万股。这样，一场著名的垄断较量开始了。

1901年5月8日收盘后，全世界都知道两个金融巨头正在上演一场较量。美国从未出现过两个如此庞大的资本集团互相对峙的局面。哈里曼对阵摩根，不可战胜的一方，对战稳如泰山的对手。

5月9日上午，我抛掉了所有持股，手里拿着5万现金。我刚才说过自己有一阵子看跌了，现在机会终于来了。接下来会暴跌，出现一批绝妙的低价，然后会出现迅速回升。只要捡了低价股，人人都能大赚一笔。道理很简单，我没有使用福尔摩斯的推理就搞清楚了。只要追上价格的起落，我们就有机会赚大钱，稳赚钱。

---

[1] James J. Hill，摩根的主要副手之一。

一切如我所料，我猜的全中，但最后却亏得一分不剩了！发生了一件不同寻常的事情，我就是被这个意外洗净了。如果世界上没有意外这种东西，那么人和人就没有什么不同了，生活也就失去了乐趣，股票游戏就蜕化成了加减运算，我们也就变成了一群呆头呆脑的记账员。[①] 证券投机开发了人们的脑力，我们只需考虑怎么做才能猜得更准。

不出所料，市场像烧开的水在沸腾。成交量大幅增长，股价波动空前剧烈。我赶紧提交了很多卖单。但是第二天一看到开盘价，我一阵惊悚，跌得太厉害了。我的场内委托人都在努力工作，他们和其他代理人一样尽职尽责又能干，但等他们执行我的卖单时，股价已经跌了20多个点。报价器上的价格远远滞后于市场价格。成交报告也很慢，因为交易太忙了，根本无法及时操作。举例来说，我在报价器显示100多点时就递交了卖单，但当场内委托人执行时，股价已经跌到80点了，而前一天收盘时是110~120点。如果是这个价位，我是该买进而不是做空啊。但市场不会跌穿地球到中国去，所以我立即决定补仓转手做多。

场内委托人帮我买进，但买进价不是让我转变态度的价格，而是交易所接到买单时的价格，比我预计的平均高了15点。一天35个点的损失，是任何人都难以承受的。

报价器慢了好几拍，报价器打败了我。我把报价器看做我的小伙伴，因为我习惯根据它告诉我的价格进行交易。但这次，这个小伙伴却欺骗了我。报价器上的价格和实际价格的巨大差异，让我输得一塌糊涂。这就是我从前失败的症结，我竟然在同一个地方摔倒了两次。现在回头看去，很明显，只盯行情而不理会场内委托人的执行情况，是绝对行不通的。我只是奇怪，为什么我当时就不明白这个问题，也不知道怎么解决。

问题还不止如此，更糟的是，我还在继续交易，买进卖出，根本不理会执行过程。你知道，我受不了限价交易，我必须随着市场的起伏把握机会。我是在和市场较量，而不是想在某支股票的价格波段上赚些钱。我在看空

---

① 如果总能有效预测市场，我只会成为一个在大街上手拎马口铁罐的流浪汉。——巴菲特

大盘时做空，在看涨大盘时做多。由于我一直坚守该基本原则，我最终获救了。限价交易只是我在投机行使用的方法，在正规证券公司根本无效。如果不是这样，我可能永远学不会什么是真正的股票投机，只能根据自己有限的经验继续在自认为绝对正确的事情上押大小。

为了尽量降低报价器滞后带来的不利后果，我曾经尝试限价交易，结果发现市场根本不配合。这样的亏吃多了，我只好放弃了这种做法。我自己都不明白为什么过了那么久才学会这个简单的道理：绝对不能在股价的短期波动上下注。我应该把目光放远，预测市场的整体趋势。

5月9日大败后，我用改进了但仍不完善的方法继续操作。如果旧方法不是有时也让我赚过钱，也许我就能更快获得股市的智慧了。不管怎样，我赚得也不算少，可以过富足的生活。我喜欢广交朋友和享受生活。那年夏天，和很多华尔街富人一样，我入住泽西海岸，尽管我当时赚得不多，无法同时支撑股票损失和奢侈的生活。

我不再固执地坚持自己的策略，可我还是没弄明白问题到底在哪儿，当然更没希望解决问题。我一再强调这点，是想说明只有解决了这一问题，我才能找对真正赚钱的方法。我的那些旧工具，就像猎枪和BB气枪一样，面对大型野兽，功效和大火力机关枪根本没法比。

那年初秋，我不仅再次输光，而且对这个不能再赢的游戏感到极其厌倦了。于是我决定离开纽约，到他处另谋生计。我14岁就进场了，15岁就赚到了人生的第一笔一千美元，不到21岁就赚到了第一个一万美元，然后反复赔光、赚回这一万块的本金。在纽约，我经常刚赚了几千块又很快输了进去。我最多赚到过五万块，可两天后又赔了进去。我没有别的手艺，对其他行业一窍不通。就这样，几年后，我又回到了起跑线上。不，比回到起点更糟，因为我已经养成了一掷千金的习惯，虽然与老是犯错相比，这个习惯并不那么让我心烦。

第四章
知道什么不该做，比知道什么该做更加重要①

---

① 我的同行大多不问为什么买，而是问为什么不买，我则相反，这就是我的优势。——彼得·林奇

好吧，我回到了老家。但我一回来就发现，我的生命只有一个使命，那就是赚够本金重返华尔街。只有在那里我才能放开手脚交易。终有一天我会完全读透这个游戏的，到时我就需要这个能让我大展拳脚的地方。当一个人能够判断正确时，他总希望获得判断能力可以带来的所有好处。

虽然希望渺茫，我还是努力想重进投机行。现在投机行少了很多，也换了些人，有些是新人开的。认识我的人根本不给我解释的机会。我说了实话，我说我曾经在纽约交易，赔光了在老家挣的钱，我曾经觉得自己什么都懂，但现在才知道自己不是那么懂，所以根本没有理由不让我在他们那里做。但他们就是不让我做。而新开的那些投机行就不靠谱儿，它们的老板认为，如果一个绅士想靠猜测赌几把的话，20 股是最高上限。

我需要钱，我需要大投机行从常客那里大吸的钱。我把一个朋友派去一家投机行交易，而我只是偶尔进去扫一眼报价板。我又一次试图说服一个下单员接受我的交易，哪怕只是 50 股的小单。自然，他拒绝了。我和这个朋友临时编了一套暗语，让他按我指示的时间买卖特定的股票。但用这个方法赚到的钱还不够塞牙缝的。不久，投机行连我朋友的交易也不愿接受了。终于有一天，当他要做空 100 股圣保罗时，他们拒绝了。

后来我们了解到：一个客户看到我们俩在外面交头接耳，就进去告密。等我的朋友去下单放空 100 股圣保罗时，那家伙说："我们不做圣保罗的卖单，不做你的。"

"为什么，怎么了，乔？"我的朋友问。

"今天歇业，就这样。"乔回答。

"我的钱又不脏，你好好看看，真钱啊！"朋友把我给他的 10 张十块的钞票递了过去，扮出一副义愤填膺的样子，我则假装漠不关心。其他客户开始围过来看热闹。只要店家和客户大声一点甚至拌一丁点儿嘴，顾客们一般都会瞅个仔细。他们想看看问题的性质和价值，看公司是否耍诈了。这个营业员，乔，差不多是个副经理的样子，走出柜台，走向我的朋友，看了看他，又看了看我。

"有意思，"他一字一顿地说，"真他妈有意思！如果你哥们利文斯顿不在，你就啥都不干，就干坐着看报价板，屁都不放一个。而他一来，你就会突然忙起来。也许你真的是在自己交易，但不要再在这儿干了。利文斯顿会给你情报，我们不吃这亏。"

唉，这等于断了我的口粮。幸亏，刨除生活费，我挣的还剩几百美元。于是我开始琢磨如何用这几百美元赚够本金重返纽约，这才是当务之急。我觉得这次我能做好。在老家，我已经平心静气地思考过自己的一些愚蠢做法。隔一段时间回望，人总能看得更全面更清楚。当务之急是筹措本金。

一天，我在一家酒店大堂和几个熟人聊天，他们都是交易老手。我们在聊股票。我说：因为券商执行不力，所以没人能打败这个游戏，尤其像我这样按实时价格交易的人。

一个人扬声问我："什么样的券商？"

我说："国内最好的那种。"

他问："具体哪家？"

我觉得他好像不太相信我曾经在顶级公司做过。

但我说："我说的是，纽约证交所的会员公司。不是他们使坏或粗心，只是，你按市价提交买单后并不知道自己是在什么价位买进的，直到券商把成交报告拿给你后才能知道买进的价位。十几点的大波动不常有，很多都是一两点的小波动，而因为券商执行操作迟缓，场外交易商根本跟不住这些涨跌。我倒更愿在投机行里做，如果哪家能让我放手去搏，我就会一天到晚都泡在他们公司。"

主动和我说话的是个生人，他叫罗伯茨，看上去很面善。他把我拉到一边，问我是否在其他种类的证券公司做过，我说没有。他说他知道一种公司，是棉花交易所、农产品交易所和其他较小股票交易所的会员公司。它们操作仔细，尤其用心执行客户的委托。他说它和纽交所最大、最赚钱的公司有密切联系。老板影响力很大，每个月至少几十万股的交易量，能为任何顾客提供最好的服务。

"它们绝对能满足小客户的需要，"他说，"专为偏远地区的客户提供特殊服务。不管交易额多少，他们都全力以赴。不管是十股的小单还是一万股的大单，交易员都诚实、能干。"

"嗯。但按常规，他们要向证交所交 $\frac{1}{8}$ 点的佣金，这样还怎么赚钱？"

"这个嘛，他们会付那 $\frac{1}{8}$ 点佣金的。但是，你懂的！"他朝我眨了眨眼睛。

我说："嗯，但证交所最不可能干的就是和别人劈分这份佣金。证交会高层宁愿会员去杀人、放火、包二奶，也绝对不会让外人做交易却不付规定的这 $\frac{1}{8}$ 点佣金。证交所的命门就指望这条规定的严格执行了。"

他一定看出我很了解证交所，因为他说："请听我说。证交所那些老实巴交的会员公司，时不时地就有一家因为违反规定被停业整顿一年，对吧？但是，有很多种不同的回扣方式，可以让人们保守秘密的。"

他大概见我面露疑色，于是接着说："而且，在某类特殊交易中，我们——我是说那些证券公司——会收 32% 的费用，而不是 $\frac{1}{8}$ 点的佣金。而且他们都是好人，绝不收佣金，除非对特殊情况的静止账号；只要有交易记录，就不用交费，你懂的。它们做生意也不是实在没事儿干怕闲出病来不是？"

这时我明白了，他正在为一些假券商拉客户。

我问他："你知道这种公司哪家比较靠谱吗？"

他说："我知道全美国最大的公司，我自己也在那儿做。它在美国和加拿大的 78 个城市设有分部，生意做得很大。它这么一年年地做下来，做得还不错，不可能水平不上档次，你说对不对？"

"当然不会不上档次。"我附和说，"他们做纽交所里的所有股票吗？"

"当然，从头到尾都做，美国和欧洲的任何其他交易所的所有股票也都做。他们做小麦、棉花、粮食等等等等，你想做什么都有。他们到处都有外派人员，在所有交易所都有会员资质，不是以自己的身份公开开户就是匿名的。"

现在我完全明白了，但我觉得应该引导他继续。

"是的，"我说，"但是这也改变不了事实，事实就是委托命令必须得有人来执行，凡是活人就不能保证市场会怎么运作，也就是不能保证报价器上的价格和交易所场内实际价格之间的偏差够小。你在这儿看了报价板，提交了交易指令，然后用电报传去纽约，经历完这样一个过程，很多宝贵的时间已经浪费掉了。我最好还是回纽约去，把自己的钱输在那里的大公司里吧。"

"我没听说过赔钱的事儿，我们的顾客没有赔钱的习惯。他们赚钱，我们公司可以保证这件事。"

"你们的顾客？"

"啊，我在公司占一点股份。而且你看我愿意介绍生意给他们，我这么做是因为他们一直对我不错，我通过他们公司赚了很多钱。如果你愿意的话，我可以介绍你认识经理。"

"公司叫什么？"我问他。

他告诉了我，我听说过它。他们在所有报纸上打广告，把人们的眼球吸引到他们顾客的盈利上面。他们说这全归功于他们公司在活跃股上的内幕，这是公司的最大优势。这不是家一般的投机行，而是投机行的变体：投机号子，他们也把交易指令闷起来，但声称是正规券商。他们会精心策划一副表象，说服所有人他们是正规的，做的是合法生意。这是投机行最早的变体之一。

今天，那种扎堆破产的券商，其原型可以追溯到我遇到的这家。它们鱼肉股民的基本原则和方法完全一样，虽然具体操作多少有些差异，因为一个老骗术用久了，大家就都知道了，所以必须在细节上稍作修改。

他们常放风推荐买卖某支股票，几百封电报频繁发来建议立即购进某支股票，同时另外几百封频繁发来建议立即卖出同支股票，这是赛马情报贩子们惯用的伎俩。

于是，买单和卖单同时涌来。而号子会真的通过一个券商买卖比如一千股，然后拿到一份真正的交易报告。如果有无理取闹的人怀疑他们闷住了顾客的交易单，他们就会拿出这份报告给他看。

他们还常根据自愿原则，建立全权委托交易机制：让顾客书面授权他们以顾客的名义使用顾客的资金池做交易，因为他们的判断被认为比顾客高明，所以这看起来像慷慨之举，顾客们还以为公司在施恩惠呢。通过书面授权，当顾客的钱耗光的时候，即使最难缠的顾客也没有有效的法律文件发火。而投机号子一般则会先拉高一支股票，诱客户跟进，然后迅速打压股价（也就是耍一套以前的"赶市"花招）超过一个点，洗光数百散户的小额本金。他们不放过任何人，最喜欢骗女人、老人和书呆子的钱。

"我不相信任何券商。"我对皮条客说，"这事儿我得考虑考虑。"说完我转身离开，免得他说起来没完。

我打听了一下这家公司，发现他们有几百个客户。这样的公司一般都有负面传闻，但我没听说过一例赢了钱不兑现的事。最难的是找到一个在这家公司赚过钱的人，但我找到了。当时的行情似乎对号子有利，所以如果有一两宗交易不合他们的意，他们还不至于赖账。当然，大多数同类公司最终都会破产。投机号子总有扎堆破产的时间段，就像一波波定期来袭的瘟疫，也像银行，一家刚起，一堆随之而殁。这种破产波亘古不变。一家破产，所有其他家的客户就会害怕，急于抽回资金。但美国也有很多做到最后正常退休的号子老板。

言归正传，对皮条客推荐的公司，除了一直一心套钱、时有欺诈行为外，我并没有听说什么特别令人恐慌的传闻。他们的拿手好戏是榨干那些想一夜暴富的傻瓜。但他们总会先取得客户的书面授权，这样就可以合法抢劫了。

我遇到过一个小伙子，说亲眼目睹了这个过程：一天600份电报发来强烈敦促一批顾客买入某支股票，同时600份电报强烈建议另一批顾客立即卖出。

"是的，我知道这招。"我告诉他。

"嗯，可事情还没完，"他说，"第二天，他们又发电报给昨天那群人，敦促他们把手上所有的单子都平掉，而去吃进或抛出另一支股票。我问了一个资深的合伙人：'你们为什么要这么做？我明白你们第一天的做法。虽然所有股民最后都会输光，但你必须让一些客户暂时留些账面利润啊。第二天还接着这么玩，你就是在赶尽杀绝啊。这算哪门子高招？'

"'嗯，'合伙人对我说，'不管股民买什么、怎么买、在哪儿买、什么时候买，他们注定都会输钱，而他们赔钱后我就会失去这些客户。他们早晚都会离开，我要做的就是，趁他们还在时尽量多榨一点，然后我会去找另外一批新的冤大头。'"

我得坦承，我并不特别在意那家公司的商业道德。前面说过特勒投机行，它把我惹怒了，于是我想以牙还牙。但对这家公司，我恨不起来。他们可能是骗子，也可能不像传闻中那么黑。我不会让他们替我交易，也不会听从他们的建议或相信他们的谎言。我唯一在意的是，是否能攒一笔本金回纽约去，在正规的证券公司里做大笔的交易，在那里，没有警察会突然闯进来，也不用担心邮政当局会突然冻结你的户头。账号一被冻结，基本就没指望了，如果运气实在不错，也许一年半后能拿回8%。

总之我决定去看看，这家公司比起正规券商来，到底可以提供哪些交易优势。我的保证金不多，不过，不外发交易单的投机号子在这方面自然不会太苛刻。在这种地方，几百美元就够玩好一阵子的了。

我去了那里，和经理当面聊了聊。一开始他向我保证，只要让他们代我交易，一分钟就可以赚一百万。但当他知道我是个老手，在纽交所开户交易后亏得一分不剩后，就没再多说。他觉得我应该是个永远改不了吃屎的蠢货，或者一只追逐报价器的猎狗，永远在交易，从来不赢钱，或者券商们稳定的收入来源，无论是假券商还是只收少量佣金就满意的正规公司。

我直接告诉经理，我按实时价格做，所以需要迅速执行交易指令，我不想拿到成交报告后看到成交价和报价器上的价格相差 $\frac{1}{2}$ 点甚至 1 点。

他用人格作保，要我相信他们将完全照我的指令行事。他们想做我的生意，因为他们想向我展示一下一流券商是什么样子的。他们拥有业内最优秀最能干的员工，实际上他们正是以操作迅速到位著称的。即使报价器和成交价格有差异也一定是对客户有利的，虽然他不能保证这一点。如果我在他们那儿开户的话，我可以完全根据即时电报上的价格进行交易，他们对自己的场内交易员信心十足。

自然，这就意味着我可以放开手脚交易了，就像在投机行一样。也就是说，他们允许我按照实时价格交易。我不想表现得太急，便摇摇头说，我觉得还得考虑考虑，考虑好了我会通知他的。他急切地敦促我马上开始，市场时机正好，适宜进场大赚。对他们来说确实是大好时机，市场低迷，波动微弱，确实是蛊惑股民进场然后一网成擒的好机会。一个急跌就能一举洗光顾客的钱。他缠住了我，我好不容易才脱身。我把姓名和地址留给了他，当天就开始陆续收到发件人付款的电报和信函，敦促我赶紧买进这支或那支股票，他们声称获悉内线集团正准备把价格炒高 50 点。

我正忙着四处打探，尽可能搜集其他几家同类公司的情况。看来，如果我真想赚钱，只有在这些投机号子里虎口拔牙了。充分了解情况后，我在三家公司开了户。我租了一个小办公室，和三家有直通的电报线。一开始我只小额交易，以免打草惊蛇。我有了一些账面利润后，他们迅速告诉我希望我做大，他们认为有电报机可以和他们直接联系的大客户得做一些像样的大手笔才对。他们认为我做得越大，就会赔得越多，我就越早被洗净，他们就赚得越多。考虑到这些公司对付的都是普通人，这套理论其实很完善，因为从财务角度讲，普通人通常都坚持不了多久。一个半死不活的顾客会发牢骚，对公司说三道四，惹是生非，损害公司的业务。但他一旦破产就得停止交易，也就万事大吉了。

我还和当地一家正规公司连了一条线，他们和纽约的中转站——也就是纽交所的会员公司——可以即时通讯。我安了一台报价机，开始谨慎操作。我说过，这就像在投机行做交易，只是稍微慢了一点。我可以打败这种游戏，而我确实赢了。我从未到过百战百胜的美妙高度，但我账上有盈余，每周都结一次头寸。我又过上了奢侈的生活，但总会存一些，为回华尔街做准备。我又和另外两家同类公司连了几条线。这样一共是五家，它们当然是我的衣食父母。

有时我算得不准，股票没有按预计走对波形，而是完全相反，如果它们能够尊重一下先例，就不该这样。但这对我的打击不大，因为我投入也少。我和号子们保持着足够友好的关系。他们的账本记录常和我的有出入，而这些差异统统都是对我不利的，这可不是惊人的巧合。而我会争取自己的利益，通常最终都能如愿。他们总想夺回我从他们那里得来的钱。我猜，他们大概把我的盈利当成了临时贷款，觉得总有一天要还的。

他们不满足于正规公司收取的佣金，总想通过诱骗和欺诈获利，所以毫无商业道德。傻瓜们在股市赌博而不是投机，所以总会赔钱。你会想，既然不合法，人们为什么不能老老实实地干呢？但他们就是不规矩。"给顾客小利，你就能发大财"，这是句古老的箴言，但这群人似乎对这句话不理不睬，一门心思只想赶尽杀绝，竭泽而渔。他们几次耍旧招套我，而我没注意到所以上当了。只要我只操作熟悉的股票，他们就会在账目上搞鬼。我会指责他们不遵守游戏规则，甚至骂得更难听，但他们一概否认，而我最后还得照常交易。和骗子做生意也有动人之处：只要你们继续做生意，即使你抓住他搞鬼，他也会原谅你。对他们来说，干到一半被当场揭穿，也不算丢脸的事。多么"宽宏大量"啊！

　　骗子的花招影响了资本积累的正常速度，我忍无可忍，所以决定教训他们一下。如果我选大冷门股票他们一定会怀疑，所以我挑了一支曾经备受青睐但已经冷清下来的股票，它简直糟透了。我下达指令让五家券商买进。他们接到买单，正等行情显示最新报价的同时，我委托证交所那家做空100股，并敦促他们要快。你可以想象，当空单传到场内时会发生什么。一支横盘股，一家会员公司从外地接来急单放空，当然会有人低价吃进。而报价器上显示的该次交易的成交价，将会成为我那五张买单的成交价，这样一正一反，我等于在低价做多了400股。那家正规公司问我是不是听到了什么风声，我只说有内幕。收盘前，我又委托正规公司立刻买回那100股；我告诉他们无论如何我都不愿放空了，无论价格多高我也要买回来。他们给纽约发了买入100股的指令，结果价格急速上扬。而我当然下单让五个号子卖出500股。结果很令人满意。

　　可他们从不悔改，所以我这样耍了他们好几次。他们本应受到更加严厉的惩罚，但我不敢太下狠手，只把利润维持在1~2个点，也很少在每家做100股以上。但这却帮我积累了重返华尔街冒险的本金。有时我会改变策略，先做多再卖出，但我总是适可而止，每次净赚600~800美元就够了。

　　一次，我的手法效果太大了，完全没料到竟然引起了10个点的波动。而且当天我在一家号子交易了200股，其他四家还是平常的100股。这对他们来说有点过了，于是像一群发怒的斗犬一样在电报里抱怨。

　　我去找那个当初急切地让我开户的经理，也就是那个每次被我抓到做手脚他都能原谅自己的人。对于他的职位来说，说出的这番话可真不符合他的本领。

　　"这支股票被人操纵出了假波动，我们他妈一分钱都不会给你！"他恶狠狠地说。

　　"你接受我的买单时可不是什么假波动，你当时让我进场，现在又让我出局，这么做不能叫公平吧，你觉得呢？"

　　"怎么不公平了！"他大叫，"我能证明有人在搞鬼。"

"谁在搞鬼？"我问。

"有人！"

"搞鬼整谁呢？"我继续问。

他说："反正搞鬼的人里有你的朋友，板上钉钉的事。"

我告诉他："你非常清楚，我向来单枪匹马，镇上每个人都知道，从我第一天做股票起他们就知道。现在我给你个忠告：赶快把我的钱拿来，我可不想动粗。按我说的办！"

他大叫："我不会给你钱的，这交易有问题！"

我听烦了，对他说："你必须给钱，现在，马上！"

他又嚷了一会，直接骂我就是搞鬼的罪犯，但最后还是点了钱给我。其他几家可没这么费劲。其中一个经理一直在研究我操作的那几支横盘股，接到我的委托后，他不但帮我买了，自己也私下买了一些，赚了点钱。这些家伙不怕客户控告他们欺诈，他们有一套现成的法律技术可以为自己开脱。他们不怕我动他们银行的钱，因为他们才不肯把钱存进银行以免资金冻结，但我可以坐在沙发上不走。被人说是奸商并不会带来损失，但一旦摊上赖账的名声那可就完蛋了。在投机行，很少有赚钱的顾客，但客人赢了钱却不给兑现可是投机业的大忌。

我从所有公司拿到了钱，但这 10 个点的大涨后，从骗子身上骗钱的过程就不再那么痛快了。他们用相同的小伎俩欺骗过无数可怜的客户，所以处处提防自己别上当。我又开始像以前一样交易，但市场并非总是有利于我的交易方法，也就是说，他们开始限制我的交易规模，导致我无法出大杀招。

这样过了一年多，我一直全力从几家公司赚钱。日子过得不错，我买了辆车，花钱也大方。我知道自己需要筹措本金，但我也总得生活。当我预测准确，赚的钱根本花不完，所以总能存下不少。如果我算得不准，赚不到钱，就压缩花费。我说过，我存了一大捆钱。当在这五家号子赚不到什么大钱的时候，我就决定回纽约了。

　　我开着自己的车，邀请一个股友和我一起去纽约。他说行，然后我们就上路了。我们在纽黑文歇脚打尖，在酒店遇到一个老股友。闲聊之余，他告诉我镇上有家投机行，生意做得挺大。

　　离开酒店赶往纽约的路上，我一路沿着那家投机行所在的街道前进，想看看它的门脸如何。看到它时，我禁不住诱惑走进去看了看。不算太豪华，熟悉的报价板高高地挂着，股民们忙忙碌碌，游戏一如既往地上演。

　　经理挺年轻，看起来就像干过演员或话唠政客似的，挺有特点的。他说"早上好"的时候，就像是用显微镜找了十年终于发现了早上的美好，现在他把这个发现作为礼物送给你，同时附赠天空、太阳和他们公司的钞票。他看见我们过来，开着跑车，很像少见识的年轻小伙（我猜自己看上去不到 20 岁），就以为我们是一对耶鲁大学生。我还没来得及否认，他就开始了演讲。他说见到我们很高兴，说椅子很舒服，请我们落座。他说，早上的行情就像派钱一样，简直就是专门给大学生赚零用钱用的。有史以来，聪明的大学生们总是缺钱花的，但此时此地，在报价器的帮助下，一笔小小的投资就能赚几千块。股市可以给你提供花不完的零用钱。

　　嗯，他极力拉我们进场，让我觉得不做还真是可惜。于是我告诉他：据说无数人在股市赚过很多钱，所以就按他说的，我也要做。

　　开始我做得很少，但赢后就开始加码。朋友也跟着我做。我们在纽黑文过了一夜。第二天 9:55，我们又来到这家热情的公司。"演说家"看到我们很开心，认为该轮到他赚我们的钱了。但我了结头寸时割了 5 个来点共 1500 美元。第三天一早，我们又去拜访了不起的演说家。我递给他一张委托单，放空 500 股美国制糖。他犹豫了一下，但还是不动声色地收下了！市价跌了 1 个点后，我拿着单子去了结，收回了 500 块本金，外加500 块利润。他从保险柜里取出 20 张五十块的钞票，慢慢地数了三遍，然后又当着我的面一张一张地数了一遍，仿佛他手指缝里流出的汗把钱粘住了一样。但最后他还是把钱递给了我。他把双臂交叉在胸前，咬着下唇，盯着我身后的一扇窗户的上棱。

　　我告诉他我要做空 200 股钢材，他没动弹，好像没听见，我重复了一遍，这次改成了 300 股。他把头转了一下，我等他开口，但他只是盯着我，然后咂了咂嘴，咽了一口唾沫，就像在酝酿如何抨击执政的敌对党长达 50 年的见光死的腐败政治行为。

　　最后，他向我手上的钞票挥了挥手："把那玩意拿走！"

　　我说："把什么拿走？"我不知道他指什么。

　　"你们要去哪儿，大学生？"他一字一顿地说。

　　"去纽约。"我告诉他。

　　"那就对了，"他说，点了二十多次头，"那就对上了。你们马上离开这儿，因为我看清了你们两个东西的本来面目！学生？我就知道你们根本不是，我知道你们是干什么的。知道！知道！知道！"

　　我很客气地说："您知道什么？"

　　"是的。我知道你们俩……"他顿了一下，然后再也装不了斯文了。他吼道："你们俩是全美国最大的诈骗犯！学生？哼！一定还是新生吧！我呸！"

　　我们离开后，他还在那儿一个人唠唠叨叨地没完没了。股市中输赢是难免的，风水轮流转，这就是这个游戏。他大概并非因输钱而伤心，职业玩家都不在乎钱。他气的是被我们骗到了，所以自尊心很受伤。

　　我就这样第三次回到了华尔街。当然，我一直在研究我的交易系统，想找到我在富乐囤失败的根本原因。20 岁时我赚到了人生第一个一万美元，然后输光了。但我知道原因：我的交易节奏一直和市场不合拍。当我不能按自己实践并研究出来的方法交易时，我进场也只能靠赌。我只能抱着赢的希望，而不是知道自己会赢，妥妥的。22 岁时我攒了 5 万块的资本，却在 5 月 9 日一天就输光了。我也明白原因：报价器的滞后性和当天股价的空前大震荡，糟糕的一天。我不明白的是，"5·9 恐慌"后，以及我从圣路易斯回来之后，为什么我还是会输。当时我已经有了一些理论，来纠正我在游戏中犯的错误，但我还需要实践来检验这些理论。

　　吃一堑，长一智。当你一无所有，就会恍然大悟，知道什么不该做。当你知道有些事不该做否则会亏，你才能开始知道什么事该做才能赢。我说明白没？只有赔钱学来的经验，才能让你进步！

第五章
没人能跟对所有的波动，你笑到最后即可①

---

① 投资者必需着眼于价格与潜在或核心价值的相互关系，而不是市场正在做什么或将要做什么的变化。

——格雷厄姆

　　一般痴迷行情记录器上的波浪线的人，也就是过去所谓"股呆"，之所以会一败涂地，除了其他原因，主要是关注面太窄。[①] 关注面窄，操作就不够灵活，这需要付出极高的代价。尽管股票的基本法则需要严格遵守，但仅靠数学公式和定律是远远不够的。我也读盘，但绝不只用数学定律。我观察价格行为，先观察股票之前的行为表现，再看它现在的表现，这样我就能判断，它会像以前一样上涨或下跌了。如果一支股票表现不太正常，以前没有出现过这种行为，那就不要碰它。不知道它怎么不对劲，你就无法预测它到底是涨是跌。诊断不清就无法预测，无法预测就只能瞎蒙，瞎蒙就一定会亏。

　　研究股票行为，研究它过去的表现，这是一个说烂了的话题了。我初来纽约时，在证券公司碰到过一个法国佬，天天说自己的图表。开始我还以为他只是公司里一个不伤人畜的蠢蛋，因为这里的人都是好脾气。后来我才知道，他能说会道，很能用强有力的逻辑和证据说服别人跟他一起犯蠢。他说唯一不会说谎的就是数字，因为数字不会说谎。根据他画的弧线，他可以预测市场的动向。他还会分析这些弧线并做出判断，比如说，基恩在著名的艾奇逊－托皮卡－圣菲铁路公司案中做多是对的，后来他在南太平洋基金里的操作为什么是错的。很多时候，一两个职业玩家用他那套理论交易后，就该干吗干吗去了，[②]只能回到他们过去那种不科学的谋生手

---

① 主人公和江恩理论创始人一向不和，此处疑似在攻击江恩。

② 言外之意就是这套理论没什么用。

段那儿去。他们说：赌涨跌，比较不耗脑细胞。我听法国人说，基恩亲口承认图表 100% 正确，但又说这种方法太慢，不适合在活跃市场里实操。

当时还有家公司，每天都制作当天的股票曲线，一眼就能知道每支股几个月内的波动明细。通过比较个股和大盘的曲线，再遵循一些原则，投机客就能得到一个不太科学的建议，知道某某股极有可能要涨，赶紧买。他们把曲线当内幕用。今天很多证券公司都有交易曲线，由公司的统计专家精心制作，方便取用，不仅有股票的，还有各种期货的。

我要说的是，波浪线能帮助可以读懂它们的人，或者说，能帮助那些能吸收其信息的人。但一般人读波浪线，会痴迷其顶部、底部、大波段和小波段之类的，他们认为那就是股票投机的全部。如果一个人完全靠这些做操作，信心越爆棚，死得就越快。有个著名券商的前合伙人，极其能干，毕业于著名理工学院，是个训练有素的数学家。他根据对价格行为细致入微的研究，设计了很多图表，包括股票、债券、粮食、棉花、货币等多种市场的。他回溯很多年，研究内在联系和季节性变化等一切因素。他根据自己的图表做了很多年，实际上只是在利用某种平均法，这当然相当聪明。据说他一直赚钱，但世界大战把他所有的规则都打成了齑粉。我听说他和他的大批拥趸还没来得及收手，就赔了几百万。但是，熊市就是熊市，牛市就是牛市。如果条件是对的，世界大战也不能改变牛市或熊市的形成。要赚钱，一个人唯一要做的就是评估环境。显然，图表不等于实际环境。

我并非有意跑题，只是回想初到华尔街那几年，就忍不住抒发一下感慨。当初不明白的道理现在都明白了，我还知道当年那些因无知而犯的错，正是普通投机客年复一年不断重复的错误。

第三次到纽约后，我在证券公司积极交易，努力打胜这场游戏。我并不期望能做得像在投机行时那么好，但总认为自己会越做越好，因为随着经验的积累，我必将可以操作更难操作的股票。

但我现在明白，当时自己最大的问题在于，没能领悟赌博和证券投机的根本区别。当然，凭借我七年的读盘经验和天赋，虽然没赚到太高的资本总额，但利润率还算挺高的。像以前一样，我有赚有赔，但账面上总有盈余，而赚得越多，我就花得越多。大部分人都是这样吧，会赚钱的人未必如此，但只要不是守财奴就都这样。有些人会赚钱也善守财，比如罗素·塞奇，所以他死的时候都富得让人讨厌，人死了钱没花了。

我只在一个时间段热衷打败游戏，就是每天从10点到3点。过了3点，就是享受生活的时间了。别误会，我不会因为贪图享乐而不务正业。如果我赔钱，只是因为我判断错误，而不是因为我纵欲过度或贪杯宿醉导致四肢乏力或精神萎靡，从而影响我的游戏。我可受不了那些让我感觉会影响身心健康的东西。年轻时我从不晚睡，因为睡眠不足会影响我的操作。我赚得很多，所以我不认为有必要剥夺自己享受生活的权利。股市一直都在，会源源不断地提供资金。看到自己的专业方法能够养活自己，一个人总会有一种淡定的自信，而我正渐渐获得这种态度。

重返纽约后，我做的第一个调整就是游戏的时间和节奏。在投机行，我可以等到股价的确切变化后再出手，切1~2个点。但在富乐囤，如果我想抓住波动就必须提前行动。换句话说，我得研究将会发生什么，我得预测股票的动向。这听起来没什么，但你知道我说的是什么意思。我对游戏的态度变了，这个转变对我来说是至关重要的。我渐渐明白，赌涨跌和预测涨跌是截然不同的，这也是赌博和投机最本质的区别。

我得至少提前一个小时研究市场，这是我在世界上最大的投机行也学不到的东西。我开始对交易报告，铁路收入报表及财政、商务统计感兴趣。我当然仍然喜欢大笔交易，难怪人家叫我"少年杀手"，但我也喜欢研究走势。凡是有助于我做出明智选择的事情，我都不厌其烦。在解决问题之前，我必须先弄清楚它是什么问题，当我认为找到了解决方法，我就要验证它管用不管用。我只知道一种验证方法，那就是通过赔钱和赚钱。

现在回想起来，好像那时我进步很慢。但考虑到那时我总体是在赚钱的，而赚钱会拖慢投资者进步的速度，所以我觉得当时的速度已经是我的极限了。如果我赚少赔多，也许就能更加努力地研究，就能快速解决更多的问题了。我不知道"彻底失败"的价值到底多大，因为如果我当时赔死了，也就没有足够的钱来检验我改进的方法了。

研究了我在富乐囤赚钱的交易后，我发现，尽管对市场的分析（也就是我对环境和大势的分析）百分之百准确，我却没有赚到应该赚的那么多。为什么呢？"不完全的胜利"和赔钱一样有很多经验值得总结。

举例来说，牛市刚开始时，我就看多了，为了支持自己的观点我开始买进。不出所料，股价涨了，至此一切顺利。但我接着做了什么呢？我听了老政治家们[1] 的忠告，抑制了年少的冲动，决定要明智一些，谨慎而保守地做。众所周知，这就意味着获利落袋为安，然后静待回档低吸。我就是这么干的，或者我努力这么做。我常平仓套现后等着股价回踩，结果永远都没有等来。我眼睁睁地看着它继续涨了10个点，却只能干坐着，保守的口袋里只有那安全但可怜的4个点的利润。人们常说：获利落袋，必能敛财。不，不是这样的。在牛市里赚4个点就急着套现的人永远发不了财。

本来可以赚2万块，我却只赚了2000块，这就是保守主义带来的结果。我发现自己所赚的和应当赚的非常不成比例，我还发现了另外一件事，那就是：根据进场时间的长短，傻瓜也分好几种。

新手一无所知，人人都明白，包括他们自己。比他们高一级的，也就是二级傻瓜，自认为懂得不少，还能让别人也这么认为。其实他们只是经验丰富的傻瓜，研究的不是市场本身，而是三级傻瓜的市场理论。二级傻瓜知道如何避免新手会犯的某些错误，不会在那些方面亏钱。券商们正是靠这些"二傻"度日度年的，而不是靠吸新手的钱。胆敢冒犯华尔街的新手通常一次能熬3~30个星期，而二傻们平均可以撑三年半左右。所以很自然，正是这些把交易名言和各种规则挂在嘴边的二傻们，在养活券商。他们把老手们的交易禁忌谨记于心，却忘了最重要的一条：别犯傻！[2] 二傻们自认为长了智齿，很老到，懂得买跌的道理，于是只等股票下跌。看

---

[1] 比如富兰克林，是美国人美好品德的典范。

[2] 如果牌过三巡，你还不知道牌桌上谁是傻瓜，那么你就是那个傻瓜。 ——巴菲特

着价格从顶部跌落，他通过跌的点数来计算自己捡到了多大的便宜。在牛市中，大傻们毫不掩饰自己的愚蠢，完全不顾规则和先例，抱着盲目的希望一股脑地买进，他们会暂时赚嗨，然后被正常的回档一下钉死。而二傻们则比较谨慎，按照别人的智慧自以为明智地操作，我以前就这样。

我知道应该改进自己在投机行的方法了，而我认为已经在改进方法并解决问题了，其中一个改变，被股客老手们奉为至宝。

大多数投机客都差不多，很少有人敢说没被华尔街吞过钱。富乐圃也有这么一群傻瓜，各个级别的都有！不过，其中有个老头和别人不太一样。首先，他年龄较大；其次，他从不主动给人建议，也从不吹嘘自己的盈利，他擅长倾听。他似乎不太热衷于打探内幕，也从不主动问别人听说或知道些什么。但如果有人告诉他内幕，他会很礼貌地表示感谢。有时后来证明消息确实，他会再次感谢。而如果消息错了，他也从不抱怨，所以没人知道他到底是听了还是根本没当回事。公司里传言说这个老投机客很有钱，手笔很大。但他没在交易佣金上给公司做多大贡献，至少明面上没有。他叫帕特里奇，但人们背后喜欢叫他"火鸡"，因为他胸部很高，几乎贴到下巴，而且他习惯在各个房间里走来走去。

很多顾客喜欢让别人怂恿他们交易，这样就可以把失败的责任转移到别人身上。他们常去找老帕特里奇，说一个内线人士的某个朋友的朋友透出风来，建议他们交易某支股票，但自己还没操作，所以想请帕特里奇指点一下迷津，看这个内幕到底靠谱不靠谱。但无论内幕是要他们买还是卖，老头总是同一个回复。

股友一般会先说完自己的故事和困惑，然后问"您觉得咋样啊？"老"火鸡"总是把头一偏，露出慈父般的笑容仔细端详这个股友，最后一字一顿地说："现在可是牛市啊，你懂的。"

我每次听他说"啊，现在可是牛市啊，你懂的"，都感觉他就像在给你一个护身符，一个用 100 万的意外保险单包起来的无价护身符。但我当时完全不明白他的意思。

一天，一个叫埃尔默·哈伍德的人冲进公司，写了一张委托单交给营业员，然后又冲到帕特里奇那里，正赶上帕特里奇在听约翰·范宁讲故事。约翰说他有次无意中听到基恩给他的券商下指令，他也跟着买了100股，但在3个点的利润线就卖出了，结果卖出后的3天内它就暴涨了24个点。这至少是约翰第四次告诉帕特里奇这次悲惨遭遇了，而老火鸡还像是第一次听到一样，满怀同情地微笑着倾听。

埃尔默直接走到帕特里奇面前，没有说对不起就打断了约翰·范宁。他对"火鸡"说："帕特里奇先生，我刚才卖掉了克莱曼汽车的股份，我的人告诉我股价会回档，到时我就能低吸了。你最好也卖掉。你手上还有吗？"

埃尔默焦急地盯着他，就是他先前提供消息给帕特里奇让他买进的。业余（或免费）提供消息的人，总觉得收到内幕的人必须对他言听计从，即使他自己也不确定消息是真是假。

老火鸡感激地说："是的，哈伍德先生，我手里还有。当然！"他还说，埃尔默真是个好人，还记得他这个老头。

埃尔默说："啊，现在可是高抛套现等待低吸的好机会。"他说得就像自己已经为老头填好了卖单一样。可他并没有看到火鸡脸上感激的热情，于是他接着说："我已卖光了我的！"从他的语气和动作看起来，保守估计他也卖了一万股。但帕特里奇抱歉地摇了摇头，笑着说："不，不，我不能卖。"

埃尔默叫道："什么？"

"我不能卖。" 帕特里奇说，显得非常苦恼。

"当初是我放消息叫你买进的……"

"是的，埃尔默先生，非常感激你，我确实买了，但是……"

"等等，听我说，它10天涨了7个点，对吧？"

"的确是，很感谢你，我亲爱的孩子，但我还不想卖。"

埃尔默十分怀疑自己的耳朵，他问："你不想？"提供消息的人看到接受消息的人不愿听从，大概都是这个反应。

"不，我不想。"

"为什么？"埃尔默靠近了问。

"啊，现在可是牛市啊！"老头这么说，那语气好像这就是最详细、最充分的解释了。

"好吧，"埃尔默说，又失望又生气，"我也知道这是牛市，但你最好把它卖掉等股价回落时再买进，这样你就能降低成本。"

老帕特里奇痛苦地说："我亲爱的孩子，我亲爱的孩子，如果我现在卖出，就会失去我的仓位①，一旦失去仓位，我该怎么办呢？"

埃尔默甩了甩自己的双手，摇摇头，走向我，似乎想博取我的同情，压低了声音但又怕老火鸡听不到："你能说服他吗，请问？"

我没说话，他继续说："我给了他内幕，他买了500股克莱曼公司，赚了7个点的利润。现在我建议他卖出，然后在回踩时买回，现在赶紧也只算赶上机会的尾巴。可你知道他怎么说吗？他说卖了就会失去自己的工作，你能理解吗？"

"对不起，哈伍德先生，我没有说我会失去我的工作，"老火鸡打断他，"我说我会失去我的仓位。当你到了我这把年纪，经历了许多兴衰，你就会明白失去仓位是谁都承受不起的，洛克菲勒也不例外。我希望股价回落，你就能在低价买回了，先生。但我只能凭自己多年的经历行事，我曾付出巨大的代价才换来这些经验，不想再交一次学费了。但我还是很感谢你，就像我真的因此多赚了几个点一样感激你。现在可是牛市啊，你懂的。②"帕特里奇说完就走开了，埃尔默则一脸茫然。

老帕特里奇的话，对当时的我来说好像意义不大，但后来我开始考虑我自己的无数失败，虽然算对了大势却赚不到太多钱的教训。我越考虑就

---

① 仓位（position）有两种基本用法。第一，表示证券资本和总资本的比。比如你账户中有20万块，现在用10万买了股票或期货，你就是半仓，或者50%仓，其他还有$\frac{1}{4}$仓等。如果你的20万都是股票或期货，那你就是全仓。第二，空头仓位和多头仓位，文中此处说的是第二个用法。position还有"职位"的意思。

② 假如股价下跌，但基本面仍然看好，就不该卖掉，反而要加码买进。 ——彼得·林奇

越意识到老头的智慧。显然，他年轻时也有同样的毛病，他了解自己的弱点。他的经历告诉他，有些诱惑是难以抵制的（就像当时的我一样），但这些诱惑的代价太贵了，所以他拒绝让自己接触这些诱惑。

后来当我终于明白了帕特里奇先生一直告诉股友们的那句"现在可是牛市啊，你懂的"，我想那是我所有课程中最长足的进步了。他要告诉人们的是：赚大钱不能靠细碎的波动，而要靠大走势，也就是说，不能靠解读波浪线，而要抓住基本面。

现在我说一件事，在华尔街摸爬滚打了这么多年，累计输赢了好几百万后，我想告诉你的是：读盘能力从没为我赚过大钱。为我赚大钱的策略总是"坚持不动"。明白吗？我不为所动！算对股票的走向不是大本事。你在股市总能发现很多高手，早早就知道这是熊市还是牛市。我认识很多人看时机很准，总能在最佳利润点买卖股票，但就像我一样，他们都没能真正赚到钱。为什么呢？能看对方向的人很多，能坚持不动的人才真正厉害。而我发现这是最难学的能力之一。而一个投机客只有牢牢掌握这件本领才能赚大钱。当你一无所知时，赚几百块都难，而一旦你知道了交易的精髓，赚几百万块实际上要轻松得多。

原因是，一个人可以对股价的走势看得清清楚楚，但市场按你的预测走到终点，需要一个过程。你不可能步步都准，这时你就会感到不耐烦，甚至怀疑自己当初的判断。正因如此，华尔街很多智者都在赔钱，他们根本不是傻瓜，甚至不是第三类傻瓜，但就是亏钱。让他们失败的不是市场，是他们自己。他们聪明却不够淡定。老火鸡在这方面做得很到位，他说到做到。他有勇气坚持自己的信念，也有足够的智慧耐心地等下去。

总是抢进抢出，不理会走向，对我来说是致命的。没有人能跟住所有的波动。在牛市，你就该买进持仓，直到你觉得牛市将尽时抛空。要做到这一点，你应当研究基本环境，而不是内幕甚至影响个股的特殊因素！跳出你的股票，只有跳出来你才能赚大钱！慢慢等，直到你确切地看到大市场反转的迹象，或者说一直到你认为看到，不一定完全肯定，只要你觉得大盘已经有了蛛丝马迹表明大环境已经开始反转。要做到这一点，你必须运用自己的智慧和洞察力，否则我的忠告就如同低吸高抛的道理一样肤浅愚蠢了。不要试图抓住最初或最后的$\frac{1}{8}$点，这是人们可以学到的最有用的法则之一。这两个$\frac{1}{8}$点，是世界上最贵的$\frac{1}{8}$点，有多少投机客为了抓住这点蝇头小利付出了几百万块的代价，这些钱都足以建一条横跨美洲大陆的水泥高速公路了。

研究了我在富乐圄那些比较明智的操作后，我还发现一件事，我的首笔操作一般都会赢。这自然会让我开始想玩大。首笔盈利，让我对自己的判断充满信心，不被他人的建议磨损了意志，也不会让自己失去耐心。要想在这个行当有所作为，就必须坚守自己的判断。这就是我在研究大环境时学到的所有东西了：持对仓位并坚持持仓。我可以静静地等待，没有一丝不耐烦。我知道回踩是暂时的，所以总能对其置若罔闻。

我曾做空10万股，但我知道其间价格会大幅反弹，我一次次地计算并确信这个反弹是必然的，而且是有益的，因为它会给我增加100万的账面利润。而我按兵不动，眼睁睁地看着50万账面利润灰飞烟灭，没有平仓并随着上涨转手做多，因为我知道如果那样做，我就失去了自己的仓位，失去了仓位，就难发大杀招了。只有大势能为你赚大钱。

我从自己犯的错误中不断学习，从犯错到认识到自己犯错需要时间，从认识到错误到找出原因需要更多的时间，所以我学得很慢。但同时，我的生活还相当不错，而且我还年轻，所以可以用其他方式补救。

当时我的大部分收益还是靠读盘赚来的，因为当时的市场状况挺适合这种方法。比起刚到纽约时，我不那么赔钱了，也不输得那么让人恼火了。但想到我在两年之内就破产了三次，我一点也骄傲不起来。但我说过，破产是非常有效的学习方式。

由于我总是享受生活，本金攒得并不快。年轻人想要的所有高品位物质享受我一样也不少，我有自己的车，觉得既然总能从市场中赚钱，所以完全没必要剥夺生活的乐趣。股市只在周日和假日停市，人们总得休息。

每当找到亏损或错误的原因，我就新增一条操作"禁令"。为了有效利用我与日俱增的资产，我从不削减自己的生活成本。当然，生活有喜有悲，说也说不完。其实，我记忆最清晰的，只有那些对我的操作有价值的错误，它们让我更加了解股票，也更了解我自己。

第六章
孤独是投机商的宿命，大势是唯一可靠的盟友①

---

① 不要相信投资专家的建议，不要相信所谓的内幕消息，不要相信券商的推荐，不要相信"至少不会损失"的鬼话，你只能相信自己的研究。——彼得·林奇

1906 年春天，我去亚特兰蒂斯市过了一个短假。我完全放下股市，只想换个环境好好休息一番。我顺路去了我的第一家券商那里，哈丁兄弟公司。当时我操作非常活跃，一次能做三四千股。这和我二十来岁时在世界一家投机行的交易量差不多，但这是两种完全不同的游戏，在投机行我也交一个点的保证金，但在这里，我的交易单会真的输入纽交所。

不知你是否还记得前面说的那个故事，我在世界一家做空了 3500 股美国制糖，但感觉好像出了什么问题所以必须平仓。啊，我常有这种奇怪的感觉，而我常常很尊重这种感觉。但偶尔我也会嘲笑它，告诉自己这不过是暂时的盲目冲动，变换仓位才叫蠢呢。我认为这些灵感都是因为吸烟太多，或睡眠不足，或宿醉伤肝之类的。不过，当我说服自己不去理会那些冲动，就总会后悔。十几次了，我没有按照灵感卖出，第二天去城里看市场，市场真是坚挺，甚至涨了，于是我就只能告诉自己我是多么愚蠢，竟然有瞎卖出去的冲动。但是，第三天就会出现一个大跌。不知道什么出了问题，如果我不是那么理智，那么相信自己的逻辑，我赚的钱应该比现在要多得多。那些冲动，很显然不是身体层面的原因，而是精神层面的感应。

我要告诉你一次这类经历，因为它对我来说影响重大。它就发生在我在亚特兰蒂斯市度假的 1906 年春天。一个股友和我在一起，他也是哈丁兄弟公司的客户。我尽情享受自己的假期，把市场完全放下。如果我想玩，就总能放弃交易,当然,除非市场异常活跃,让我热情爆棚。如果我没记错,当时应该是牛市,总体展望对各种交易都很适宜。市场非常平缓,但当时弥漫的气氛已经非常明朗,各种迹象都表明这是牛市。

一天早上,我们吃过早餐,读完了纽约所有的晨报,然后观赏海鸥吃早餐,他们捡起海蚌飞高五六米丢在硬湿的沙滩上摔开来吃。看累了,我们就开始沿着木板路散步,这可是我们白天做的最有意思的事了。

时间还没到中午,我们走得很慢,呼吸着略带咸味的空气,打发时间。哈丁兄弟在木板路有个分部,我们每天早上都会顺便去看看开盘。仅仅是习惯而已,我不进场交易。

我们发现那天市场强劲,非常活跃。朋友非常看多,他还少量持有一支低价股,现在已经涨了几个点了。他开始对我说,继续持仓等待价位涨到更高是多么明智的事情啊。我没太注意,也懒得附和,只是专心浏览报价板,发现大部分股票都在涨,直到我看到联合太平洋铁路股。我突然感觉应当做空它,就是这个感觉,没有太多可说的。我只是感觉想做空而已。我问我自己为什么有这种感觉,却发现不了任何理由。

我盯着联合太平洋报价板上的最新报价,直到我看不见任何其他数字,看不到报价板,看不到任何其他东西……我只知道我要放空联合太平洋,我不知道自己为什么偏要这么干。我当时看起来一定有点发呆,因为站在旁边的朋友突然杵了我一下,问:“喂,你怎么了?”

“我不知道。”我回答说。

“困了?”他问。

“不,”我说,“我不困。我想放空这支股票。”尊重自己的直觉,我总能赚钱。我走向一张桌子,看到上面有几张空白单子。朋友跟了过来。我填了张卖单,按市价放空 1000 股联合太平洋,然后把委托单交给了股票经理。我填单和把单子交给他的时候,他一直都在笑。但当他看到我的委托单,就停止了微笑,盯着我。

“我没看错吧?”他问。但我只是看了看他,于是他就把单子迅速转给了操作员。

"你干吗呢？"朋友问。

"我在放空。"我告诉他。

"放空哪支？"他朝我大叫。如果他看多，我为什么看空呢？什么东西好像不对劲。

"放空 1000 股联合太平洋。"我说。

"为什么？"他诧异地问。

我摇了摇头，意思是我也没什么理由。但他一定觉得我有内幕，因为他拉着我的胳膊把我拉出交易大厅，这样我们就可以不被其他客户和坐暖橡胶椅子的人们看见或听见了。

"你听说什么了？"他问。他非常激动，联合太平洋是他最爱的股票之一，他非常看多，因为他赚了很多钱，而且它看起来非常有前途。但他很愿意听从一些二手内幕消息跟着做空。

"没什么内幕。"我说。

"没有？"他很怀疑我的话，而且直接表现出来了。

"我什么也不知道。"

"那你卖个毛啊，找死吗？"

"我不知道。"我告诉他，我说的可是真心话。

"啊，别卖关子，拉里。"他说。

他很了解我，知道我从不盲目交易，那不是我的习惯。而我刚刚放空 1000 股联合太平洋。我一定有充分的理由卖空那么多，而且是在市场非常强劲的条件下。

"我不知道。"我又说了一遍。"我只是感觉好像要发生点什么事。"

"会发生什么事？"

"我不知道，我说不出理由。我只知道我想卖空它。而且我还得再加码 1000 股。"

我走回公司，又下了一个 1000 股的空单。如果第一个 1000 股空单是对的，那么我就得再多赚点才是。

"到底会发生什么事？"朋友继续追问，他实在下不定主意跟我一起做。如果我告诉他，我听到内幕，说联合太平洋会大跌，他肯定会跟我一起做空，而不问我到底从哪听到的消息，也不会问为什么会跌。

"到底会发生什么事情？"他又问了一遍。

"可能发生任何事情，但我不能保证任何一件事情。我给不了你任何理由，我又不是算命的。"我告诉他。

"那么，你疯了。"他说，"脑子进水了，莫名其妙地卖空一支牛股。你真不知道自己为什么要这么干？"

"我真不知道，我只知道自己想这么干。"我说，"我想这么干，我就是感觉卖空才对。"卖空的冲动实在太强烈了，所以我又加码了1000 股。

朋友崩溃了，他抓住我的胳膊说："看着我，咱们走吧！别在这儿待着了，你别把老本都赔进去啊。"

我也卖够了，满足了自己的冲动，所以我跟着他一起走出来，也没看后两个1000 股的成交报告。即使我有充足的理由，这么大手笔地操作一支股票，也是一件发狂的事情。我也觉得自己太疯狂了，没有任何理由地卖空这么多，尤其是在整个市场都如此强劲的情况下，而且没有任何线索可以让任何人觉得市场将低走。但我记得以前我有同样的卖空冲动但没动手时，总有各种各样的结果让我后悔。

我曾向朋友们说过这些故事，他们有人告诉我说那不是神示，而是潜意识在起作用，也就是富有创造力的那部分心智。正是这部分心智，让艺术家们可以在不知不觉中进行创造，他们也解释不清自己为什么会这么干。而我之所以会有这种能力，可能是因为我在不断的交易中积累了很多经历。它们单独的作用很小，但合力很大。

也可能是朋友不明智的多头，唤起了我的反抗意识，所以我才选了联合太平洋，人们都在做多，那就不对了。我不知道第六感的确切原因或生成机制什么的，我只知道，我走出哈丁兄弟公司的亚特兰蒂斯分部的时候，带着 3000 股的联合太平洋的空单，在一个崛起的市场里。但我一点都没有焦虑。

我想知道后两个 1000 股的成交价，所以吃完午餐我们就溜达回了公司。看到市场依旧强劲，联合太平洋还涨了几个点，我没感觉不爽。

"我看你完了。"朋友说。你可以看到，他正庆幸没跟着做空。

第二天，大市场继续上涨，我只听到朋友高兴地说自己的股票。但我感觉很确定，联合太平洋没卖错，而我一旦觉得自己是对的，就不会不耐烦。当天下午，联合太平洋就停涨了，收盘前开始下滑。我更加确信自己绝对是正确的了，既然我这么认为，我自然想进一步卖空。所以在收盘前，我又卖空了 2000 股。

这样，我一共卖空了 5000 股联合太平洋，就凭感觉。我在哈丁公司存的保证金不多，这就满仓了。而且我还在度假，所以卖空这么多显得有点过了，所以我放弃休假，当晚就回到了纽约。谁也不知道到底会发生什么事情，但我认为，如果发生了事，我最好就在现场，这样我就可以迅速采取必要步骤了。

第三天，旧金山大地震①的消息传来。这是一场可怕的灾难，但市场开盘只跌了几个点。多头力量在起作用，股民从不对消息有反应，除非有人领头，从那时到现在都是这种情况。比如，只要多头的基础牢固，不管报纸怎么说这是人为操作的假象，根本起不到任何作用，除非整个华尔街开始看空，没人能对抗股民的情感和预期。当时，华尔街没有评估灾难的严重程度，因为它不希望这么做。当天收盘前，大盘又开始反弹。我持有5000 空股。灾难已经来临，但天灾没有带来股灾。

我的直觉水平绝对一流，但我的银行账户却没有因此增长，甚至连账面利润都没有。和我同去亚特兰蒂斯度假的朋友，对我卖空联合太平洋感到既高兴又惋惜。他对我说："哥们，你确实有第六感。但我说，金融大亨和资本都在多头那一面，和他们对抗有什么用呢？他们一定会赢的。"

---

① 1906 年 4 月 18 日 5:12，美国旧金山发生 7.8 级地震。

"再等等看。"我说，我说的是给价格一点时间。我不会平仓，因为我知道破坏很严重，而联合太平洋是损失最惨重的公司之一。而华尔街还如此盲目，实在让人火大。

"再等等看？等他们榨干你和所有空头，把你们的熊皮剥下来在太阳底下摊平晒干？"他坚定地说。

"你打算怎么做？"我问他，"买进联合太平洋吗？南太平洋和其他铁路都遭受了几百万几百万的损失，这可是一股不可遏制的力量！他们损失那么多后还从哪里弄钱来分股息啊？你至多只能说，事态可能不像报纸说的那么严重。但这是买进那些遭受重创的铁路股的理由吗？回答这个问题。"

朋友只是说："是的，听起来有理，但我告诉你，市场可不同意你的观点，报价器上的数字从不说谎，对吧？"①

我说："但它并不总是立刻说真话。听我说，在黑色星期五②之前，一个人找到吉姆·菲斯克，列出了10条响当当的证据，说明黄金必然要跌，最后被自己的逻辑鼓动得激动万分，告诉菲斯克自己将做空几百万的黄金。菲斯克看了看他说：'去啊！干呗！做空啊！人不作不死，我看你就是活腻了！'

"就是这么回事，"我接着说，"如果当时那家伙真的卖了，你就看到他的大杀招了。你自己也做空一点吧。"

"我才不！我不是那种人，我不跟大势对着干，不会嫌命长！"

第四天，媒体开始详细报道旧金山地震的细节，市场开始下滑，但是没有跌得太厉害，它本该跌得更狠才对。我知道大势已定，价格必将暴跌，于是又继续加码了一倍，又卖空了5000股。

啊，这时候大部分人都明白了，我的证券公司也开始积极操作，不再抵触。他们并非盲目，也不是我盲目，更不是我把握市场的方式盲目。

---

① 那些最好的交易，开始时从数字上看，几乎都会告诉你不要买。——巴菲特
② 1869年9月24日星期五的金融危机，是股市"黑色星期五"的源头。

第五天，它横盘震荡，这可是挣钱的关键时刻。我当然要充分利用自己运气的价值，于是再次加码，又做空了 10000 股。现在就该这么玩。

我什么都不想，只是一门心思地认为自己是正确的。这个天赐良机，我必须充分利用。我继续持空。当时的我有没有考虑过，做空这么多会不会有危险？因为只要市场轻微反弹，就会把我的账面利润甚至本金全部洗净。我不知道自己当时是否考虑过这个问题，我只记得当时没什么心理负担。我可不是鲁莽的赌徒，我操作得非常谨慎。没有任何事情可以改变地震已经发生的事实，不是吗？没有任何人能在一夜之间不花一分钱就让已经倒塌的建筑物恢复原状，不是吗？即使全世界的资金都用来支撑股价，也无法逆转乾坤，至少是接下来的几个小时之内，不是吗？

我没有盲目下注，我不是疯狂的空头，我也没有被胜利冲昏了头，我更没有认为，旧金山从地图上抹去意味着整个美国就直奔垃圾堆了。没有，真的没有。我可不希望发生经济危机。

总之，第六天我平仓了，赚了 25 万美元，截至当时，那是我赚得最多的一把，而且就是几天的工夫。

地震发生的头一两天，华尔街并没在意。人们会解释说，这是因为首批报道并不那么吓人，但我认为这是因为改变股民对证券市场的观点需要一个漫长的过程，甚至大多数职业操盘手也反应迟钝、目光短浅。

我没有多少可以解释的，既没有科学解释也没有瞎猜的解释。我只是告诉你我做了什么，为什么这么做，结果如何。我不太关心自己的直觉到底是怎么来的，也不想神化它，干巴巴的事实就是，我因为它赚了 $\frac{1}{4}$ 百万美元。这表示以后我就可以更加大手笔地操作了，只要有时机。

那个夏天，我去了萨拉托加①避暑。本来是去度假的，但我总放不下市场。首先因为，我没有累，所以考虑市场并不让我感到烦恼。其次因为，那里的每个熟人都对股市有着或有过浓厚的兴趣。我们自然会聊这个话题。我发现纸上谈兵比真刀真枪要容易多了，他们一开口，那口气就熏死人。

① 纽约州东部一个温泉度假地。

一个雇员试图炒一个坏脾气老板鱿鱼的时候，就会有勇气像对一只黄狗一样对他呼来喝去。那些家伙和我聊股票的时候，就给我这种感觉。

哈丁兄弟公司在萨拉托加有个分部，有不少客户。为什么会在这儿有个分部呢？我觉得真正的原因在于它的广告价值，在度假胜地设有分部是一种比广告牌高大上多了的广告。我总是顺路去他们那里坐坐，和其他客人一起。经理是纽约总部来的，人很和善，乐于助人，无论熟人生人，当然，有机会就拉人进场。那里是各种各样消息的集散地，股票的、赌马的、赌场的。他们知道我对这些消息不感冒，所以经理从不过来向我一个人透露刚从纽约总部得到的最新内部消息。他只是把电报拿给我说一些诸如"这是总部发来的"之类的话。

我当然要看行情的。对我来说，看报价板解读各种信号早已成了条件反射。我发现，我的好朋友联合太平洋看起来要涨。价位已经很高了，但从它的动作来看，好像有人在吸进。我一连看了几天，迟迟没有动手。我越看越确定有人在稳步添仓，而且那人并非小角色，不但资本雄厚而且还挺懂行。我认为他的操作十分高明。

确定这一点后，我马上开始买进，价位大约是160块。它继续上涨，所以我继续买进，每笔500股的规模。随着我不断买进，它也越来越强，但没有出现急涨，所以我感觉很安心。我觉得它没有理由暴涨，即使加上我的读盘能力也没发现。

经理突然走到我面前说纽约那边发来消息，问我是否在分部，当总部知道我在，他们就发来电报说："请他留步，说哈丁先生要和他聊两句。"

我说我可以再等一会，同时又买了500股。

我不知道哈丁跟我有什么好说的，但我觉得应该和生意无关，因为和我的操作相比，我的本金非常充足。不一会，经理过来告诉我说艾德·哈丁先生打来长途电话，正在等我。

"你好，艾德。"我说。

但他劈头就说："你到底在干什么？你疯了吗？"

"疯了？"我说。

"你在干什么？"他问。

"你什么意思？"

"你买那么多股票干什么？"

"怎么了，保证金不够吗？"

"不关保证金的事，你真是个白痴。"

"我不明白你的意思。"

"你为什么买那么多联合太平洋？"

"因为它在涨啊。"我说。

"涨？见鬼！你难道没看出来是内线在倒货给你吗？你是那里最惹眼的人。你还不如把钱输在赌马上，还能找点乐子，别让他们把你耍了。"

"没人耍我，"我告诉他，"我没和任何人说过这支股票。"

他反驳道："你别指望每次操作它都有奇迹来救你，趁现在还不晚，赶快出货吧！"他说："现在大户都在猛抛，你还加仓，简直不是犯傻，而是犯罪！"

"可报价器显示他们在买进。"我坚持自己的立场。

"拉里，看到你的买单一张跟着一张，我差点犯了心脏病。看在上帝的分上，别傻了，赶快出货吧！它随时可能崩盘。该说的我都说了，听不听由你，再见。"然后他挂断了。

艾德·哈丁是个聪明人，消息灵通，无私善良，不仅不功利，还很够朋友。而更重要的是，他所处的位置，有利于听到各种坐实了的消息。我之所以买进，所凭借的不过是自己多年的读盘经验。经验告诉我，只要看到某些迹象，股价一定会大涨。

我不知道当时我到底怎么了，但我想我一定得出结论：我解读出了有人在吸进，只是因为内线高手的操作让盘面看起来就是如此（虽然实际情况不是这样）。艾德·哈丁确信我的操作是错误的，而且力阻我犯错。

我不该质疑他的智慧和好心。我说不清是不是这个原因让我听了他的建议，但我确实照做了。我卖掉了所有持股。当然，如果做多是错的，那么不做空也应当同样不对。所以我在卖光后又反手做空了 4000 股，大多价位在 162 块左右。

第二天，联合太平洋公司的董事会发布消息：派发10%的红利。一开始，华尔街没人相信，这招很像走投无路的赌徒在孤注一掷。所有的报纸都开始议论董事会。华尔街天才[①]还在犹豫不决时，市场已经沸腾了。联合太平洋成了领涨股，以巨额成交量创下历史新高。一些散户一小时内就赚了大钱。我后来还听说一个愚蠢的专家因为买错了股票所以赚了35万美元。一周后他卖掉了会员席位，一个月后就买了块地成了体面的农场主。

一听到那个史无前例的 10% 红利，我当然立刻就意识到了自己的问题。我真是罪有应得，活该赚不到钱，谁让我不能坚信自己的经验，却听信内线消息。我把自己的信念抛诸脑后，而转向一个无私好友的善良提醒，只是因为他是一个慷慨的朋友所以我知道他不会坑我。

看到联合太平洋创下了新的纪录，我对自己说："可不该做空这支股票啊。"

我在哈丁公司只剩下一点保证金了。我没有窃喜，更没有变笨。很明显，我准确地解读了行情，却像个傻子似的让艾德·哈丁动摇了自己的决心。谴责别人是没有用的，它改变不了什么，而我时间不多了。于是我立即下单平仓，回补那 4000 股空头，当时市价是 165 块。如果在这个价位平仓，我只会损失 3 个点。但由于指令执行的滞后性，实际是在收盘前在 172~174 点平仓的。拿到成交报告，我发现艾德的好心干涉让我损失了 4 万美元。我没有勇气坚持自己的信念，以这个代价买到这个教训算赚了。

我也没有灰心，因为从盘面上看，还有上涨空间。虽然这种走势和董事会的行为都无前例可循，但这次我做了我认为对的事情。平掉 4000 股空头后，我又按照盘面迹象向前走了一步，我买进了 4000 股，在次日上午抛出。这一把不仅弥补了损失的 4 万块，还赚了 1.5 万。要不是艾德·哈

---

① 这是主人公在自嘲。

丁好心怕我赔钱，我早就出大杀招了。但我得感谢他，他帮了我一个大忙，我坚信：当时学到的这个教训，使我完成了作为一个真正的股票交易商的最后一课。

　　我并不是说，我只需要学会忽视他人的建议而坚持自己的信念。而是通过这个事件，我得到了自信，我终于摆脱了之前的操作方法。萨拉托加的经历是我最后一次赌博式的危险操作。从那以后，我开始着眼于基本环境，而不是只关注个股。在证券投机的磨炼中，在经历了漫长而艰难的一步后，我终于到达了更高的境界。

第七章
作为一个投机商，我从不抄底，也从不逃顶

如果有人问我对行情的意见，我会毫不迟疑地告诉他我是看空还是看多，但我从不给别人建议买进或卖出哪支股票。股票在熊市都会跌，在牛市就都会涨。当然，我不是说，战争引起的熊市里军火股票也会跌。我只是大概说说。但这无法满足普通人的要求，什么牛市啊熊市的，他们只想知道哪支股票赚钱，特定的股票。他们不想费劲，甚至懒得思考，仿佛捡来的钱都不愿去数，觉得太费劲了。

我没有懒到那种程度，但我确实觉得，研究个股的波动比研究大环境简单多了。我知道我必须改变，所以也真的改变了。

股票交易的基本法则，掌握起来似乎并不容易。我以前常说，跟着牛市买涨，跟着熊市卖空是最轻松的玩法，关键不在于是否抄底或逃顶，而在于时机对：随着跌势做空，随着涨势做多。做空时，我会一路做空，随着价格下跌一路买跌；做多时，我会一路买进，随着价格的上涨一路买涨。

举个例子来说，比如我现在看涨某支股票。我先在110的价位买进2000股，如果买完后它涨到了111，我的操作就是正确的，至少暂时正确。因为价格涨了1个点，我已经有利润了。因为我判断正确，所以我会加码2000股。如果价格继续上涨，我就再加码2000股。比如价格涨到了114。我觉得现在已经够多了，我已经有了交易的基础，可以操作了。这6000股的均价为$111\frac{3}{4}$点，而市价是114块。这时我就会停止买进，持股观望，因为我知道价格涨久了自然会有回档，我想看看回档后市场的反应。价格很有可能回踩到我第三次买进时的价位。比如说，它回踩到了$112\frac{1}{4}$块，然后又开始反弹，我会在反弹至$113\frac{3}{4}$点时瞬间下单按市价买入4000股。如果我能以$113\frac{3}{4}$点的价位买到这4000股，我就知道什么地方出了问题。这时我会试探性地抛出1000股看市场如何吸货。但如果我买入4000股时换一个样子：在114块时成交2000股，在$114\frac{1}{2}$块时成交500股，然后按这个差价继续成交，最后500股成交于$115\frac{1}{2}$块，我就可以断定，自己的操作是正确的。这4000股的成交方式让我知道在这个时间点买进这支股票是对的。当然，我必须已经先研究过大环境，并确定大势利好。我从来不指望在太低的价位买到股票，也不认为自己可以轻松买到大牛股。

我记得一个关于迪肯·怀特的故事，那时他是华尔街最大的操盘手之一。他是个非常和蔼的老人，聪明、勇敢，很有魄力，人们都这么说。我听到的都是他当年的丰功伟绩。

那些年，美国制糖是市场上最持续火爆的股票。公司总裁哈弗梅耶正如日中天。听老人们说，哈弗梅耶集团有的是资金和智慧，每次操作自己的股票都很成功。据说，哈弗梅耶洗掉过大量的小操盘手，别的内线也修理过很多人，但没有任何人比哈弗梅耶做得更狠。场内操盘手常会阻碍内线的游戏而不是给它助力。

一天，迪肯①·怀特的一个熟人激动地冲进他的办公室说："牧师，你说过如果我听说什么好消息就立刻来告诉你，如果消息能派上用场，你就会代我也操作几百股。"他停下喘了几口气，等着怀特肯定的回答。

牧师看着他，一如既往地淡定："我忘了是否真这么说过，但如果消息真的有用，我不会亏待你的。"

"好，我有个好消息要告诉你。"

"啊，那太好了。"牧师说，态度如此和蔼，以至于那人有点儿膨胀。他凑上前去，生怕别人听见，说："哈弗梅耶正在买进美国制糖。"

---

① 迪肯，英文 deacon，"牧师"的意思。

"是吗？"牧师依旧淡定。

这种反应可把送信人惹急了，他一字一顿地说："千真万确，先生。他正在全力买进，牧师。"

"我的朋友，你确定吗？"他还是那么爱搭不理的。

"牧师，消息确凿无疑，原来那伙内线正全力买入呢，可能和关税有关。它会成为普通股里的绝杀，甚至会超过优先股，起码稳赚 30 个点。"

"你真的这么认为吗？"老头的视线从旧式的银边眼镜上面探出来，看着他，他看盘时都戴着眼镜。

"我真的这么认为吗？不，我不是这么认为的，我是确切地知道！怎么了，牧师？哈弗梅耶他们正在买进美国制糖，他们这么干不赚到 40 个点是绝不会罢休的。他们每分钟都在吸进，在他们吸够之前市场就已经暴涨了！和一个月前相比，公开市场上已经没剩多少股了！"

"他在买进美国制糖，啊？"牧师心不在焉地重复了一遍。

"买进？不，他是在低价位全力吞货！"

"然后呢？"牧师只说了这么一句，但已经足够让送信人撮火了，他说："是的，先生，千真万确！这是绝佳的消息，绝对准确！"

"是吗？"

"是啊！而且应该值不少钱，你打算用吗？"

"哦，会，我会用的。"

"什么时候？"送信人怀疑地问。

"马上！"然后牧师叫道，"弗兰克！"弗兰克是他最精明的经纪人，当时就在隔壁房间。

"什么事，先生？"弗兰克说。

"我想让你去场内帮我做空一万股美国制糖。"

"做空？"送信人大叫，叫得这个痛苦，连已经起跑的弗兰克闻声都停了下来。

"怎么了？就是做空啊。"牧师和蔼地说。

"但我告诉你哈弗梅耶正在买进啊！"

"我知道，我的朋友。"迪肯静静地说，然后转向弗兰克："弗兰克，要快！"

弗兰克冲出去执行命令，而送信人气得满脸通红。

他气愤愤地说："我带着最好的消息到你这里来，我告诉你是因为我把你当朋友，觉得你有魄力，觉得你会照做。"

"我是在照做啊。"牧师平静地打断他。

"但我说的是，哈弗梅耶他们正在买进啊！"

"没错，我听明白了。"

"买进！买进！我说的是买进！"送信人尖叫起来。

"是买进！我听得懂英语。"牧师确定地说。他站在报价器前，看着行情记录。

"可你要做空！"

"是的，我要做空一万股。"牧师点着头说，"卖，当然。"

然后他就不再说话了，只是盯着报价器，送信人也走近想看看牧师在看什么，因为老头挺狡猾的。当他越过迪肯的肩膀想一探究竟时，一个秘书拿着一张纸条走了进来，显然是弗兰克的成交报告。

迪肯瞟都没瞟一眼，他已经从报价器上看到了指令的执行情况。

他对那个秘书说："告诉弗兰克再做空一万股美国制糖。"

"牧师，我发誓他们真的是在买进！"

"是哈弗梅耶先生告诉你的吗？"牧师静静地问。

"当然不是，他从不对任何人透露任何事情，甚至不会让他最好的朋友得到一点好处，但我知道这是真的。"

"别太激动，我的朋友。"牧师伸出一只手。他一直在看报价器。送信人痛苦地说："如果早知道你会反着干，我就不来浪费你的时间了，也免得浪费我的时间。但如果你在那支股票上损失惨重的话，我也不会幸灾乐祸的。我真替你难过，牧师。真心话！我得去别的地方自己操作去了。"

"我正在按照你的消息操作。我自认为对市场还是懂一点的，也许不像你和你的朋友哈弗梅耶懂的那么多，但我的确懂一点。经验告诉我，根据你提供的消息，现在就该这么做。在华尔街混了这么久，任何一个为我感到难过的人我都心存感激。冷静点，我的朋友。"

那人盯着牧师，他一直很尊敬牧师的判断力和头脑。

秘书很快就回来了，递给牧师一份报告，他看过之后说："现在让弗兰克买进三万股美国制糖，三万股！"

秘书匆匆离开，而送信人咕哝了一声没说话，只是看着这个头发花白的老狐狸。

"我的朋友，"牧师和蔼地解释道，"你看，我并不是怀疑你告诉我的是假消息。但即使我听到哈弗梅耶亲口告诉你，我还是会这么做的。你说有人在大笔趸入，就像哈弗梅耶他们的手笔，只有一个办法可以检验，那就是我刚才做的。第一笔一万股轻易就成交了，当然，这还不足以得出定论。但第二个一万股成交后价格仍在上涨，从这两万股被吃进的速度来看，的确有人在大宗吃货，至于这个人到底是谁，已经并不重要了。所以我平掉了空头，转手多做一万股多头。这样看来，你带来的确实是个好消息。"

"那你怎么报答我？"送信人问。

"你将以那一万股的平均价格得到 100 股，"牧师说，"再见，我的朋友。下次记得冷静点。"

"我说，牧师，"送信人说，"你抛出的时候可不可以帮我一起抛，我没我以前想的那么聪明。"

这个故事说明了我的理论，也是我为什么从不抄底的原因。当然，我总是尽量做到有效买进，以助推多头。说到卖出，很明显，除非有人愿意买，否则没人能卖掉。

如果你的交易量较大，就得时刻牢记于心：应该先研究环境，谨慎地做操作计划，然后再付诸实践。如果你持了大宗股票，而且积累了巨额账面利润，但你根本无法随意抛出，你不能指望市场像吸进一百股那么容易地吸进五万股。你只有等，等到有市场可以让你散货。这就要看你认为什么时候会出现购买力，时机一来，你就得抓住。一般你都得等一段时间。你只能在可以卖出时卖出，而不是想什么时候卖就什么时候卖。要把握时机，你就必须观察和测试。要检测市场什么时候有能力吃进你的抛售并不难，但一定不要一上来就清仓，除非你绝对确定时机完全成熟。

记住，在跟着大势做交易的时候，股价永远不会高到你不能买进，也永远不会低到你无法卖空。第一笔交易后，除非有利润，否则不要做第二笔。应该持股观望一阵。这时读盘能力可以帮你判断时机是否真的到来，可以开始操作了。很多事情是否成功，首先要看是否在对的时间行动。我花了很多年才意识到这点的重要性，为此我付出了几十万美元的学费。

我这么说并不是建议你必须持续加码。当然，一个人的确可以通过加码赚到大钱，而不加码就赚不了这么多。我真正想说的是：如果你只是在赌，我能给的唯一建议就是：永远别赌！[①] 如果你是一个真正在做预测、做投机的人，而你的资本可以买 500 股，就不要一次性满仓。你可以先买 100 股做试探，如果亏了，证明操作是错的，至少暂时是错的，那还加什么码？

---

① 市场就像上帝一样，帮助那些自己帮助自己的人，但与上帝不同的是，它不会原谅那些不知道自己在做什么的人。——巴菲特

第八章
在错误的时间做正确的事情，是最要命的

　　1906 年夏天在萨拉托加，发生在联合太平洋上的那件事，让我不再被别人的意见左右，不管那人和我关系多么铁或多么能干。我再也不受他人的观点、猜测或怀疑的影响了。不是我自负，而是无数事实证明，我的读盘能力比周围大多数人更高，而且我能完全摆脱投机偏见，哈丁兄弟公司的一般客户可做不到这点。所谓偏见，就是一愿意做空，那么满眼就都是熊市线索；而做多对自己有利时，那么他看到的就都是多头信息。我只有一个偏见，那就是不犯错。

　　我年轻时就坚持眼见为实，耳听为虚。我只靠自己观察到的事实解读行情，只有这样我才能读透行情。我从不听信别人告诉我的事实，那是别人眼里的事实，不是我的事实。不知道我说明白了没有？如果我认同一件事，那一定是因为我有充分的理由这么做。

　　如果我做多，原因只能是我读出了涨势。但大家眼里的聪明人常常因为持股所以看多，我从来不会被持股或先入为主的观念影响我的思考，所以我从不和行情斗气。如果市场不如你意甚至不合逻辑你就对它火冒三丈，这就像得了肺炎便指责自己的肺一样愚蠢。

　　我越来越深地理解这句话：股票投机远不只读盘那么简单。老"火鸡"坚信在牛市坚持持多是至关重要的，所以我认为重中之重就是得先判断这是牛市还是熊市。我开始意识到，只有在牛市的整体上扬中才能赚大钱。

不管牛市的导火索是什么，它的持续必须依赖基本的经济基础，基金和金融集团的炒作永远无法使其长久。而且，不管是谁从中作梗，都无法阻止大盘按照既定的方向快速持续地走下去，至于能走多远，那就由经济基础的推动力决定了。

萨拉托加那件事后，我更加成熟了，开始更加清楚地看到：既然所有股票都是跟着经济主流走的，那么，解读个别股票的个别行为，也就不那么重要了。而且，当你读透了大环境，你的交易就不会限制在哪支或哪几支股票上，你可以通盘买进或抛出。如果只做某支股票，大宗卖空是很危险的，而多大算大，要根据这支股票的持有人、持有方式与持有地点而定。但对于通盘来说，只要价格合适，你做空100万股也不会有被洗掉的危险。前几年，内线人士会精心营造轧空的恐慌，周期性地大洗盘，赚了大钱。

牛市做多，熊市做空，这是最浅显的道理。听起来很傻，对不对？但我花了很长时间才学会按照这个原则做交易。在牢牢抓住这个基本原则之后，我才学会如何运用它，剩下的就是预测大盘的走势了。但我得为自己说句公道话，在那之前我还没有足够多的本金做这么大笔的操作。大规模操作，赶上大势就能赚大钱，而大规模需要雄厚的股本。

我总把股市当做日常开销的经济来源，所以无法增加股本来实践这种利用大盘走势的交易方法。这种方法虽然利润丰厚，但获利周期较长，需要的本金也多。

但当时，我不仅更加自信了，而且券商也不再把我看成是碰运气的"少年杀手"了。他们从我这里拿了很多佣金，而我已经成了他们的明星客户。我带给他们的价值远远不止我的交易额，一个赚钱的客户对任何券商来说都是一笔财富。

我不再像以前一样只是读盘了，我不再只关注个股的每日波动，我开始从另外一个角度研究这个游戏。我从紧盯报价板退到研究交易的基本法则，从解读股价波动退到研读基础环境。

当然，像所有股商一样，我也曾长期坚持阅读那些所谓的股市消息，每天都有。但这些消息大多都是流言，另一些是故意散布的假消息，其余则是写手们的个人观点。即使是那些名声在外的股市周评，解读起决定大盘走势的因素，也无法令我满意。财经编辑的观点通常都和我的不符，他们并不认为自己应该整理相关资料并从中得出结论，而我认为这活儿只能这么干。[①] 而且，我们对时间的观点也总有很大的分歧，我始终认为预测下几周的走势比分析上一周的情况更加重要。[②]

经验不足、年少无知和资金短缺让我吃了几年的苦，但我已经发现了股票的奥秘。发现了这个新的态度，我就解释清了之前为什么在纽约总是无法赚大钱。现在我有了足够的智慧、经验和信心，我急切地想试试这把新的钥匙，却忽略了门上还有另外一把锁——时间之锁。这种忽略再正常不过了，我必须为此交学费——每一个进步都要付出足额的代价。

我研究了1906年的形势，发现经济环境十分严峻。无数资产实体遭到摧毁，大家迟早都会感到力不从心，无力帮助别人。打个比喻，一般的不景气年景，你用值一万美元的房子作价只能换值八千块的一车皮赛马；但是现在可不是普通的不景气，就像一场大火把房子烧了个精光，同时大部分赛马在失事的火车下全部压成了肉泥。大批真金白银在布尔战争中变成了炮灰，一波波几百万的资金被用来豢养南非那些不事稼穑的士兵，而且这次我们不能再像以前那样从英国投资者那里得到帮助。更糟的是，旧金山的地震和火灾以及其他各种灾难波及了每一个人，无论你是制造商、农民、商人、劳工还是百万富翁。铁路遭到的破坏是巨大的。我认为一切都在劫难逃，不能幸免。在这种情况下，只有一件事可做，那就是卖空。

决定了交易方向后，我开始操作。我之前说过，我发现自己首笔交易总能赚钱。既然决定放空，就要猛放。漫漫熊市即将来临，我确定这次定能完成我交易生涯中最大的一笔绝杀。

市场跌了，但又反弹了，盘整后开始稳步上升。我不仅没赚到钱，反

---

① 你得自己做足功课，因为没有人能替你完成。　——彼得·林奇
② 从照后镜里看不到未来。　——彼得·林奇

而越亏越多。一天，熊市的神话仿佛破灭了，任何空头都只有死路一条。我再也无法忍受这种煎熬了，平了空头仓位。幸亏操作及时，否则连张明信片都买不起了。我输得没剩几根毛了，但只要还有一口气，我就能改日再战。

我又犯错了，但错在哪儿呢？在经济下滑期看空，这不是明智之举吗？看空就要做空，这也没错啊。哦，错就错在我做空得太早了，这让我付出了巨大的代价。我的立场正确，操作却不对。但是，股灾是不可避免的，且日益逼近，所以我耐心等待，等到股价上涨趋势变小甚至消失，我用赔剩下的那点可怜的保证金全部放空了。这次我又只做对了一天，因为第二天市场又开始反弹，我又被狠狠地咬了一口。我只好再次读盘，平仓接着等。我不失时机地一次次放空，结果市场总是先回踩，好给我点希望，然后粗暴地攀升。

市场似乎一直在和我作对，逼着我退回投机行时那套初级的老玩法。这是我第一次制定目光绝对远大的计划，放眼整个市场大势而不是关注个股波动。我坚信只要坚持持仓，我一定能笑到最后。当然，那时我的交易系统还没有确立，不然我就能像上面说的那样，在熊市里跟着跌势一点点放空，也就不至于损失那么多了。我错了，但没错得太离谱。你看，我观察到了某些事实，但还没学会综合观察。不充分的观察，不仅没能加分，反而拖了后腿。

研究自己的错误总能让我受益，这次也不例外。最终我发现，现在确实是熊市，而坚持看跌的立场是完全正确的，但无论如何行情还是一定要研究的，只有这样才能切准最佳的操作时间点。如果能在正确的时间开始操作，就不会遇到太大问题，威胁可以大赚的正确立场，你也就能轻松看待反弹或回踩，而不自乱阵脚了。

今天的我当然相信自己看得很准，也不会让主观期望或个人偏好影响我的观察结果，更掌握了多种方法检测自己的观察和观点是否准确。但1906年股价的持续反弹让我的本钱严重缩水。

当时我已近 27 岁，做股票也有 12 年了。那是我第一次因为预测到大危机而做的交易，我的操作非常有远见。但从我预测出股灾即将到来到最终在崩盘中套现，其过程比我预想的要漫长得多，以至于我开始怀疑自己是否真的看对了。市场给了我们很多警示，比如飞涨的短期利率，但还是有很多金融家告诉媒体自己很看好后市，而市场的持续反弹也有一定的迷惑性。我开始思考究竟从一开始就看跌后市根本就是个错误，还是我只错在时间不对。

我确定自己错在做得太早了，但我当时实在抑制不住进场的冲动。后来市场又开始下跌，机会来了。我全力做空，可没料到价格再次反弹，而且弹到很高的价位。

我被扫地出门了。

我预测对了，却输得精光。

跟你说，这事可有意思了，感觉就像这样：我看到前面有一大堆金币，插着一块牌子，用斗大的字写着"随便取用"；旁边还有辆卡车，车身印着"劳伦斯·利文斯顿运输公司"；我手上是一把崭新的铲子；四下无人，所以也没人会跟我抢这座金矿。比别人早看到钱堆，可真是件美事。其实如果停下来看一眼的话，很多人都可以看到，可惜他们都在看棒球赛，开车兜风，买房子。这是我第一次看到这么多钱摆在我面前，我自然向它猛冲过去。可还没跑到，逆风吹起，把我吹倒在地。钱还在那儿，可我手里的铲子丢了，卡车也不见了。这就是太早冲刺的后果。我太着急想证明这是一座真正的钱山而不是幻影了。我看到了，我确定自己看到的就是钱堆。想到自己眼神这么好，回报这么丰厚，我就忘了考虑距离。我本应走过去，而不是冲过去的。事情就是这样，我没等时机成熟就急匆匆上路了。当时我本该充分发挥自己的读盘能力的，但我没有。这件事让我明白了一个道理：即使从一开始就算准了大盘的走势，也不要一上来就大批交易，不然引擎可能会逆火，那可就危险了。

我在哈丁公司做了很多年，都是大手笔，所以公司很信任我，我们的合作也非常愉快。他们确信我可以迅速重振雄风，而且他们觉得我向来运气不错，只要时机一到，就能恢复元气，甚至赚得更多。以前，他们从我这里拿了不少佣金，以后还会收得更多，所以我的信誉还是蛮高的，我还能继续交易。

接二连三的打击让我不再过分地自信，或者说，不那么粗心了。我当然知道崩盘在即，但我只能等，保持警觉。在一个猛子扎下去之前，我早就应该这么做的。这不是丢了马才锁马厩那回事，我只是要保证，下次猛冲之前一定要准。犯错是上帝给人的祝福，因为人只能从错误中总结经验从而获利。

好吧，我们接着说。在一个晴朗的早晨，我来到市区，又恢复了爆棚的自信。这次万无一失了。我在所有报纸的金融版上都看到了同一则广告，它就是信号，那个我原来猛冲前蠢到没耐心等待出现的信号。那是北太平洋和大北方铁路增发新股的通告。为了购买方便，你还可以分期付款。这么体贴，在华尔街可算新鲜事，而在我看来这是个凶兆，而且不仅仅是个凶兆而已。

多年来，大北方铁路的优先股一直牛哄哄的，财务报表持续上涨，这就等于宣布随时可以再切个瓜分分。那么这次切的这个瓜是啥呢？股民们走运了，你有权按票面价格认购北方铁路增发的新股。这项权利可是非常有价值的，因为当时股票的市价总是高于面值。但当时货币市场不景气，连国内最有实力的银行们也不能太确定，人们是否能现金支付如此划算的股票（当时大北方铁路优先股的市价可是高达 330 美元），所以认为按揭付款是体贴的行为！

一走进哈丁公司我就对艾德·哈丁说："做空的时间到了，是时候轮到我大展拳脚了，看看这条广告吧。"

他已经看过了，我跟他解释了自己对银行家们的话的理解，但他仍不觉得股市崩盘在即。他认为最好再等等看，别着急大笔做空，因为市场老是大幅反弹。如果我能等价格下跌坐实了再抛，看似损失几个点，但操作会更安全。

"艾德，"我对他说，"这个前奏越长，跌得就越猛，到时候就跟不上跳水的节奏了。这条广告就是银行家们集体签字的自白书，他们担心的正是我所希望的。这是我们搭上熊市列车的信号，正是我们需要的。如果我有一千万，我就会立刻、马上一分不剩地全都押上。"

他觉得我虽然明智，但只根据一则奇特的广告就贸然得出推论，总是不太放心。我着实费了不少口水和他辩论。这个信号对我来说足够了，但公司里大部分人都不觉得它说明了什么问题。所以我只能少量放空，少得可怜。

几天后，圣保罗公司也热情地宣布要发行新证券，我记不清是股票还是期票了，但这没关系，重要的是，我注意到缴款日被安排在了大北方和北太平洋铁路缴款日的前一天，但后者是先宣布增发新股的。很明显，历史悠久的圣保罗大公司在和另外两家争夺华尔街上所剩不多的散钱。圣保罗的银行家们表现出明显的担心，僧多粥少，市场上钱不够三家分的，所以他们没说："您先请，哥们！"钱已经匮乏到这种程度了，银行家们接下来会怎么办？铁路公司急需资金却无资金来源，结果会怎么样？

当然该卖空！普通人天天盯着股市，却看不到一周的行情，而英明睿智的股商却早早就能看透一年的行情。这就是区别。

这时，我终于不再犹豫，下定了决心，一定要现在、马上、立刻就干。当天早上，我开始了第一场真正意义上的战役，遵循我一直想走的路线。我告诉了哈丁我的想法和立场，他没有反对我在 330 元的价位上做空了大北方，我做空其他股票的价位更高。经历过之前带来沉重代价的错误，我这次才能做得这么漂亮，如此明智。

转眼间我就重拾了声誉，账户里的数字也恢复了。不管你是瞎蒙的还是怎么的，在证券公司操作得当就是如此美妙。总之，我这次准确地分析了影响大盘走势的背景因素，操作又十分精确，依靠的根本不是预感或读盘能力。我不是乱猜的，而是预见了必然会发生的事。我眼前闪过的都是持续下跌的股价，所以我必须行动，不是吗？要不我该干啥？

大盘软得就像一摊烂粥，但很快就出现了反弹。很多人跑来告诫我说，大盘已经见底。还有的说，主力知道空头很多，所以决定轧空大赚一笔等等，现在轧空很容易就能得手，大户们不会手软的，一定会让空头们吐出几百万才肯罢休。对于好心提醒我的人，我一般只会感谢，从不和他们争论，因为一旦争论，他们就会觉得我不懂得感恩。

和我一起在亚特兰蒂斯度假的那个朋友现在很痛苦。他相信的是我的预感，因为他记得我在洛杉矶地震前的表现，但我对崩盘的预测还是让他生气了，这种消息对谁都没好处，一听这话，人们难免惊慌失措。

我想起了老火鸡常说的那句话："现在可是牛市啊，你懂的。"好像对聪明人来说，这个建议就足够了，事实也的确如此简单。但奇怪的是，很多人损失了十五、二十几个点，却仍然坚持看涨，单凭三个点的反弹就确信市场已经见底，即将反弹。

一天，这个朋友来问我："你平仓了吗？"

"为什么要平仓？"我问。

"因为世界上最好的理由。"

"什么理由？"

"赚钱呗。市场已经触底，下跌的股票肯定要涨回来，不是吗？"

"是的，"我回答说，"但前提是要先触底，然后才能回升。但不是现在，还要好几天它们才会死利索。现在还不是那些死股的尸体站起来的时候，因为它们还没有死彻底。"

一位老手听到我的话，他是个联想丰富的人。他说有一次威廉·特拉维斯在看跌的时候遇到一个看涨的朋友，两人交换了对市场的看法，朋友说："特拉维斯先生，市场如此坚挺，你怎么能看跌呢？"结巴嘴的特拉维斯反驳道："是！死……死得坚……坚挺坚挺的。"特拉维斯去了一家公司想看公司的报表，接待问他是否持有公司股份，特拉维斯回答说："应……应该说有……有过，我卖……卖空了两……两万股。"

好，我们接着说。反弹越来越弱，我正充分利用自己的运气，它值不少钱。我每卖空几千股大北方，价位就猛跌几个点。我到处发现弱股，让它们也各跌了几个点。所有的股票都应声而跌，但有一个非常引人瞩目的例外，那就是瑞丁公司。

其他所有的股票都像踩上了滑板，但瑞丁却像直布罗陀巨石一样稳稳当当地站着。有人说，有人在撑盘。它的表现确实像。人们常告诉我，卖空瑞丁，就等于自杀。公司里的人们现在都和我一样看空一切了，但只要有人说到要卖空瑞丁，他们就会大叫饶命。我本人则放空了一些，而且一直持有。当然，我自然喜欢寻找并打击那些软股，而不是攻击受到保护所以比较强的宠儿。我读盘就能找到别的软股，更好赚钱一些。

我听到过很多传闻，说瑞丁有个撑盘基金，非常非常大，非常非常强。首先，他们手里都有低价买进的持股，所以平均成本实际上比市价低得多，一个朋友这样对我说。而且，基金的大佬们和银行有亲密关系（最亲密的那种性质），他们用银行的钱捧着自己的大宗持股。只要股价稳定，银行家们的友谊就会一直妥妥的。每个基金大佬的账面利润都在三百万以上。所以，即使有回档也不会跌破。难怪这支股票这么坚挺，根本藐视熊市。大客户室的人偶尔也会看看它的价位，咂咂嘴，然后下个一两千股的单子测试一下。但根本无法动摇它，所以只能撤单，转向别处赚点容易钱。每次看到它，我也加码多卖一点，主要为了说服我自己，我真心对待自己的交易原则，不是根据自己的喜好在做。

过去，瑞丁的这种坚挺本来会骗到我的。报价器一直在喊："别惹它！"但我的理智却不是这么想的。我预测的是全面暴跌，所以不应当有任何例外，不管它是不是有基金撑盘。

我一直单干，从投机行起就这样，并一直保留了这个习惯。这样我的思维才能运转。我必须独立观察，独立思考。但这次，当市场开始朝我的方向发展时，我有生以来第一次感觉到了世界上最强大、最真诚的盟友——股市背后的环境。它不遗余力地给我助力。可能它释放起能量来有点儿慢，但只要我不太着急，它总是很靠得住。我不是在把自己的读盘能力或预感排在时机之后，而是这次，无坚不摧的精密逻辑让我真的赚了大钱。

重要的是要正确，做正确的分析，然后依计行事。大环境是我最真诚的盟友，它说："跌！"但瑞丁无视这个命令，冒犯了我们的联盟。看到它这么坚挺，仿佛一切都很平静，我觉得非常恼火。它本应是整个市场里最好的空头股，因为它还没有下跌。基金池持有的大批股票，总有持不动的时候，因为钱荒会越来越严重。银行家的朋友们，终将有一天会变得和股民们一样无情。这支股票必须和其他股票走同样的道路。如果瑞丁不跌，我的理论就是错的，我就是错的，我看到的事实就是错的，我的逻辑就是错的……

我想，它之所以坚挺，是因为华尔街害怕卖空它。所以一天，我给两个券商各下了一个 4000 股的卖单，同时。你真应该看看的，当两个卖单抢着攻击它的时候，这支被撑住的股票，这支做空等于作死的股票，一头栽了下去。所以我又追加了两个几千股的卖单。抛空时，价格刚刚好。几分钟我就平仓在了 92 点。

之后，一切都非常美好。1907 年 2 月，我清盘了。大北方铁路跌了六七十点，其他股票也有同比例的跌幅。我大赚了一笔。我清盘的原因是感觉下跌幅度已经超出预期跌幅，不久就会回升了。我觉得会反弹得厉害，但看涨的信心又不是特别足，不愿转手做多。

我不能完全放弃我的空头立场，眼下的市场暂时不太适合我继续交易了。我在投机行赚的第一笔一万块之所以付之东流，就是因为我一年到头地频繁交易，在不该交易的时候还在场内。同一个错误我不会犯两次的。而且别忘了，之前我还破产过一阵子的，我过早地看到了崩盘的结果，还没到时候就放空了。现在，我只想立刻把自己的巨额账面利润套现，这样我才能踏实地感觉到自己做对了。前几次的反弹曾让我破产，我可不想再被反弹洗光。清盘后我也没闲着，我去了佛罗里达。我喜欢钓鱼，也需要休息。我可以在那儿钓钓鱼，放松放松。而且，棕榈海滩和华尔街有直通的电报线。

第九章
先做对的事，赚钱只是水到渠成的事情

我从佛罗里达州海岸开船出海，海上是钓鱼的好地方。我把股票完全放下了，很放松，过得十分高兴。一天，几个朋友开摩托艇从棕榈海滩过来找我，其中一个随身带了张报纸。当时，我几天没看报纸了，也不太想看，我对任何新闻都没啥兴趣。但我扫了一眼他带上游轮的那张，发现市场已经大幅反弹，涨了十多点。

我说，我想和他们一起上岸。偶尔小幅反弹是合理的。熊市还没结束呢，华尔街上那群愚蠢而绝望的利益相关者，全然不顾货币环境，脑子进水，亲自上阵或指示他人哄抬股价，实在让我受不了。我只是想去看看市场，并不知道自己会做什么或不做什么，但我知道，我特别想看看报价板。

我的券商，哈丁兄弟公司，在棕榈海滩有个分部。我走进去的时候见到了不少熟面孔，大都看好后市。他们都是读盘的短线，而短线只需操作迅速，没有远见，因为不需要有远见。我说过，我就做快线，纽约交易所的人都叫我"少年杀手"。当然，人们总会夸大赢家的盈利量和交易额。这里的人听说我是纽约的大空头，就认为我会再次猛放空。他们相信市场会继续上扬，而我的职责就是和牛市作战。

我是来佛罗里达钓鱼的，前段时间压力太大，我需要好好休个假。但当我看到价格反弹得有点离谱，就再也不觉得需要休假了。我一开始没考虑上岸后要做什么，但现在我知道了，我要卖空。如果我是对的，我就必须证明我是对的，而要证明我是对的，就得用我那一贯的唯一的方法来证明，也就是一捆捆的钞票。通盘放空将是一种适宜的、有远见的、赚钱的甚至是爱国的行为。①

我在报价板上先看到了安纳康达的股票，即将突破300点。它蹦蹦跳跳地一路飙升，显然有实力雄厚的财团在撑盘。我一直坚信的理论中有这么一条：股价首次突破100、200或300块后，不会在整数点上停下，而是会继续涨得更高，所以，如果在它突破整数大关时立即买进，肯定有利润。胆小的人不喜欢在股价新高点买入，而我则相反，因为有这样的经验在指导我。

安纳康达只是面值25美元的股票，400股安纳康达才等于100股其他正常的100面值的股票。我预计安纳康达突破300点后会继续走高，应该很快就能涨到340点。

别忘了，我可是看跌大盘的，但我也读盘做交易。我了解安纳康达，按照我的估计，它应该会迅速上涨。活跃股总能吸引我。虽然我已经学会了耐心与等待，但还是喜欢大涨大跌，而安纳康达可不是横盘的牛皮股。我急切地渴望证实自己的观察是否正确，这种急切的渴望在我心里燃烧，所以在安纳康达突破300块时，我买进了。

当时的大盘显示买盘比卖盘多，所以应该还会再涨一些，最好暂时不要急着做空，我需要等。但我不能干等着，等的这段时间也可以赚些花销。怎么做呢？就是在安纳康达上做个快线，赚30个点即可。没错，我看跌后市的同时，却对这支个股看涨。所以我买进了3.2万股安纳康达，相当于8000整股。这么做是有点冒进，但我对自己的判断胸有成竹，而且据我估计，这次的盈利可以增加我的本金，可以在后市的放空操作中派上用场。

第二天，不知道是因为北方的暴风雨还是怎么的，电报中断了，我只能在哈丁公司等消息。无法交易的时候大家就会聚在一起闲聊，做各种猜测，那天我们就在闲聊。后来，我们等来了那天唯一的报价：安纳康达，292块。当时，我在纽约认识的一个股商和我在一起，他知道我做多了

---

① 赚钱就是爱国，你赚的越多，说明你对祖国的情感越深厚。——索罗斯

8000 整股的安纳康达，我觉得他手里也有点，因为看到报价时，他相当抓狂。他说，不知道消息传到我们这里的时候，是不是又跌了十点了。我却很淡定，以安纳康达的涨势来看，暂时跌二十几个点很正常。我对他说："别担心，约翰，明天就好了。"我的确是这样想的，但他只是看着我，摇了摇头。他觉得自己比我懂，他就是那种人。我笑了笑，在公司继续等新传来的报价，但那天再也没有新的信息发来。我们只知道安纳康达跌到了 292 块，对我来说，这等于凭空出现了将近十万美元的账面亏损。我想来招快的，现在我得到了。

第二天，电报线修好了，我们又正常收到报价了。安纳康达开盘 298，然后涨到了 $302\frac{3}{4}$，但很快就开始回踩，同时其他股票也表现不对，迟迟不愿跌的样子。我立刻决定：如果安纳康达跌到 301，那我就得重新全盘考虑，它的动作是不是被人操纵了。如果一切正常，安纳康达应该会一直涨到 310 块，如果回档，就说明我被骗了，我的操作有误。人犯错的时候，唯一该做的就是不要再错下去。我持有 8000 整股，本指望能涨三四十点。这不是我第一次犯错，也不会是最后一次。

果然，安纳康达跌回了 301，它一跌到这个价位，我就偷偷跑到电报员那里，让他直接给纽约总部发报，我对他说："把我所有的安纳康达全抛掉，8000 整股。"我压低了声音，不想让别人知道我在干什么。

他抬起头看着我，非常害怕，但我再次点头说："全部抛掉！"

"好的，利文斯顿先生，你不是说按市价吧？"他的表情看起来就像自己要亏几百万，而且只是因为一个粗心代理人的傻帽操作。但我只是告诉他："快抛掉！别问了！"

当时吉姆·布莱克和奥利弗·布莱克两兄弟也在大客户室，但显然应该听不见我和电报员的对话。他们从芝加哥来，曾经是小麦期货商，名声在外；现在是纽交所里举足轻重的股商，非常富有，挥金如土。

我离开电报员想返回报价板前的座位，奥利弗·布莱克笑着冲我点了点头。"你会后悔的，拉里。"他说。

我停住脚步，问道："什么意思？"

"明天你就得买回来。"

"把什么买回来？"我说。除了电报员外，我没有对任何人说过这笔交易。

"安纳康达，"他说，"你明天得以每股 320 块把它买回来，你这招可不咋样啊，拉里。"他又笑了笑。

"哪招不咋样啊？"我看起来很无辜。

"按市价抛出你的 8000 整股安纳康达啊，你应该持股的。"奥利弗·布莱克说。

我知道他很聪明，而且常常根据内线消息交易，但我不明白他怎么这么清楚我的交易，我确信公司不会透露我的操作。

"奥利，你怎么知道的？"我问他。

他大笑起来，告诉我说："是查理·克里特兹告诉我的。"就是那个电报员。

"但他没有离开过座位呀！"我说。

"我听不见你们俩在说什么，"他笑着说，"但他为你向纽约发的电报，我可听得一清二楚。几年前因为电报方面的问题，我和别人吵了一架，后来我就学会了电报密码。从那时起，每当我口头下单后——就像你对电报员做的一样——都会亲自确认他们是否按我的原意把消息发出去了，我能知道他以我的名义发出的消息是什么。你一定会后悔清空安纳康达的，它会涨到 500 块。"

"这次不会，奥利。"我说。

他盯着我说："你倒是挺自信嘛。"

"不是我自信，是行情记录告诉我的。"我说。当然，客户室里没有报价器，所以没有记录，但是他知道我说的是什么。

"我听说有些人，"他说，"读盘时看到的不是价格，而是像看列车时刻表一样，看到的是什么股票什么时候会到站、离站。但这些人都住在精神病房里，小包间的，四面墙都包着软垫，以免他们自残。"

我没有接下话茬，因为这时服务生给我送来一张便函，他们以 $299\frac{3}{4}$ 块为我抛出了 500 股。很明显，这里的报价和市价有时差。我让电报员抛出的时候，棕榈海滩报价板上是 301 点，但同一时间纽约证交所里的价格已经不是这个价了，所以如果当场有人愿用 296 块的价位买走我的股票，我会开心得要死，马上接受。可见，我不用限价交易是正确的。假如我限价 300 块抛，那我就永远脱不了手了，我必须保证自己不被套住。

我在股价300块时买的安纳康达，他们在$299\frac{3}{4}$价位抛出了500整股，在$299\frac{5}{8}$点抛出了1000股，在$299\frac{1}{2}$抛出了100股，在$299\frac{3}{8}$点抛出了200股，在$299\frac{1}{4}$抛出了200股，其余是在$298\frac{3}{4}$价位抛出的。哈丁公司最聪明能干的场内交易员花了15分钟才帮我脱手最后100股，他们不想把股价砸死。

接到最后一笔卖单的成交报告后，我正式开始做空，这才是我上岸的真正目的。我必须这么做。市场已经疯涨过了，急需做空。但大家又开始看涨。市场走势告诉我，涨势已经到头。毫无疑问，做空很安全，想都不用想。

第二天，安纳康达开盘在296块以下，等待股价继续上扬的奥利弗·布莱克早早来到大客户室，准备随时现场迎接它突破320块。我不知道他是否持股，持了多少，但他看到开盘价时却再也笑不出来了，他一整天都没笑。安纳康达持续下跌，最后我们收到消息说，根本没人接盘。

这已经够说明问题的了。我的账面利润持续增加，每个小时都在提醒我，我的判断是对的。于是我卖空了更多的股票。可以说卖空了一切股票！现在可是熊市，所有股票都在跌。第二天是星期五，华盛顿的诞辰纪念日。这时我持有相当大笔的空头，所以必须放弃钓鱼，离开佛罗里达，纽约有人等我。谁在等我？我自己啊。棕榈海滩太远太偏僻了，电报的往返会耽误大量宝贵的时间。

我离开棕榈海滩赶往纽约。星期一，我被迫在圣奥古斯丁逗留了三个小时等火车。那里有家券商，我自然要去看看市场的表现，不会干等着。和上一个交易日相比，安纳康达又低了几个点。实际上，它后来一直跌，根本停不下来，直到那年秋天的大崩盘。

回到纽约后，我连续四个月都在卖空。市场反弹挺正常，我就不停地平仓然后再做空。严格说来，我没能坚守仓位。别忘了，我曾经把在旧金山地震中赚的三十万美元全赔光了，我判断对了，却赔光了。经历过逆境，人会特别享受身处顺境的感觉，即使他没有爬到最高峰，所以我采取了安全的操作模式。只要劳动，人就会赚钱，但只有在正确的时间做正确的判断才能赚大钱。做这行一定要理论结合实际，既要研究理论，也要用理论预测未来。

虽然现在看来，那场战役的策略并不完善，但结果还不错。那年夏天，市场出现盘整，显然难有大作为了，我们要一直等到秋天才有大事可做。我的熟人们都准备或已经到欧洲去度假了，我觉得这是个不错的选择，所以我也清了盘，坐船去了欧洲。我共获利75万美元，对当时的我来说算一个不小的数目。

我到了艾克斯莱班①，玩得很开心。我也确实得休个假了，能带着大捆钞票在这么个地方度假真是太棒了，而且还有一帮好朋友和熟人，大家都一心玩乐。在艾克斯莱班，想找乐子一点都不费劲。华尔街是那么遥远，我完全想不起来，在美国的度假村可从来没有这样放松的感觉。我不用听别人聊市场，也不必做交易。我手里的钱够用很久，而且当我回到纽约，就有办法把整个夏天在欧洲的开销都赚回来，甚至赚得更多。

一天，我在《巴黎先驱报》上读到一条纽约快讯，说斯迈特公司宣布派发额外分红。消息一出，斯迈特股票大涨，整个市场也恢复了强劲势头。当然，这也改变了我在艾克斯莱班的一切。这条消息明确表明，多头集团还在和大环境做殊死斗争，与常识和诚实对着干。他们很清楚会发生什么，便想用这套手段哄抬市场，好在暴风雨袭击他们之前把所有持股倒进市场。也可能是他们觉得危险不像我想的那么糟糕，那么迫在眉睫。华尔街的风云人物们也会像政客一样不顾实际情况去空想，这跟普通傻子没什么区别，

---

① 一个温泉疗养区。

我可不能那么干。也许证券发行商或新股承销商可以承受这种空想带来的后果，可投机商绝不能染上这样的恶习，那将是致命的。

无论如何我都知道，总有人在熊市炒作多头，他们无一例外都注定一败涂地。我一读到那条快讯就开始不舒服，而我知道只有一种做法可以让我平静下来，那就是放空斯迈特。为什么呢？内线们在金融危机迫近的当口提高股息率，就像跪着求我放空一样。这很让我生气，就像小时候那些对你说"你敢打我吗？你打我呀，你打我呀"的人一样。他们在激我卖空它。

我用电报下了斯迈特的卖单，同时建议纽约的朋友们一起放空。当我收到券商发回的成交报告时，发现成交价格比我在《巴黎先驱报》上看到的报价低了 6 个点。你明白当时的情况了吧？

我原计划月底回巴黎，玩三周再坐船回纽约。但一拿到成交报告，我立刻就动身回巴黎了。到达巴黎当天我就给船务公司打了电话，得知第二天就有一班快轮去纽约。我订了票。

我回到了纽约，比原计划提前了一个月。这里是我卖空的最佳战场，这里是我的家，而且我有五十多万美元做保证金。我回来不是因为我看空后市，而是因为我相信精密的逻辑推理。

我继续加码放空。随着银根收紧，短期利率会越来越高，价格会持续走低。一切都在我预料之中。错误的预测曾让我破产；但现在，我总能预测准确，所以做得风生水起。但最值得高兴的事不是这个，而是我知道自己作为一个职业股商，终于步入了正确的轨道。虽然还有很多东西需要学习，但我知道该做什么，不会再盲目交易或使用不完全正确的方法。股票游戏中，读盘很重要，读盘准，就能在正确的时间进场，也能坚持自己的仓位。但我此时最大的发现在于，必须研究大环境，只有这样才能准确预测市场的可能性。简言之，我学会了这个道理：股市不是捡钱的地方，你得通过自己的努力挣钱。我不会再盲目赌博，也不再专注于掌握游戏的技巧，而是通过细致的研究和清晰的思考赢得胜利。我还发现，人人都有成为傻子的危险，没人可以完全豁免。只要像傻子一样玩，就会得到傻子的报酬，发薪酬的机制永恒地运作，从不会落下任何人的工资包。

我在带头，所以整个公司都在赚大钱。我自己的操作当然更加成功，所以人们开始到处传颂我的战绩，当然，少不了添油加醋的成分。人们认为是我直接启动了很多股票的跌势。经常会有陌生人跑来祝贺我。当初我跟他们说看跌后市时，他们都认为我赔疯了所以变得愤世嫉俗，现在他们完全忘了当初对我的冷漠。在他们眼里，当初我算准金融危机的本事根本不算什么，他们只看重我现在赚的钱。甚至券商的会计，在总账上我的名下记录我的借款时，大笔那么一挥，都成了一件无与伦比的壮举。

过去，朋友们常跟我说，各大证券公司都在流传哈丁兄弟公司的"少年杀手"的故事，他们说，在牛市转熊的当口，我总以各种方式打破多头集团的撑盘，引领股市正常转空。而到了今天，人们仍然在传颂我的抢钱行为。

从9月下旬起，银根紧缩状况浮上水面，危机在即。大家都看到了这一状况，但因为被套住了，所以都期待发生奇迹，不愿割肉。后来，一个券商跟我说了个故事，让我突然觉得自己实在太过温和，并为这种温和感到惭愧。事情发生在10月的第一个星期。

不知你是否还记得，那时贷款都在交易所大厅的资金调度站进行。银行通知证券公司要求其偿付短期贷款时，证券公司一般就知道需要重新贷多少钱。银行们也知道自己还有多少可贷资金，而那些有可贷资金的银行就会把钱放在交易所。这些货币会由专门负责短期放款的人打理。每天中午左右会公布当天的新利率，这个数字通常代表到中午为止的平均贷款利率。放款业务通常以公开竞标的方式进行，这样事情的进行就都是透明的，大家可以随时了解事情的进展情况。从中午到下午2点，通常都没有多少货币业务。但一过交割时间，也就是下午2:15，证券公司就会精确地知道自己当天的货币状况，这时就可以到资金调度站，把盈利借给别人，或借入自己需要的钱。这也是公开进行的。

言归正传，10月初的一天，刚说到的那个券商来找我说，现在公司有了可贷资金也不把钱放进资金调度站了。因为几家知名的大券商正虎视眈眈地盯着这些钱，准备一有机会就把钱一抢而空。而那些有可贷资金的券商又没有理由拒绝借给知名券商，因为他们有偿还能力，也有足够的抵押品。但麻烦的是，一旦他们得到这些短期贷款，就甭指望他们还了，借方只需说无法清偿，不管贷款方愿不愿意，都只能利滚利重续合同了。所以，如果哪个券商真有钱可以贷给同行，就不去资金调度站，而是派人到大厅里悄声问一些朋友："要100吗？"意思是："你想借10万吗？"于是，为银行服务的资金调度站一片惨淡，所以他们自己也这么干了起来。你可以想象当时的情形。

而且他还告诉我，10月的那些天，证交所里的这种交易还形成了定规，让借款人自己定利率。你看，如果换算成年利率，在100%~150%之间不等。我想，也许借款人自己定利率，放款人就不会觉得自己太像放高利贷的了，但你肯定知道他们的这个利率不比别的高利贷低。当然，放款人会照章纳税，他们做事规矩，和别的高利贷一样。放款人喜欢利息，所以欣然接受这种做法。

情况越来越糟，出来混早晚要还的，那可怕的一天终于来了。那些多头，那些乐观主义者，那些空想家，那些曾经舍不得小钱、不肯早些忍痛割肉的人，现在只能眼睁睁地看着自己倾家荡产。那是1907年10月24日，一个让我永生难忘的日子。

从借钱人群中早就传来消息暗示说，放款人认为多少利率合适，借款人就必须照做。资金显然更加不够分了。那天，借款人群比平时更大得多。下午交割时间一到，就有一百多个经纪人簇拥在资金调度站旁边，每个人都想借钱来缓解本公司的燃眉之急。没借到钱的话，他们就必须卖掉持股，能卖什么价就卖什么价，但那时货币少，接盘的更少，再低的股价也没人接盘，整个市场仿佛一块钱都看不到。

我朋友的合伙人和我一样是空头，所以他们公司不需要借钱。我的朋友，就是讲这个故事的那个券商，刚从资金调度站憔悴的人群中脱身，就过来找我了。他知道我通盘做空了整个市场。

他说："天啊，拉里！我还是第一次看到这种情景，真不知道会发生什么。要崩盘了，我们要失去什么东西了，我觉得现在好像所有人都破产在即。你不能再卖空了，市场上已经没有资金接盘了。"

"什么意思？"我问。

他却答非所问："你听说过把老鼠放进玻璃钟罩，然后抽掉里面空气的课堂实验吗？你会看到可怜的老鼠呼吸越来越急促，他的肚子就像快速起伏的破风箱，努力想从钟罩里越来越少的空气中获得足够的氧气。你看着它喘不过气来，直到眼珠迸出眼眶，喘息着一点一点地死去。哎，我看到资金调度站那些人的时候，就是这种感觉。哪儿都没钱，放空也没法赚钱，因为没人吸进接盘。我告诉你，在这个节骨眼上，整个华尔街已经破产了！"

他的话引起了我的思考，我预见到了大熊市，但我承认，我没有想到它会是历史上最严重的一次恐慌。照这样下去没有人能够获利。

现在已经很显然，在资金调度站等根本无济于事，不会有钱了。地狱之门已经大开，大家都难逃一死。

那天我后来还听说，证交所总裁托马斯先生获悉华尔街的证券公司都面临灭顶之灾，就去寻找解救的办法。他去拜访詹姆斯·斯蒂尔曼，全国最富有的银行国家城市银行①的行长。这家银行曾夸口说他们的贷款利率从来不高于6%。

斯蒂尔曼听完纽约证交所总裁的话，说："托马斯先生，我们得一起去请教一下摩根先生。"

这两个人想阻止美国金融史上最具毁灭性的恐慌，于是一起到摩根大通集团总部去拜见摩根先生。托马斯先生向摩根和盘托出，他刚说完，摩根就说："你们回证交所去，告诉大家会有钱的。"

"哪儿有？"

"银行里！"

在那种危急时刻，大家都寄希望于摩根先生，所以托马斯没来得及细

---

① 花旗银行的旧称。

问就冲回了交易所大厅，向那些被判了死刑的伙伴们宣布了死缓的消息。

当天下午快到 2:30 时，摩根派万·恩伯夫·阿特伯里公司的约翰·阿特伯里来到借钱人面前，大家都知道约翰和摩根大通集团关系密切。听朋友说，这个老券商快速走向资金调度站，举起手，就像牧师在主持一场复活仪式。人群之前听到托马斯总裁宣布的消息，本来已经平静了一些，现在又开始担心救市计划有变，担心事情会变得更糟。但当看到约翰·阿特伯里的面孔，以及他举起的手，人群立刻安静下来。

接下来是死一般的静，只听见阿特伯里先生说："摩根集团授权我出借 1000 万美元。请放心，每个人都有足够的钱！"

说完，他开始了。他草草记下每个借款人的名字和借款数额，但没说该找谁去借钱，只是告诉借款人："会有人通知你去哪儿取钱的。"他的意思是说，稍后就会知道哪家银行会放贷给他。

一两天后，我听说摩根先生命令那些吓破胆的纽约银行家们给证交所提供贷款。

"但我们没钱，早就贷光了。"银行们抗议说。

"但你们有储备金啊。"摩根厉声道。

"但我们的储备金已经在法定限额以下了，没法再往外拿了。"他们哀号道。

"用掉！储备金不就是用来救急的吗？"银行们只好遵从，入侵储备金，大约动用了 2000 万美元。这些钱挽救了股市，把金融恐慌拖了整整一周才来。他真是个爷们，摩根真是个人物。再也没有第二个和他同样伟大的人了。

那一天是我股票生涯中最刻骨铭心的一天。就在那一天，我的盈利超过了一百万美元。至此，我第一次精心计划的交易战役成功结束。我预见到了一切，一切也都在我的掌握之中。但更为重要的是：一个狂野的梦实现了，我做了一天的王！

为什么这么说，我当然要解释一下。在纽约摸爬滚打了几年后，我就常绞尽脑汁地想：为什么 15 岁的男孩可以打败波士顿的投机行，在纽约证交所却不行呢？到底为什么？我知道，我终将找到犯错的根源，而一旦找到我就不会再错下去，到时候我就不仅愿做对，而且有足够的能力确保做对，而操作正确就意味着权力和力量。

请别误会，这并非一个毛头小伙在白天梦到辉煌，也不是因为我太过虚荣所以在自负地空想。我只是感觉，这个市场，这个在富乐囤公司和哈丁公司让我吃了败仗的股票市场，终有一天会对我言听计从。我一直相信，这一天终将到来。而在 1907 年 10 月 24 日，它终于来了。

我之所以这么说，原因是这样的：那天早上，一个帮我做过多笔交易又知道我一直在大手笔抛空的券商去了一家银行，这家银行是华尔街最著名的财团的合伙人之一。朋友告诉银行家[①] 说我交易量非常大，我也充分利用了自己的好运气。但就算判断再准确又有什么用，如果你不能充分利用你的判断？

也许这个券商朋友为了夸张所以言过其词了，也许是那个银行家也是我的粉丝，也许银行家比我更清楚情况有多严重，总之，朋友告诉我："我告诉了银行家你的理论，说只要再压一两下，真正的大熊市就会开始，整个市场就会崩盘。而银行家一直听得很认真，当我说完了，他说想让我帮他个忙，赶紧给你捎个信。这不，下午我就过来了。"

当证券公司们发现，无论股价多低都没有买进力量了，我知道时机成熟了。我把经纪人派去不同的人群中打探消息。啊，一个人也不愿买进联合太平洋。不管多低的价格！你想想看！其他股票也一样，大家都没有钱持股，所以没有人买进。

我有庞大的账面利润，而我确信，只要再放空联合太平洋及其他六支股息较高的公司的股票，仅需各一万股，地狱的大门就会洞开，股价就会被打成齑粉。但我觉得这么干的话，引起的恐慌将会太过剧烈而发生质变，到时政府可能会考虑关闭交易所，就像 1914 年 8 月世界大战爆发那次一样。

① 据合理推测，这人就是摩根。

这就意味着我的账面利润会暴涨，但同时也意味着可能无法套现。另外我还要考虑一些其他因素，比如说，如果我继续蹂躏股市，可能会延迟一场正在酝酿中的复苏。这次复苏可是放血后的大补给。总之，这样的恐慌会伤害整个国家的元气。

我下定决心，既然继续积极放空既不明智也不让人愉悦，那坚持空头也就没什么道理了，于是我转手开始吸进。①

不久，我的经纪人就在帮我吸进了。顺便说一下，我买到了底仓价，而同时，银行家把我的朋友叫了去。

"我把你叫来，"银行家说，"是希望你马上去找你的朋友利文斯顿，告诉他今天不要做空任何股票，市场禁不住再施压了。如果他要那么干，就会变成一场毁灭性的恐慌，任何人都回天乏术了。所以，激起你朋友的爱国主义精神吧，在这种情况下，一个人该要为同胞们想想了。请及时告知我他的回复。"

我的朋友马上赶来告诉我。银行家说得很委婉，他一定认为既然我计划粉碎市场，他的要求无疑等于让我白白放弃赚一千万的机会。他知道我非常痛恨那些主力，明知股价会跌反而拉升股价从而把股票倒给股民。

其实，那些主力损失才是最大的，我在底仓价吃进的股票中，很多都来自知名金融巨头。当时我不知道，但这没关系。他来游说的时候，我实际上已经把空头全部平仓了，而且我觉得，当时是低价吸入的好机会，如果没人打压市场，我这么干还能帮上点儿忙，股价确实需要恢复了。

所以我告诉朋友说："请回复×××先生，我完全同意他的观点。其实早在你来之前，我就意识到了问题的严重性。我今天不但不会再放空，还会全力买进。"我信守承诺，当天就买进了10万股，打算长线持有。接下来的9个月我都没有再放空过任何一支股票。

正因如此，我才可以自豪地告诉朋友们，我梦想成真了，我一度成了这里的王。那天的某个点，市场确实很脆弱，一度任人宰割，只要你想下手。

---

① 生命总是迸发于混乱的边缘，而我最擅长在混乱的状况中生存。——索罗斯

我没有自认为很了不起。人们指责我抢劫股市，而且整个华尔街都在谣传并夸大我的操作，听到这些指责，实际上我心里并不好受。你懂的。

我渡过了这场危机，面目焕然一新。报纸上到处在聊拉里·利文斯顿——年轻的"少年杀手"——赚了几百万的消息。当天收盘后，我的身家超过了100万块。但我最大的收获并不是钞票，而是无形的收获。我做对了：我不仅看得长远，而且制订并遵循了明确的规划。我明白了要赚大钱，必须怎么干。自此以后，我永远脱离了靠赌个股涨跌过活的日子，而是终于学会了在更高层面上更智慧地做交易。这是我一生中最重要的一天。

第十章
有人性的人做股票，本身就是个错误①

---

① 在大众恐惧时我贪婪，在大众贪婪时我恐惧。——巴菲特

　　承认错误，比研究自己的成功，能让我们获得更多的好处。当你回忆起自己犯的某个错误，咂摸一下滋味，你就不想再灌一壶苦汤。但所有人在犯错后总想免受惩罚，这是人的自然冲动。当然在股市犯错，必然会导致双重打击：金钱和自尊。但我要说个怪事：有时候股商知道自己犯了错却坚持犯下去。犯错后，他会责问自己为什么会犯这样的错，惩罚之痛消失后很长时间，他也许就能想透，自己在什么时候、在哪个环节怎么犯的这个错误。然后他就骂自己两句，抛诸脑后。

　　当然，如果一个人够聪明，又有运气，自然不会再犯同样的错误，但他会犯这个错误的众多变体中的另一个，而每个错误都有成千上万的变体。错误不是一个，而是一族，而且其家族很是庞大，所以当你想试试看自己到底会犯什么错误时，就总有一个错误等着你犯呢，让你猝不及防。

　　要说起我犯的第一个百万美元的错误，就得回到我第一次成为百万富翁的时候，也就是 1907 年 10 月股市大崩盘后。只要我继续交易，一百万不过是更多的本金。钱多不会让股商有安全感，因为无论资金多寡，你都会犯错，而犯错则让人不爽。而如果你不犯错，百万美元也只是你用来证明自己没犯错的工具。亏钱并不让我觉得不爽，睡一觉就全忘了。可犯错和亏钱不一样，犯错不仅让我亏钱，更严重的是，它会伤害我的心灵，影响我的心情。还记得迪克森·瓦茨[1]讲的那个故事吧？一个人坐立不安，朋友问他怎么了。

"我睡不着。"他说。

"为什么睡不着呢？"朋友问。

"我手上的棉花期货太多了，一想到这些棉花我就睡不着。都快把我耗垮了。我该怎么办？"他说。

"卖点，卖到能睡为止。"朋友给出了答案。

人通常会很快适应新的环境，而感觉不到环境已经变了。也就是说，一旦你成了百万富翁，就会迅速忘记不是百万富翁时的滋味了。你只知道，以前做不到的事现在都能做了。普通的年轻人很快就会忘记贫穷的感觉，但要忘记富有的滋味就没那么容易了。我想这是因为，金钱会创造新的需要，而且让需要成倍增加。我的意思是说，当你在股市赚到钱后，很快就会抛弃节俭的习惯；但当你再次身无分文，却很难改掉大手大脚的习惯。

1907 年 10 月，我平了空仓转手做多后，决定放松一段时间。我买了艘游艇[2]，打算去南部海域巡游一番。我十分钟情钓鱼，打算好好钓一把。我一直盘算着，来一场说走就走的旅行。但我没去成，市场不让我走。

做股票的同时，我也一直在做商品期货，投机行的那个小孩就已经在做期货了。那些年，我也一直研究期货，虽然不像研究股票那么积极。其实相对而言，我更喜欢做期货。第一个原因当然是，它比投机行里的股票更合法。而更重要的是，它更像是在做真正的商品生意，你可以像做真正的商品生意一样做期货。当然，你可以构建各种理论来支持或反对市场的价格趋势，但这只能带来短暂的成功，因为最终决定是否挣钱的因素，还是实物的买卖事实。所以，像正常商人一样，一个交易商必须观察和研究商品市场，才能赚取利润。你可以观察并权衡市场环境，不用担心有些信息别人知道而自己不知道，也不需要防范内线操纵。期货市场上不会发生

---

① 曾伍纽约棉花交易所总裁。

② 据其他资料，该游艇长约 90 米（300 英尺）。

突发事件，比如增发或不发红利，无论是棉花、小麦还是玉米。从长远来看，商品的价格只受供需经济法则的主导。在期货市场，交易商只需了解供求的现状和前景，不用像做股票时那样对各种情况做猜测。所以期货总是更吸引我。

当然，股票和期货市场都是投机市场，所以有很多共同因素，比如价格传递的信息。只要你肯努力思考，分析商品行情并不难。你会向自己提问，评估市场形势，答案自己就出来了。但一般人总是懒得问，更别说去寻找答案了。美国人在任何时候的任何方面都要问个为什么，唯独在交易所做股票或期货时不是这样。只有这个游戏才最需要美国人发挥自己的警觉性、怀疑精神、聪明才智和刻苦钻研的精神，结果他们偏偏在这个游戏中想都不想就开始玩了。有人买辆汽车都斟酌再三，就算那辆车再便宜；可当他用自己一半的身家在股市冒险时，却根本就不过脑子。

读盘并不像看起来那么难。当然，你需要经验，但更重要的是牢记一些基本的原则。读盘不是算命，报价器不会告诉你下周四下午 1:35 你的身家会是多少。读盘是为了确定两点：首先是多头还是空头，其次是进场的时间。这些在股票和期货市场都完全相同，不管是棉花、小麦、玉米还是燕麦。

我们关注商品市场（也就是观察商品价格的变化），目的是确定方向，也就是商品价格的趋势。我们都已经知道，阻力会决定价格的方向，一般而言，商品的价格就像世间万物一样，会向阻力最小的方向突破，怎么容易怎么来，所以，如果上涨的阻力比下跌的阻力小，价格就会上涨，反之亦然。

在市场里待了一段时间后，你不会不明白一种商品会涨还是会跌。只要你愿意观察，也不太笨，趋势总是明明白白的，投机商最忌讳的是，觉得理论统领现实。经过对第一手资料的观察和分析，你就会知道，或应当知道，这种商品是会涨还是跌，是该做多还是做空。

我们来具体说说。市场上常有盘整期，比如它在 120~130 之间的 10 个点范围内振荡。价格在底仓就会疲软，而一路上扬 8~10 个点时就会显得无比强劲。但疲软和强劲都只是表象，一个人不应靠表象交易，他应该等待报价器通知他真正的时机是否成熟。

有些人这么干：价格看似便宜就吸，看似太贵就卖。这种做法做久了，实际上必亏无疑。[①] 投机不是投资，投机是做短线，投资是做长线，而你的目的不是追求稳定的高额回报，而是靠价格的涨跌差额来获利。所以，你需要确定现在你手上这支期货的最小阻力方向，也就是静待市场明确地告诉你它已突破最大阻力点，盘整期已过，而且方向明确。这才是你应当进场的唯一指示牌。[②]

还有些人这么干：在130点上时，他们认为，既然到目前为止价格一直在涨，所以价格会一直涨到150点，所以要做多。（实际上，报价器会告诉一个会读盘的人，在130点时卖压比买压强，所以价格理应回踩，仅此而已。）结果价格回档时，他们要么持货硬挺，要么平仓止损，还有另一些则看空后市转手做空。而当股价跌到120点时，他们却在持空头，此时下跌的阻力增大、买压比卖压强，于是他们又只好在反弹中把空头仓位平掉。他们就是这样不断地在买进卖出中两面挨耳光，却仍然不吸取教训，真是令人费解。

振荡期总会过去，价格不可能总是在120-130之间波动，总有一天会发生一些事情，加强上涨或下跌的力量，致使阻力点上升或下降。也就是说，在130点时买压首次大于卖压，或在120点时卖压首次大于买压。价格将会冲破旧的障碍（振幅上下限），进一步上扬或下挫。

盘整期一般会持续一段时间，最小阻力方向需要等待，因为阻力点发生位移很困难。为什么这么说呢？通常总有一群交易商在120点上因为股价疲软在持空，在130点上因为股价强劲在持多，而价格试探性地冲破阻力点时，他们便被迫平仓甚至转向。不管哪种情况，这些人都能把价格推

---

① 股价下跌永远不是买入的理由，因为可能跌得更低。——彼得·林奇

② 投资者与投机者最根本的区别在于他们对股市运动的态度上：后者的兴趣主要在参与市场波动并从中谋取利润，前者的兴趣主要在以适当的价格取得和持有合适的股票。——格雷厄姆

回去。但是，价格每次试探并弹回之后，都会使最小阻力方向（也就是突破盘整期时的价格走向）更加清晰。而那些耐心等待方向明确的聪明人会充分利用基本交易形势，充分利用那群忙于把阻力点恢复原位的交易力量，正是这股"恢复"的力量在引导股价走向最小阻力方向。

在这里我还要说另外一个经验。我说"经验"，不是说这是一条数学定理或投机定律。判断好了价格的最小阻力方向，并据此确定了自己的仓位后，意外发生的情况（那些出乎意料的事件）总会助我一臂之力。还记得之前讲过的我在萨拉托加做多联合太平洋的故事吗？我做多是因为我发现最小阻力方向是上涨的。我本应坚持多头，而不理会券商说的什么内线出仓。董事会心里怎么想并不重要，我也不可能知道他们是怎么想的。但通过读盘我确切地知道价格会涨，后来出现的股息率提高的消息是始料不及的，股价暴涨 30 个点也是我没有预料到的，但是，这个消息是顺应了最小阻力方向的。每股 164 美元的价格看起来已经很高了，但就像前面说的，价格永远不会高到不能买进，也永远不会低到你不能卖出。价格的高低与最小阻力方向没有必然关系。

如果朝最小阻力方向交易，你就会在实际操作中发现，从收市到第二天开盘前发布的重大消息，往往与这个方向一致。走势在消息公布之前就已经确定了。在牛市中，利空消息会被忽略，利多消息则会被夸大，反之亦然。一战前，市场形势就很疲软。后来德国宣布了潜艇政策①。那时我正持 50 万股的空头，不是因为我提前知道了消息，我只是顺应了最小阻力方向。后来发生的德国事件如晴天降黄金，我当然不能错过，股价瞬间暴跌，于是我当天就平仓，获利落袋了。

你所要做的，就是关注报价器并确立阻力点，一旦最小阻力方向明确，就立刻朝那个方向做。这听上去很简单，但并不容易，你必须防范很多因素，这些因素都和人性对着干，和你对着干。这就是为什么我说，一个人

---

① 1917 年 2 月，德国宣布：德国潜艇可以击沉英国水域的所有商船，"不限制"是哪个国家的。目的是对英国进行封锁，逼迫英国人投降，但这也割断了美国人的发财路，于是逼迫美国人提前宣战。

如果做对了，总是因为得到了额外两股力量的支持：一是大环境，二是得有人做错。牛市中，人们会忽略利空消息，这是人性，但人们常惊叹于这种人性。比如有人告诉你，由于一两个地区的恶劣天气，部分农民损失惨重，麦子遭殃了，所以你自然认为小麦价格会涨，所以你看多。而等到作物收割，麦农把收获的小麦运到谷仓，多头会惊讶地发现麦农的损失其实不大，微高的麦价又踩了回来，自己反被空头割了头寸。

做期货的人最忌讳一招鲜吃遍天，他必须灵活、开放。无论你对粮食的供需状况怎么看，都不能漠视报价器传达的信息。我还记得一次我想在信号发出前就行动，结果却失去了一个绝好的赚钱机会。当时我十分肯定自己对大环境的判断，认为不需要等最小阻力方向明朗化，甚至觉得自己可以帮助它提前到来。我看多棉花，而它的波幅只有12美分，变化范围很窄。这是盘整期的表现形式之一，我知道的。我还知道我应当等待。但我突然觉得如果能稍微给它加把劲，它就能突破最高阻力点了。

我买进了5万包棉花，价格应声而涨。但我一停止买入，它也马上停涨，然后慢慢地退回了我买进时的价位。我卖出时它开始下跌，刚退完它又停止了下跌。我觉得又该出手了，应该为自己再次创造机会，所以我又买进了。同样的事情再次发生，我抬高了价位，但一停止买进它就开始下跌。这样反反复复四五次后，我终于放弃了，烦透了。这次我一把亏了20多万美元，我再也不想摸棉花了。可我刚放弃不久，它就开始上涨，一直涨到能让我赚大钱的价位，如果不是我过早出手的话。一切都怪我太心急了。

很多交易商都多次有过类似经历，所以我总结出以下规则：如果价格窄幅波动，波幅小到不值一提，试图预测它的涨跌是毫无意义的。你应该继续等待，观察市场，解读行情以确定波动的上下限，并下定决心，除非价格突破阻力点，否则绝不出手。交易商没必要强求走势按他的判断发展，一切要以赚钱为目的。永远别和行情吵架，也别指望行情给你理由或解释。事后给证券市场解剖验尸的人不会获得任何利润。

我前两天和几个朋友在一起聊天。大家在聊小麦，一些看涨，一些看跌。

最后他们问我有什么意见。其实我对小麦市场已经研究好长时间了，我也知道他们不需要什么统计数字，或对形势的分析，所以我说："如果你们真想在小麦上赚钱，我才说。"

他们异口同声地说"当然想"，于是我告诉他们："如果你们真想赚小麦的钱，那么建议就是：观察、等待。一突破 1.2 块就买进，这样就能很快大赚一笔了。"

"为什么不现在买？才 1.14 块。"一个朋友问。

"因为我现在还不确定它是否真的会涨。"

"那干吗要在 1.2 块买？价位好像不低啊。"

"那你是想盲目下注，希望大赚一笔，还是想明智地投机，稳妥地少赚一点呢？"

他们都说宁可求稳妥，少赚点，所以我说："那就照我说的做，价位一突破 1.2 块就买进。"

正如我所说的，我很久以来都在观察小麦。几个月来，价格一直在1.1~1.2 块之间波动，振幅很小。终于有一天，收盘价超过了 1.19 块。我早就做好准备了，果然，第二天小麦以 1.205 块开盘，于是我买进，然后价格节节攀升，1.21、1.22、1.23、1.25……于是我也跟着加仓。

当时我并不知道那是个什么情况，我不知道它为什么会窄幅振荡，我也说不清它到底是会向上突破 1.2 块还是向下跌破 1.1 块，虽然我觉得它应该涨，因为当时小麦的产量不足，所以不会暴跌。

当然，现在我们知道了当时的情况：欧洲一直在悄悄地购进小麦。但很多交易商都在 1.19 块时做空了。因为欧洲在购进小麦，还有一些其他因素，大量小麦被运出美国，于是终于，大势定了。但当时我们谁也不知道这些情况，我只知道价格突破了界限，突破了 1.2 块的上限阻力点。这就是我一直在等的点，我也只需要这个点。我知道只要小麦突破 1.2 块，那一定是发生了什么事，涨势积蓄了足够的力量，所以推动价格突破了波动的上限。换句话说，价格突破 1.2 块，说明小麦价格的最小阻力方向就此确定，一切已经完全不同了。

我记得那天全美国都放假，国内的所有市场都休市。但在加拿大的温尼伯市开盘时，小麦比前一个交易日涨了6美分，第二天美国市场上的小麦开盘价也是如此，价格在向最小阻力方向上扬。

以上所说的，是我以读盘能力为基础的交易体系的精髓。我的交易体系非常简单：我只是先确定价格的走向，然后不停地施测，看自己是否判断正确，以及确定何时平仓。所谓施测，就是在确立仓位后，试探市场，观察价格的反应。

交易老手们听我这么说都会感到不可思议：我说我一般会在高价买涨，在低价卖空，否则宁可不做空。我对他们的惊讶感到吃惊。如果交易商坚持等最小阻力方向明确后再操作——行情涨势明确后再做多，行情跌势明确后再做空，赚钱就很容易了。你可以在上涨的过程中一路加仓，先买入总容量的1/5，如果不赚钱就说明操作错误，必须停止加仓。涨势不见得就是假象，也许是因为时机暂时未到。也许你只是暂时错了，但一上来就是错的，就绝对没法赚钱。

长期以来，我的棉花交易都很成功。我有自己的一套理论，并完全遵循它进行操作。如果我决定做四五万包棉花，就会像前面说的那样去研究行情，找准卖或买的时间点。如果最小阻力方向是涨，我会买入1万包，如果买入后，价格比我第一笔买进时涨了10%，我就会再买入1万包，如果又涨了20%，或者每包多赚一块，我就会再买入2万包。这样，我就建好了可以操作的仓位。但如果买了一两万包后出现了亏损，我就会止损退出，因为我错了，即使可能是暂时性的错误。但我前面说过，一上来就错，就绝对赚不到钱。

我坚持自己的交易体系，所以每次棉花价格有大幅变化时，我都有持仓。在加满仓的过程中，我会做试探性的操作，所以大概会少赚五六万块。看起来代价太高，其实不然。我得确保自己是在正确的时间吸进，所以必须做试探。损失的这些钱，当真正的波动开始，需要过多长时间才可以弥补呢？瞬间！掐准时间做正确的事总会有好报。

我想我在前面说过，这就是我的交易体系。在对的时候下大注，在错的时候亏一点探测性的赌注，这是很简单的数学逻辑。如果有人按我说的方法做，他一定能在大赌中赚大钱。

职业交易商总会有一些建立在经验上的交易体系，这些体系被他们的投机态度或欲望主导。我记得在棕榈海滩遇到过一个老先生，我不记得他的名字了，又或者我从来就不知道他的名字。他早在内战时期就开始在华尔街做了，摸爬滚打了很多年。据说他是个非常聪明的怪人，经历过大风大浪，他总说世界上没有新鲜事，证券市场更是如此。

这个老头问了我很多问题，当我说完自己常用的交易方式时，他点点头说："很好！很好！你是对的，你的思路适合你，所以你的体系对你来说很受用。你最不在乎的就是投入的资金，所以很容易就能实践自己的理论。我想起了帕特·赫恩，你听说过他吧？他是个运动明星，在我们公司开过户。他很聪明，很敏感，在股票上经常赚钱。所以总有人向他讨教，但他从来不说。如果有人直截了当地问他对这个行业的看法，他就会引用他最喜欢的跑道箴言：'你不赌就永远不知道结果。'他在我们公司做。他一般会挑活跃股，先买 100 股，涨 1% 就再买 100 股，再涨 1% 就再买100 股，以此类推。他常说这不是在为别人赚钱，所以总会在购进的同时提交一张止损委托单，止损点比最后一笔交易成交价低 1 个点，他随着买进价格的上涨提高自己的止损点。只要价格回档 1% 他就立刻平仓了。他说他最多能忍受 1 个点的损失，无论是本金还是账面利润的亏损。

"职业股商并不做长线，只想稳赚钱。当然，只要有机会做长线也不错。帕特在股市从不听内幕，也从不奢望一周赚 20 个点，他只想稳稳当当地赚够可以让他过富人生活的钱。我在华尔街遇到的成千上万的外线中，只有帕特·赫恩把股票看成一种概率游戏，就像纸牌和轮盘赌一样，但他足够聪明，能够坚持自己那套相对稳妥的下注方法。

"赫恩死后，一个常和他一起交易的顾客，用他的体系在拉卡瓦纳股票上赚了十多万。但后来，他换了一支股，而且觉得自己的本金已经够多，不用再坚持赫恩的方法了，回档时没有设止损点，而是任由损失扩大，最后当然亏得一分不剩。当他最后离场时，还欠我们几千块。

"虽然赔光了钱，他仍然对交易保持狂热，就这样晃荡了两三年。当然，只要他不闹事，我们也不会拒绝他交易。我记得他曾坦承自己很蠢，没有坚持帕特的玩法。一天，他激动地跑来找我，求我让他做空一支股票。他火的日子曾经是个不错的客户，所以我告诉他私人赞助给他100股。

"他做空了100股的湖岸股。那是1875年，比尔·特拉维斯正在打压股市，我的这个朋友罗伯特在最佳时间点做空了湖岸股，并沿着跌势持续加码，按照帕特的交易体系。他以前就是这样成功的，虽然后来他舍弃了那个玩法，转向听从希望的召唤。

"就这样，先生，罗伯特不断加码，成功地做了四天，赚了1.5万块。我发现他没设置止损点，就提醒了他，但他却说跌势才刚刚开始，他可不想被1个点的反弹就吓得退出。那时是8月份。到9月中旬，他来找我借十块钱，给第四个孩子买婴儿车。他没有坚持自己亲自验证过的交易体系，这是大多数他这种人的问题所在。"老先生看着我摇了摇头。

他说得对。有时我觉得证券投机是一个反人性的行当，因为我发现一般的投机商都要和自己的本性做斗争。每个人都会有的那些无关紧要的弱点，对投机商来说却是致命的。这些弱点让他像个普通人，但他却要防备自己成为普通人。证券投机游戏是个危险的行当，人们在从事其他比较安全的行业时不需怎么防范，但这个游戏实在是太危险了，不管是期货还是股票。

投机商最大的敌人往往是他内部的自己。人类有希望与恐惧的本性。在证券投机中，当市场对你不利时，你每天都希望今天是最后一天亏损。"希望"越大，就会亏得越多；而同样还是"希望"，因为足够大，曾经让无名之辈建立丰功伟绩成为帝国的缔造者和开拓者，因为足够大，曾经让马前卒改命王侯将相。当市场对你有利，你会害怕第二天利润就没了，于是着急退出。因为恐惧，你损失了本该赚到的钱。交易商必须克服这两种根深蒂固的本性，彻底改变冲动的人性，才能在投机市场获得成功。他必须逆转自己人性中的冲动，在普通人希望时恐惧，在普通人恐惧时希望。他必须害怕损失变大，必须希望利润增加。一个正常人进入股市，本身就是个错误。①

我从14岁起就进场了，一干就是一辈子。我觉得我知道自己在说什么。在近30年的交易中，我经历过微薄的本金，也赚过几百万美元。我这30年的经历归结起来，最大的结论就是：一个人可以在一段时间打败一支或一组股票，但没有人可以打败整个股市。一个人可以从棉花或粮食的个别交易中赚钱，但没人能够打败整个棉花或粮食市场。这就像赌马，一个人可以赢一场赛马，却永远赢不了整个马赛。

我将用最强烈的语气最大限度地强调这些论断，任何人的任何反对声音都反对无效，我知道我是对的，这些结论是不容置疑、无法辩驳的。

---

① 如果总是做大家都在做的事，或显然正确的事，你就赚不到钱。理性投资中，精神态度比技巧更重要。

——格雷厄姆

第十一章
视角不同是专业和业余之间唯一的区别

现在回到 1907 年 10 月。我买了一艘游轮，随时准备离开纽约到南海转转。我特别喜欢钓鱼，这次终于可以开着自己的游轮大钓一场了，想去哪儿就去哪儿，想什么时候动身就什么时候动身。我在股市赚够了钱，万事俱备，可到了最后关头，玉米期货却绊住了我。

我必须解释一下，在我赚到一百万的那次钱荒之前，我也一直在芝加哥做粮食期货。我研究了很久的粮食市场，一直看跌玉米和小麦，就像我看空股市一样。我放空了一千万包小麦和一千万包玉米。

它们都开始下跌。但是，在小麦不断下跌的同时，芝加哥最大的作手之一决定轧空玉米市场，为了避嫌我们就叫他斯瑞顿吧。我已经清空了股票，随时准备开着游艇到南部去，但我突然发现期货上出了问题。我在小麦上赚了很多利润，但斯瑞顿抬高的玉米价格却让我亏大了。

我知道，玉米虽然价高，但国内的玉米产量其实是过剩的。供求法则一如既往地奏效。道路泥泞，玉米不能一时涌入市场，但是只有斯瑞顿需要玉米。我曾祈祷寒流来袭，把泥路冻住解决运输问题，让农民可以把玉米送进市场。可惜天公不作美。

就这样，我本来高高兴兴打算去钓鱼的，却被玉米上的亏损绊住了，我不能在这种情况下离开。当然，斯瑞顿一直密切关注着空头，他认为逮住了我这个大空头，我也很明白。正如我所说，我曾经寄希望于天气，但发现好像没什么神助，天气根本就无视我的祈祷，于是我开始研究如何自食其力渡过难关。

我结清了小麦，了结了高额利润，但玉米的问题实在让我头疼。如果我能以市价平仓这一千万包玉米，虽然损失很大，我会很乐意立刻这么做。但很显然，只要我开始回补，斯瑞顿就会全力轧我。而且，我一回补，就会推高价格，这样就助他一臂之力来轧我，这和用自己的刀割自己的喉咙没什么区别。

玉米虽然很强，但我去钓鱼的渴望更强，所以我必须马上想办法脱身。我必须进行一场战略撤退，回补一千万包玉米，价格还不能抬得太高。

碰巧斯瑞顿当时还持有大宗燕麦，他几乎垄断了燕麦市场。我一直关注整个粮食市场，粮食新闻之类的市场传言，而我听说强大的阿墨尔集团对斯瑞顿不甚友好，我是说在市场方面。我本来犯愁：如果我平仓玉米，就得按斯瑞顿定的价格来。但我一听说阿墨尔集团和斯瑞顿之间的不和，马上心生一计，我可以请芝加哥的期货散户们来助阵啊。他们能帮得上忙，斯瑞顿不肯卖玉米给我，他们卖给我就行了。能平仓，剩下的就好办了。

首先，我提交了限价委托单：价格每下降 $\frac{1}{8}$ 美分就买入50万包玉米。当委托生效后，我给四个券商发出卖单，他们同时向市场各抛出5万包燕麦。我知道这会让燕麦急跌。我了解期货商们的想法，他们会立刻认为阿墨尔已将枪口指向斯瑞顿。当他们发现燕麦受到打压，自然会断定下一个就轮到玉米了，于是将纷纷抛出。玉米的垄断一打破，赚头可就大了。

我和芝加哥期货商们玩的这个心理战术简直天衣无缝。他们发现各地来的卖单让燕麦急跌，立刻纷纷卖出玉米。十分钟后，我就买入了600万包玉米。当他们停止抛出玉米时，我干脆以市价继续买入了400万包。价格自然再度上涨，但这一操作让我平仓整个一千万包空头时，只比最初的市价高了半分钱。而用来引诱期货散户抛出玉米而放空的20万包燕麦，回补只亏了3000块。真是性价比相当高的诱饵啊。小麦上的利润弥补了玉米上的大部分亏损，所以，我在粮食上总共仅亏了2.5万美元。后来玉米每包涨了 25 美分。如果当时我完全不顾价格就回补那一千万包玉米，真不知道代价会如何惨烈。毫无疑问，斯瑞顿就逮住我了，我就任他宰割了。

一个人做一件事很多年，就会形成一种习惯性的态度，和一般初学者非常不同。这种不同，将专业人士和业余选手区分开来。在投机市场，决定一个人是赚是赔的，正是他看待事物的态度：业余人士认为自己只想兼职赚点钱，所以自以为是，思考不深刻、不透彻；专业选手则只求做正确的事情，这比赚钱更重要，因为他们知道，只要做对了事，利润会是水到渠成的。交易商应该向职业台球运动员学习，看得长远，而不是只关注眼前这一杆。一种直觉，让他们为每颗球都摆好了位置。

我听过一个故事可以很好地证明我的观点，是关于爱迪生·科马克[①]的。传说中的所有轶事无不让人认为，科马克是华尔街史上最能干的股商之一。他创造了一个警句："切勿放空正在恢复元气的股票。"很多人觉得他只会做空，但他只是觉得做空时更有魅力，因为他可以充分利用人性的两大弱点——希望与恐惧。他那一代的老前辈们告诉我，其实他没有明显的个人偏好，而且他最大的几笔正是在多头市场上操作的。所以很显然，他并不偏爱空头，只是因时制宜罢了。总之，他是个完美的股商。

好像有一次，离牛市结束还有一段时间的时候，他就已经看空后市了。著名财经作者兼评论家亚瑟·约瑟夫知道了科马克的观点。但在领涨股的刺激和媒体的乐观报道下，市场不仅强劲而且还在上涨。约瑟夫知道他这样的股商一定会好好利用利空消息，所以一天，他带着好消息冲进了他的办公室。

"科马克先生，我有个好朋友在圣保罗公司做股票过户操作员，他刚告诉我一件事，我觉得您应该知道！"

"什么事？"科马克漫不经心地问。

为了确定科马克真的看跌，约瑟夫问："你早就看跌后市了，对吧？"如果科马克不感兴趣，他就不会浪费宝贵的消息了。

---

① 大空头，后败给基恩。

"是啊，是什么好消息？"

"今天我去了圣保罗公司，每周我都去采集两三次新闻。朋友告诉我：'老先生在卖出。'他的意思是威廉·洛克菲勒在抛售！我问：'真的吗，吉米？'他回答：'是真的，每涨$\frac{3}{8}$个点，他就抛出1500股。我这两三天一直都在替他过户股票。'我一刻也没耽误马上就来告诉您了。"

科马克向来淡定冷静，而且，他已经习惯了各种形形色色的人疯狂地冲进他的办公室告诉他各种各样的新闻、八卦、谣传、内幕和谎言，所以已经完全不相信这些了。

他只是说："你确定自己没听错吗，约瑟夫？"

"确定吗？当然确定！我耳朵又不聋。"约瑟夫说。

"那你的朋友可靠吗？"

"绝对的！"约瑟夫断言，"我认识他很多年了，他从来没对我说过谎，他不会说谎！毋庸置疑！我知道他绝对可靠，我愿意用性命担保。我最了解他了，比你认识我这么多年对我了解得还多！"

"所以你能保证他说的是真的，是吧？"科马克又看了看约瑟夫，然后说："好吧，你能保证。"他叫来他的券商惠勒。约瑟夫本以为会听到他下令抛出至少五万股圣保罗。洛克菲勒正在利用市场的强劲走势，倒出他的圣保罗持股，是投资股还是投机股并不重要，重要的是标准石油公司里最高明的作手洛克菲勒正在出仓。普通人听到这个可靠的消息会怎么做呢？那就不用问了。

但是科马克，他那个年代最高明的空头作手，当时已经看跌后市了，听到这个消息后却对他的券商说："比利，去交易所，每涨$\frac{3}{8}$个点就买进1500股圣保罗。"当时股价是九十多点。

约瑟夫急忙打断："您说的不是放空？"他在华尔街也不是新手了，但他是以媒体的角度来看市场的，而媒体角度就是业余大众角度了。内线在抛，价格必然会跌，更何况这个卖家是威廉·洛克菲勒。标准石油公司在抛，而科马克却吸！这怎么可能！

"不，"科马克说，"我说的是吸进！"

"难道，你不相信我？"

"不，我信。"

"那你不信我的消息？"

"我信。"

"你是看跌吧？"

"是。"

"那你在干吗？"

"那就是我吸进的原因。听我说，你要和那个可靠的朋友密切联系，只要洛克菲勒一停止这种阶梯式卖出，你就立刻通知我！懂了吗？"

"好。"约瑟夫说完就走了，他真是不太明白科马克到底在想什么，竟然吃进洛克菲勒倒出的股票。他知道科马克看跌整个股市，所以就更难理解他为什么这么做了。但约瑟夫还是去见了他那个做过户操作员的朋友，说只要洛克菲勒一抛完就通知他。约瑟夫定期去他的朋友那儿打听消息，一天两次。

一天，朋友告诉他："老先生不卖了。"约瑟夫谢过他，带着消息直奔科马克的办公室。

科马克专心地听着，转向惠勒，问："比利，我们有多少圣保罗？"惠勒查了一下，报告说已经积累了6万多股。

科马克一直看空后市，早在他开始买入圣保罗之前，就已经放空了一些其他铁路股和很多其他股票，他是市场上的大空头。他立刻让惠勒抛出持有的6万股圣保罗，并进一步放空。他用自己的持股作为打压整个市场的杠杆，这对他的空头操作非常有利。

圣保罗一路跌了44点，科马克来了一记绝杀，他玩得技术圆滑，故能大赚。讲这个故事，我主要想说的是科马克对交易的习惯性视角。他不经过大脑思考，就能立刻嗅到更加重要的东西，比在个股上的利润重要得多的东西。他看到天赐良机，不仅可以开始自己的大熊手笔，而且可以利用这个机会，适时地推市场一把。听到圣保罗的内幕，他选择吸进而不是抛出，因为他立刻看出这能给他的空头战役提供质量最上乘的弹药。

回过头来说我自己。平仓了小麦和玉米后，我开着游轮南下，在佛罗里达海域转悠，度过了一段美好的时光，就像小时候一样无忧无虑。钓鱼真是太棒了！一切都很可爱。我不必挂念任何实情，也不自找什么麻烦。

一天，我在棕榈海滩上了岸，遇到了很多股友，还有一些生人。他们正在聊一个非常奇怪的棉花商。纽约传来消息说：珀西·托马斯①破产了。这个消息并不确凿，只是传言，人们说这位世界闻名的操盘手在棉花市场上遭遇了第二次滑铁卢。

我一直非常崇拜他。我第一次听说他的大名，是当年谢尔登·托马斯证券交易公司倒闭的时候。当时，托马斯想轧空棉花市场，但不像他的合伙人那么高瞻远瞩，而且他还比较尿，在成功的边缘临阵退缩，结果功败垂成。至少当时整个华尔街都这么说。总之，他不仅没发成大招，反而成了那几年最骇人听闻的失败，到底亏了几百万，我也不记得了。公司停业了，托马斯开始单干。他一心扑在棉花上，不久便东山再起。他连本带利还清了所有债务，还多出来一百多万，而且那些债务并非法律强制必须还的。他在棉花上的东山再起，和迪肯·怀特一年还清百万债务的丰功伟绩一样令人惊叹。托马斯的勇气和智慧让我对他钦佩得五体投地。

棕榈海滩上，每个人都在聊托马斯在 3 月份的棉花上的失败。相信你知道什么叫以讹传讹，传言中总会有夸大其词和添油加醋的成分，外加大量错误信息。我自己就亲耳听过一个关于我的消息被添加了许多新奇、生动的细节。消息在 24 小时内传回我的耳朵时，连我自己都不觉得那是在说我了。

珀西·托马斯新近的败绩，把我的心思从钓鱼拉回了棉花市场。我找来一批交易文件，仔细研读，想根据环境持个仓位。回到纽约后，我就放弃了研究市场。所有人都在看跌，纷纷抛出 7 月的棉花。我想那是因为社会性传染的作用：身边的人都在做某件事，所以你也会禁不住跟着做。这

---

① 美国棉花大王。

也许是羊群效应①的一种变体或另一种说法。总之，成百上千的交易商都认为，放空7月的棉花是明智的，是合时宜的，而且绝对保险。你不能说这种行为是鲁莽的，鲁莽这个词显得太保守。期货商们只看到市场的一个面和巨额利润，当然觉得价格会暴跌。

我当然也看到了这些，但我突然灵光一现：做空的人不会有太多时间回补的。我越研究大环境就看得越清楚，最后我决定买进7月的棉花。一操作我就迅速买进了10万包。很多人在抛空，所以我买进得很顺。当时根本没人买进，依我看，即使悬赏一百万，"无论死活，给我找到一个买进7月的棉花的人！"也肯定没人来领赏。

那时是5月下旬，大家不断抛出7月棉花，我就不断加仓，直到我把所有抛出的合约全部买进了，总共12万包。就在我买停后几天，价格开始上涨，而且涨势汹汹，一天就涨了四五十个点。

一个周六，大概是我开始操作后的第十天，价格涨势放缓。我不知道是否还有人想卖，我得自己去查证，所以我一直等到收盘前的最后十分钟。我知道这通常是空头最关注的时间，如果收盘于高位，他们就会被套牢。于是，我发出四张买单，以市价同时各买进0.5万包，价格又被推高了30点。空头们都见势想逃。市场以最高价收盘，请记得，我只是最后买进了2万包。

第二天是周日。到周一，利物浦市场按理说会高开20点，这样才能和纽约的涨势保持一致。结果利物浦高开了50点，涨势是纽约的两倍多。利物浦的上涨和我关系不大，它只说明我的推断很合理，而且我只是在沿着最小阻力方向交易。同时，我也清晰地记得这个事实：我手里有大宗棉花需要脱手。不管是迅速上涨还是缓慢上涨的市场，都无力消化数量太大的抛售。

当然，利物浦的消息让纽约的棉花价格跳涨。价格涨得越高，7月的棉花就越没人卖，我一点也没抛。总之，对空头们来说，那个星期一真可谓是刺激而悲伤的一天。虽然这样，我却看不到任何空头恐慌的迹象，没

---

① 再聪明的投资者也得有坚强的意志才能置身于羊群之外。——格雷厄姆

有出现大面积盲目的回补，而我手中还有 14 万包棉花，必须找到市场。

星期二早上我去公司，在大楼门口碰到一个朋友。他笑着对我说："今天早上《世界报》上的消息很惊人呢。"

"什么消息？"我问。

"怎么？你没看报纸？"

"我不看《世界报》。"我说，"什么消息？"

"啊，是说你的，说你在轧空 7 月棉花市场。"

"我不知道这事。"我答了一句就走了。我不知道他信没信我的话，可能他觉得我很不够意思，没跟他说实话。

到办公室后，我派人拿来一份《世界报》。果然，报纸的头版上，大标题赫然写着："拉里·利文斯顿轧空 7 月棉花"。

我当然立刻就明白，这篇文章一定会让市场骚乱起来。我一直在费尽心思研究到底该如何抛出我那 14 万包棉花，但怎么也没想到这个妙招。此时此刻，全美国正从《世界报》上或其他转载这篇文章的报纸上看到这个消息。它甚至已经传到欧洲去了，从利物浦的价格来看，很显然，由于这则消息，市场已经疯狂了。

我当然知道纽约市场会有什么反应，也十分清楚自己该怎么做。10:00，纽约市场开盘，10:10，我的棉花全部脱手，整整 14 万包，一包不剩，大多成交于当天的最高价。期货商们是我的棉花的买进力量，而我只是看准天赐良机抛出。我能抓住机会完全出自本能，不然我该怎么做呢？

问题本来需要耗费极大的脑力才能解决，结果却被意外解决了。如果《世界报》没有印那篇文章，我就必须牺牲很大一部分账面利润才能抛光。抛出14万包不可能不压低价格，但《世界报》上的这则消息为我实现了一切。

至于《世界报》为什么会发表这个消息，我说不清，我也不知道。也许这位作者从棉花市场上的某个朋友那里听说了小道消息，认为自己抓到了一条独家新闻吧。我可不认识他，也从不认识《世界报》的任何记者。

我自己也是那天早上 9 点后才知道他们登了这个消息的；而且，要不是朋友碰巧提到，我还被蒙在鼓里呢。

如果没有这个消息，就没有足够大的市场让我出货。这是大宗交易的一大问题，你无法偷偷溜走。你想卖或认为该卖时，不一定总能顺利出仓。所以，能退出时赶紧退，趁市场有足够的能力吸入你倒出的货。一旦错过良机，就可能付出几百万的代价。绝对不能犹豫，一犹豫就会输。在大宗出货中，你不能指望一些小杂技，比如通过偶尔买进，试图在总体熊市中制造一些小波峰，因为这样就会拉长熊市，会让熊市越来越明显，反而会降低吸货能力。我还要告诉你的是，看准机会，说起来容易做起来难，你必须时刻保持高度警觉，机会一露头就马上出手才行。

当然，并非所有人都理解，我这次的幸运只是个意外。在华尔街（就这一点来说任何地方都一样），任何人意外发了大财，都会被人怀疑他搞了鬼。而如果是意外倒大霉，人们就不会认为那是偶然，而会认为那是自私贪婪和骄傲自大的必然结果。一有暴利，人们就称其为掠夺，说什么世道乱了，不择手段反而有好报，传统和道德沦丧之类的。

空头们遭受了大量的损失，所以都很恨我，指责是我一手策划了这次行动，虽然惩罚来自他们自己的鲁莽。空头们这么说也就罢了，其他人也都这么认为。一两天后，世界上最大的棉花期货商之一碰到了我，他说："你那招真高啊，利文斯顿。我原来还在想，你不知道得赔多少钱才能出清那么多棉花。你知道，不压低价格，市场至多能吸入五六万包。我很好奇，不知道你怎么才能抛光而不赔光账面利润呢？想不到你还有这么一手，确实高。"

"我啥都没做。"我非常诚恳地说。可他还是一遍遍地说："真高啊，老弟，太高了！你不用这么谦虚！"

这笔交易后，媒体开始叫我"棉花大王"。但我说过，我可不配戴这顶王冠。不用说你也知道，在美国，没人买得起纽约《世界报》的专栏，也没有人有这么大的能力可以左右媒体，让报纸刊登这种消息。它让我浪得虚名了。

　　我讲这个故事，并不是劝那些被人黄袍加身的人不要骄傲，也不是为了强调抓住时机的重要性。我只是想说，7 月棉花那笔交易后，报纸上到处都是关于我的恶名。要是没有这些报纸，我就没有机会见到大名鼎鼎的珀西·托马斯了。

第十二章
稳如泰山即卓尔不凡，坚持独立思考①

7月棉花上的交易，成功得出乎意料。平仓后我收到了一封信件，约我见面，署名是珀西·托马斯。我当然马上回信说：非常乐意见到他，随时恭候他大驾光临。第二天他就来了。

我一直都很崇拜他。不管你是棉农还是棉花商，这个名字都如雷灌耳。在欧洲和整个美国，我都一直在听人们引用他的名言警句。我记得有次在一个瑞士度假村和一个开罗银行家聊天，他和已故的恩尼斯·卡塞尔爵士①一起在埃及种过棉花。一听说我是从纽约来的，他立刻向我打听珀西·托马斯的消息。他长期订阅托马斯的市场报告，从未间断。

我一直认为托马斯的生意是非常科学的。他是个真正的投机家和哲学家，集梦想家的远见和角斗士的勇气于一身。他见多识广，精通棉花交易的理论和实践，他喜欢倾听和表达概念、理论和理念。他在棉花市场摸爬滚打了很多年，数次大起大落，对棉花市场的实操和心理了如指掌。

他在原谢尔登·托马斯证券公司倒闭后开始单干，不到两年就重整旗鼓、卷土重来、东山再起，令人惊叹。我记得在《太阳报》上读到过他的丰功伟绩，他东山再起后做的第一件事，就是连本带利还清了所有债务，第二件事就是雇了一个统计学专家帮他研究和确定，以百万为单位的美元的最佳投资方法。这个学者在考查和多方分析了一些公司的资产和报告后，

① 和英王爱德华七世、美国总统罗斯福都私交甚深的大金融家。

建议他持有德拉华·哈德逊公司的股份。

就这样，亏过几百万的托马斯又回来了，带着更多的百万。但是，在3月棉花上的失败让他再次山穷水尽。见到我后，他没有浪费时间，直入正题提议我们合作。他说会把得到的任何消息马上告诉我，然后才公开，而我就负责实操，他认为我在实操方面有特殊天分，而这正是他所缺乏的。

有无数原因让我无法对此动心。我坦率地告诉他，我无法与人合作，也不太愿意学习如何与人合作。但他坚持认为我们会是最佳拍档，直到我直接说，我不想影响别人如何交易。

我告诉他："如果我犯傻，就可以自己承受，并立刻偿付。我不会赖账，也不会烦恼。我选择自己单干，还因为这是最明智、代价最低的交易方式。我很享受和其他股商斗智的过程，我和他们素未谋面，从未交谈，没有指导过他们交易，也从不想和他们见面或认识。我靠自己的观点赚钱，而不是靠卖观点换钱。如果我用任何其他方式赚了钱，就会感觉好像没有赚过一样。我对你的提议没有兴趣，因为我之所以如此痴迷这个游戏，只是因为我可以按照自己的方式自己来玩。"

他说很遗憾我这么想，并努力让我认识到拒绝他的计划是错的，但我还是坚持己见。别的话题我们都聊得比较轻松愉快。我告诉他，我相信他定能卷土重来，并表示如果能在资金方面帮助他，我将深感荣幸。可他说不会接受我的借款。当他问起有关7月棉花的事，我向他和盘托出，并详细说明了我是如何开始交易的，买了多少，价格如何，以及其他细节。又聊了一会，他告辞了。

之前我说过，投机商面临一族敌人，很多来自内心，很有杀伤力。说这话时，我自己犯过的很多错误都历历在目。我知道即使一个有独立思考习惯的人，从出生就独立思考，碰见人格魅力强大的人，也难以抵挡住攻击。我不太会犯一般投机商的毛病，比如贪婪、恐惧和希望，但是，我也是人，是人就得犯错。

在这段时期，我的警惕度本应很高的，因为就在不久前我刚刚经历过一件事，证明一个人会轻易被人说服去做一些违背自己的判断甚至意愿的事。事情发生在哈丁公司。我在那里有一个专用办公室，他们让我独占，在交易时间任何人不得打扰，除非获得我的允许。我不想被人打扰，而且当我的交易规模很大所以利润相当可观时，我不想让人知道。

一天下午刚收盘，我就听到一个声音："下午好，利文斯顿先生。"

我扭头看到一个陌生人，30~35岁的样子。我不知道他是怎么进来的，但他确实进来了，我觉得他很讨厌，所以决定，不管他想干什么，我都不同意。我没说话，只是看着他。很快他开口说："我来是想和您聊聊大名鼎鼎的瓦尔特·斯科特[①]。"然后他开始巴拉巴拉说个没完。

他是个书商，但举止和谈吐并不怎么样，外表也很一般。但他很有人格魅力。他不停地说，我觉得我在听，但我不知道他说了什么，我想一直到现在我也不知道他当时到底说了什么，那时也不知道。他滔滔不绝地说完后，递给我一支钢笔，递给我一张空白表，我就签了名。那是一张花500美元买下一整套《斯科特全集》的合同。

签完名，我突然醒了，可合同已经在他兜里了。我不想买这套书，没地方放，也没什么用，更没什么人可送，可我却签字同意花500美元买下它。

我已经习惯了亏钱，我并不关注钱，我只是专注于游戏本身，也就是我为什么会亏钱。我首先要弄清楚自己的思维习惯和局限，其次，我不想在同一个坑里摔倒两次。当我吸取了错误的教训并从中受益后，才能原谅自己的错误。

唉，我亏了500美元，却没找到问题所在。我盯着他，上上下下地打量了一番，作为寻找问题根源的第一步。他微笑着，满含理解。他好像知道我在想什么。我似乎知道不必对他解释什么，我不说他也知道我想说什么。所以我没解释，也没说客气话，直接问："那500美元的订单里，你能拿多少佣金？"

他立刻摇头说："对不起，我不能那么做！"

---

① 英国作家。

"你能拿多少？"我坚持问。

"三分之一，可我不能那么做！"他说。

"500元的三分之一是166块66美分，只要你把刚才签的合同还给我，我就给你200现金。"为了证明，我从兜里掏出200。

"我说过我不能那么做。"他说。

"很多顾客都给你这么多吗？"我问。

"不。"他回答。

"那你怎么知道我会这么做？"

"这是你们这类人的风格。你是个输得起的人，输了不会不认，所以是一流的商人。很感谢你，但我不能那么做。"

"告诉我，你为什么不想拿比提成更多的钱？"

"不是钱那么简单，"他说，"我工作不只为钱。"

"那你想得到什么？"

"钱和成就。"他回答。

"什么成就？"

"我的成就啊。"

"什么意思？"

"你工作只是为了赚钱吗？"他问我。

"是的。"我说。

"不是，"他摇了摇头，"不，你不是的，你不会从赚钱中得到足够的乐趣。你工作不只是为了增加银行的存款，你来华尔街也不是因为这里赚钱很容易。钱不是你全部的乐趣，你需要从别的方面获得补充。所以，我们的情况是一样的。"

我没有争辩，只是问他："那你的乐趣是什么？"

"唉，我们都有弱点。"他很坦白。

"你的弱点是什么？"

"虚荣。"他说。

我对他说："好吧，你成功了，让我签了合同。现在，我想毁约，我会为你这十分钟的工作付200块，这还不够满足你的自尊吗？"

"不够，"他回答，"所有其他销售员在华尔街忙了几个月，几乎食不果腹。他们都怪书本身不好，怪自己所在的区域不适合图书销售，公司派我来就是为了证明，销售和书本身没有关系，和辖区也没有关系，是他们的销售方法有问题。他们可以拿四分之一的佣金。我在克利夫兰城时，两周卖了82套。我到这儿来，不只是要把书卖给那些没从其他销售员手里买书的人，还要卖给那些他们连见都没见到的人，所以公司才给我三分之一的提成。"

"我实在不明白你是怎么卖给我的。"

"没啥，"他安慰我说，"我还卖给摩根先生一套呢。"

"不，不可能。"我说。

他没有生气，只是说："实话，我卖了！"

"你卖了一套瓦尔特·斯科特给摩根？他那里不缺精装珍藏版的，还可能有斯科特畅销小说的原始手稿呢！"

"瞧，这是他的签名。"他迅速亮出一份J. P. 摩根签名的合同。那可能不是摩根的真迹，但我当时并没有起疑，他兜里不是装着我签的合同吗？我只是觉得有点奇怪，便问他："那你是怎么通过助手那道关的？"

"我可没看见什么助手，只看到老先生本人坐在办公室里。"

"太离谱了！"我说。大家都知道，不走助手的后门就想进摩根的私人办公室，比拿着咔咔响的定时炸弹包裹走进白宫还难。

但他宣称："我进去了。"

"可你是怎么进去的呢？"

"那我又是怎么进您的办公室的呢？"他反问我。

"我不知道，你告诉我。"我说。

"嗯，我进摩根办公室的方法，和进您办公室的方法是一样的，只是和门口那个负责把我挡在门外的哥们谈一谈。我让摩根签字的方法也和让您签字的方法一样，你其实不是在签一套书的合同，你只是拿过我递给你的钢笔，照我的要求去做，摩根也是这样，就跟您一样。"

"那是摩根自己签的吗？"我起疑三分钟后才想起来要问。

"当然！他从小就会写自己的名字了。"

"是这样吗？"

"就是这样，"他回答，"我清楚地知道自己在做什么，这就是所有的秘密。非常感谢，再见，利文斯顿先生。"他开始向外走。

"请留步，"我说，"我一定要让你从我这里挣到 200 美元，你应得的。"我递给他 35 块。

他摇了摇头，说："不，我不能那样做。但是，我可以这样做！"他从兜里拿出那份合同，一把撕成了两半，递给我。

我数了 200 块递给他，可他又摇了摇头。

"这不是你想要的吗？"我说。

"不是。"

"那你为什么要撕掉合同？"

"因为您没有抱怨，而是接受了事实。如果我是您，我也会这么做。"

"可我是自愿给你 200 块的。"我说。

"我知道，但钱不是一切。"

听了他的话，我不禁说："你说得对，钱不是一切。那你现在想让我为你做点什么？"

"您反应真迅速啊，"他说，"您真的想帮我个忙吗？"

"是的，"我告诉他，"我真想，但还得看是什么忙。"

"带我去艾德·哈丁先生的办公室，请他和我聊三分钟，然后让我和他单独待一会。"

我摇摇头说："他是我的好朋友，我不能左右他的判断。"

"但他都 50 岁了，还是个券商，他有自己的判断力。"书商说。说得也对，于是我把他带进了艾德的办公室。之后我便失去了书商的消息。但几周后的一个晚上，我正去城里，在第六大道 L 线城铁上和他不期而遇。他脱帽向我致敬，我也点头回礼。他走过来问我："利文斯顿先生，您好！哈丁先生好吗？"

"他很好，你问他什么事？"我觉得他肯定藏了什么故事。

"你带我去见他的那天，我卖给他 2000 块的书。"

"他可一个字也没跟我说过。"我说。

"是的，他们那类人是不会提这种事的。"

"哪类人不谈这种事？"

"有类人从不犯错，因为他们觉得即使自己犯错也都是因为事情本身有问题。他们总知道自己想要什么，任何人都不能左右他们的意见。就是他们让我的孩子有钱受教育，让我的妻子对我百依百顺。利文斯顿先生，你帮了我一个大忙。您急切地想给我 200 块，而我之所以拒绝就是在希望这件事。"

"那如果哈丁先生不买呢？"

"哦，我知道他会买的，我早就清楚他是这类人。很容易搞定的。"

"对，但是，假如他就是不买呢？"我坚持追问。

"那我就回来再卖给您。再见，利文斯顿先生，我要去见市长了。"城铁在公园广场停下时，他起身准备下车。

"希望你卖给他十套。"我说。我知道市长是个民主党。

"我也是个共和党人呢。"他一边说，一边不慌不忙地走下车，仿佛知道城铁会等他的，而城铁也确实等了。

我详细地说这个故事，是因为它涉及一个非同寻常的人物，让我买了我不想买的东西。他是第一个让我这样做的人，按理说不该再有第二个了，但真的来了第二个。你不能指望世界上只有这么一个了不起的推销员，也不要奢望自己可以完全摆脱他人强大的人格魅力的影响。

我礼貌而坚定地拒绝了珀西·托马斯的合作提议，他离开了我的办公室。那时，我发誓我们俩的生意道路绝对不会相交，我甚至不知道是否还能再见到他。但第二天，他又写信来感谢我借钱给他的好意，并邀请我去拜访他。我回信说我会的。他又回了一封，于是我就登门拜访了。

后来我们常常见面。听他说话，人的心情总是很愉快。他见多识广，谈吐风趣，我认为他是我见过的最有磁力的人了。他博览群书，博闻强记，而且表达起来妙趣横生，所以我们聊了很多话题。他语言里的智慧很能打动人，他的口才无人能及。我听很多人指责他，比如虚伪。但我有时候想，他如此有说服力，是不是他得先要彻底说服自己，然后才能让自己的话这么有说服力，令人信服？

我们当然也深聊过市场。我看跌棉花，他却相反。我完全看不到利多的一面，他却觉得利好。他还列举了大量事实和数据，我应该被立刻征服的，但我没有。我不能否认事实和数据的真实性，但它们不能让我怀疑自己对市场的解读。但他继续不断向我灌输他的观点，直到最后，我对自己从交易报告和日报上收集的信息不再深信不疑。这就说明，我无法再用自己的眼睛观察市场了。人不会和自己坚信的东西对着干，但可能被游说到犹豫不决、无法确定的状态。这种状态更糟，因为这就是说，人已经无法安然自信地交易了。

我也不是完全糊涂了，但我确实不再淡定，更确切地说，我失去了独立思考的能力。具体我是如何一步步进入这种状态的，我也说不清，但这种状态确实让我亏惨了。我认为这是因为他对自己精确数据的自信，加上我对市场的不自信的合力。他反复强调自己的信息完全可靠，他在南方的上万个信息员一次次核实过。最后，我开始用他的方式解读环境，因为我们在读同一本书的同一页，而他拿着书给我看他看到了什么。他思路清晰，一旦我接受了他的事实，毫无疑问便会得出和他完全一致的结论。

我们开始聊棉花的大环境时，我不但看跌，而且已经持空。随着我逐渐接受他说的事实和数字，我开始担心自己的仓位是错的，因为它是建立在错误信息的基础上的。当然我不能允许自己总这么焦虑，于是我开始回补。托马斯让我觉得我错了，所以我回补了空头，并且开始做多。这就是我的思维方式。要知道，我这辈子除了做股票和期货，没干过别的。我的本性认为，如果看空是错的，看多就是对的，如果看多是对的，那就得做多。我在棕榈海滩的那个年迈的朋友常引用帕特·赫恩的口头禅："你不赌就永远不知道结果！"所以，我必须亲自检验自己对市场的判断是否正确，而一切只能在证券公司月底给我的交割单上知道。

我开始买进棉花，很快就达到了我惯常的仓位量，6万多包。这是我交易生涯中最愚蠢的一次战役。我没有根据自己的观察和推理去赢去输，而是完全按照别人的玩法在交易。很明显，我的愚蠢不会就此结束。我不仅在毫无看涨理由的情况下买进，而且没有根据经验阶梯式地逐渐吸入。因为听了别人的话，我的交易方式错了，所以我亏了。

市场没有向我希望的方向发展。当我确定自己的仓位时，就不会害怕或不耐烦。但是，如果托马斯判断对了，市场不该这么走的。一步错，步步错，于是我的章法完全乱了。我任凭自己被别人的话左右，不仅没有斩仓，反而竭力撑盘。这种操作不符合我的天性，也背离了我的交易原则和理论。就算当年投机行里那个小毛孩，也比当时理智得多。我丧失了自我，变成了另外一个人，一个托马斯化了的人。[1]

当时我持有棉花，还有大宗小麦。小麦的操作很漂亮，账面利润很可观。我愚蠢地想支撑棉花市场，所以把仓位增加到了15万包。可以说这时我已经感觉有点不太对劲了。这么说可不是为了粉饰或为自己的过失开脱，我只是在说实际情况。我记得我去海边休息了一阵子。在那里我开始反思，觉得我的仓位似乎太大了。我一般不会犯尿，但这次却有点紧张，于是我决定降低仓位，减轻负担，所以我必须出清一个仓，棉花或者小麦。

我对证券游戏了如指掌，又有十几年的操作经验，这次居然犯了大错，简直匪夷所思。棉花上有亏损，我没有出清，小麦上有利润，我却抛光了！真是蠢透了！为了减罪，我只能说，这不是我在交易，而是托马斯在做。证券投机中可以犯很多错误，而没有几个错误比"不断补仓以摊平亏损"

---

[1] 从别人的预言中你可以得知预言者的许多信息，但对未来却所知甚少。——巴菲特

更严重的了。我的棉花交易血淋淋地证明了这一点。抛出亏损持货，保留赢利仓位，这才是最明显的明智做法，我也深知这个道理，所以直到现在我也没想明白当时为什么偏偏反过来。①

就这样，我卖掉了小麦，就像故意切断自己的赢利仓似的。我退出后，麦价一路狂飙，每包涨了 20 美分，如果我没有出仓，应该可以赢利 800 万美元。

而另一方面，我坚守亏损的仓位，每天都加码买进棉花……至今这一幕仍历历在目。为什么要买进呢？当然是为了延缓价格的跌势。如果这都不算蠢，那什么才算呢？我只是一个劲儿地投入越来越多的资金，所以亏得越来越多。我的券商和好朋友们都非常不解，不知道为什么我会那么干，直到现在他们仍然感到莫名其妙。如果这次都能赚钱，我就真他妈成仙了。有人多次提醒我不要依赖珀西·托马斯的高明分析，我却当做了耳边风，继续买进撑盘，甚至跑到利物浦去买。当我意识到自己在做什么时，已经持有 44 万包棉花了。一切为时已晚，所以我只好清仓。

我在股票和期货交易中的所有赢利，几乎一把输光了。虽然还没到一文不名的地步，但遇到这个聪明的朋友珀西·托马斯之前的数百万美元现在只剩几十万了。我背弃了自己的经验，背弃了无数经验积累出的交易法则，这已经不能再用愚蠢来形容了。

我花了几百万买到了一个价值不菲的经验：一个人犯蠢是不需要理由的。这几百万块还买来了另外一条经验：对交易商来说，另一个致命的敌人，就是聪明的朋友的热切规劝和人格魅力。我曾一直认为，学到这样的教训花一百万就够了，我也会学得很好。可惜命运女神不会让你自己定学费。她把课程砸到你头上，然后奉上她定价的账单，她知道无论数目多大，你都得付钱。明白自己可以蠢到何种程度之后，我结束了这个意外，把珀西·托马斯彻底赶出了我的生活。

---

① 卖出有盈利的股票，保留亏损股票，就像拔掉花园里的花，而去灌溉野草；股市就像玩扑克牌，只要手里的牌显示有可能赢，就要握紧。——彼得·林奇

143

就这样，做百万富翁还不到一年，90% 的资金就"消失在小溪和冬青的缠绵之地"了，吉姆·菲斯克过去常说这句话。那几百万是我靠头脑和运气辛苦赚来的，却因为擅自改变操作程序而丧失殆尽。我卖掉了两艘游轮，决定收敛奢侈的生活。

但是祸不单行，我正走霉运。我先是大病了一场，然后又急需20万现金。几个月前，这笔钱根本不算什么，可棉花上亏了之后，20万几乎是我所有的家当了。我必须筹到这笔钱，问题是去哪弄呢？我可不想从公司账户里提，如果这么做，我就没有交易本金了，而要尽快赚回我那几百万，我比任何时候都更需要这笔本钱。我没有别的选择，只能选择从股市上赚。

想想吧！如果你了解一般证券公司的普通顾客的话，你就会同意我的看法：市场不会为你救急埋单，希望股市为你救急买账，是华尔街上最大亏损的来源之一。如果你总有这样的希望，就会输得只剩条烂裤衩。

怎么这么说呢？一年冬天，哈丁公司来了几个雄心勃勃的年轻人，想赚个三四万块买一种外套，最后却没有一个人活着穿上它。事情是这样的，一个著名的场内交易员（他后来还兼任政府职务，世界闻名）穿着一件海獭皮大衣来到交易所。那时，皮草还没有涨到天价，皮大衣也就值一万美元左右。嗯，哈丁公司里那几个年轻人中，有一个叫鲍勃·基翁的，决定也买一件。他到城里相中了一件俄国黑貂皮的绝版，问好了价，差不多也是一万块。

"真他妈太贵了。"一个朋友反对说。

"不贵！不贵！"鲍勃·基翁笑眯眯地说，"有没有人想买一件并当做真诚的薄礼送给公司里最好的我，以表敬意呢？有人要发表赠礼演说吗？没有？好吧，我会让股市替我买的，一周就能赚到。"

"你为什么要穿黑貂皮大衣呢？"艾德·哈丁问。

"我这种身材穿皮衣特别好看。"鲍勃答道，挺了挺身子。

"你刚才说打算怎么买？"吉米·墨菲问，他是公司里最爱打听小道消息的人。

"靠一笔聪明的快线投资，吉米。"鲍勃回答，他知道墨菲只是想打听消息。

吉米自然接着问："那你打算买哪支？"

"你又错了，朋友。现在可不是买进的时候，我打算做空5000股钢材，它起码会跌10个点，但我打算只净赚2.5个点即可，够保守吧？"

"你有什么内幕吗？"墨菲急切地问。他高高瘦瘦，一头黑发，面有饥色，因为他中午从不吃饭，就怕错过报价器上的信息。

"我感觉那件大衣将是我买过的东西中最适合我的了。"他转向哈丁说："艾德，以市价帮我放空5000股钢材，亲爱的，今天就抛！"

鲍勃是个短线客，喜欢谈笑风生，他以公开大嚷下单的方式让大家知道他的坚定意志。他做空了5000股钢材。结果它瞬间就涨了。鲍勃一开口就像个蠢蛋，但其实不算太傻，他在钢材涨了1.5点时及时止损了，然后低调地对公司的人说：纽约的天气太热了，不适合穿皮大衣，既浪费又不健康。其他人笑话了他一番。时隔不久，另一个伙计也想赚些钱买那件皮大衣，所以买进了联合太平洋，结果亏了1.8万，事后他说：黑貂皮适合做女士披肩的外皮，和低调聪明的男士内衬不搭。

从那以后，这几个家伙一个接一个地想从市场上赚钱买那件黑貂皮大衣。一天我说，我去买了那件大衣吧，免得咱们公司倒闭了。但那伙人都说，自己掏钱买不够牛，让市场埋单才令人佩服。不过艾德非常支持我的做法，于是当天下午我就去了皮货商那儿，结果发现一个芝加哥人一周前就买走了。

这只是一个例子。在华尔街，不止一个人想从股市赚钱买汽车、手镯、摩托艇或油画，统统都赔了。市场是吝啬的，拒绝为任何人支付账单。那些为生日礼物而亏的钱，都可以用来盖一大座乞丐收容所了。实际上，华尔街上有很多征兆，一看就知道谁要赔钱。而想让市场成为善良的神仙教母的动机，是最常见也最持久的凶兆之一。

不是人们迷信，而是这些凶兆经过了事实的检验，所以自有其道理。

如果一个人想让市场为他心血来潮的需求埋单，他会怎么做？他会想赢一把就撤。赌博心态带来的危险，远非用脑子分析错时可比。后者是冷静研究后得到的合理想法和信念，即使错也不会太离谱。而赌徒们呢？首先，他要的是快钱，不愿等待。希望市场对自己有利都很难，何况是马上？他安慰自己说，这只是在打一个赌，成败机会均等，因为他做好了准备，一出问题马上就脱身。比如，如果他希望赚 2 个点，那么跌 2 个点他就马上止损。他觉得自己有 50% 的成功机会。这是幻觉。

我认识很多人，在这样的交易中一把就亏成千上万，特别是在牛市中，价格小幅的回踩很正常[①]，而一回踩你就输定了。这可是作死的交易之道。

啊，我被逼得穷途末路了，所以犯了这个错误。这是我的交易生涯中一个登峰造极的错误。它打败了我。棉花交易后剩下的钱也亏掉了，甚至还不止。我不断交易，所以不断赔钱，因为我坚持认为市场终将为我埋单。但我最终看到的唯一结局就是，我赔光了。我债台高筑，不只欠几个主要券商的钱，还欠了允许我赊账的其他几个券商的债。我负债累累，自此债务缠身。

---

① 持有一支股票，期待它每个早晨都涨是十分愚蠢的。——彼得·林奇

第十三章
市场并不奖励忠肝义胆，致命的人情羁绊

　　就这样，我又破产了。赔钱当然不好，但在交易中犯致命错误，才真正让人心慌。我得了精神病，紧张烦恼，冷静不下来，想不了事情。也就是说，我的脑子进入了一种状态，这种状态下，任何投机商都会犯致命的交易错误。一切都不对劲。真的，我甚至开始怀疑自己是否能恢复理智了。我早就习惯了大手笔的交易，一般都在 10 万股以上，所以担心小额交易时判断会更加失准。而且，如果只有 100 股，判断正确似乎也没什么太大价值。习惯了大笔交易中的巨额利润后，我真不知道小笔交易到底该怎么做。我无法形容自己当时有多无助！

　　我又破产了，无法采取有力攻势。我负债累累，又错误连连！经过多年失败的锤炼，我曾经越来越成功，但现在的我，比当初在投机行时更穷困潦倒。我对投机游戏有了更深的了解，但还是不太懂如何和人性的弱点过招。你不能指望自己的头脑能像机器一样一直稳定地高效运转。现在我意识到，在别人的影响下和不幸降临时，我根本无法保持淡定。

　　亏钱从不让我烦恼，一点也不会，但其他问题会，当时就是这样。我仔细研究了这次灾难的细节，很快就找到了问题的根源，弄清了自己是在什么时候什么方面犯了什么错误。如果一个人想在证券市场有所作为，就必须先彻底了解自己，充分了解自己到底能犯多少个或多少族的错误，这对我来说是一个漫长的学习之路。

有时我想，如果一个股票商能学会避免脑子发热，花多少代价都是值得的。很多聪明人犯的严重错误，大抵都可以归于此类。头脑发热是一种病，它在任何地方对任何人来说代价都非常昂贵，而对华尔街的投机商来说，尤其如此。

我在纽约不太高兴，一直感觉不太好。我不在状态，不想进场。我决定离开，到别处去筹些本钱。我想，换个环境也许能帮我找回自我。所以我再次离开纽约，在遭受重创之后。我的处境比破产更糟糕，因为我欠好几家券商总共十多万的债。

我去了芝加哥，筹到了一点本钱。虽然数额不大，但它意味着我能赚回失去的财富了，只是时间长短的问题。一家我做过业务的券商很相信我的交易能力，为了证明自己的眼光，他们允许我在他们公司做小笔交易。

我开始保守地交易。我不知道如果一直留在那里，现在的我到底会是什么样子的，但发生了一件不同寻常的事，使我很快离开了芝加哥。这个故事非常不可思议。

一天我收到一封电报，卢修斯·塔克发来的。我很早就认识他，那时他还是证交所一个会员公司的经理，我以前常去他那里交易，但后来就失去联系了。电报上写着："速回纽约。L. 塔克。"

我知道，他已经从共同的朋友那里了解了我的处境，所以一定有什么事找我。我当时没多少钱，如果没必要就不想浪费路费了，所以我没照做，而是给他打了个电话。

"我收到你的电报了，"我说，"怎么回事？"

"意思就是说，纽约有个富人想见你。"他回答说。

"是谁？"我问，我根本想不到是谁。

"你到了纽约我就告诉你，否则说了也没用。"

"你说他想见我？"

"是的。"

"什么事？"

"如果你回来，他会亲口告诉你的。"卢修斯说。

"如果你不能说，那写行吗？"

"不行。"

"那就直接告诉我。"我说。

"我不想说。"

"好吧，卢修斯，"我说，"告诉我一点就够了：我跑这一趟会是愚蠢的行为吗？"

"当然不，回来定有好处。"

"你就不能透点风吗？"

"不能，"他说，"这样对他不公平，而且，我不知道他打算怎么帮助你。但听我一句劝：一定要回来，而且要快！"

"你确定他要见的人是我吗？"

"就是你，不是别人。快回来，我告诉你。发电报告诉我你坐的哪趟火车，我会去车站接你。"

"好的。"我说，然后挂断了。

我并不喜欢被蒙在鼓里的感觉，但我知道卢修斯不是个坏人，他这么做一定有他的道理。我在芝加哥的收获并不大，所以离开并不伤心。以那种进度，恐怕要等到驴年马月才能赚够做原来那种大生意的本钱。

我怀着忐忑的心情回到纽约，不知道会发生什么。真的，在火车上我不止一次地担心会白跑一趟，浪费时间和金钱。我完全没想到这会是我一生中最诡异的经历。

卢修斯在车站等我，一刻也没耽误，告诉我他受著名的威廉森与布朗证券公司的丹尼尔·威廉森之托来找我。他让卢修斯转告我，他提议一个业务计划，并相信我会接受的，因为对我十分有好处。卢修斯发誓说他对计划内容一无所知。这家公司名声在外，绝不会向我提出什么无理要求。

丹尼尔·威廉森是公司的元老，公司是埃格伯特·威廉森在70年代创建的，当时公司还没有姓布朗的合伙人，他是好些年后才加盟的。丹尼尔的父亲在职期间，公司规模非常大，后来丹尼尔继承了大笔财产，就基本上没再做别的生意了。公司有一个抵得上一百个普通客户的大客户，他就是威廉森的姐夫阿尔文·马奎德。马奎德是十几家银行和基金公司的董事，还是切萨皮克与大西洋铁路公司的总裁。他是铁路业的第二号詹姆斯·希尔，还是财力雄厚的福特·道森银行集团的发言人和主要人物之一。他生前，人们猜他有5000万～5亿资产，这得看是谁在猜，胆子有多大；他死后，人们发现他身家2.5亿，都是在华尔街赚的。你瞧，这算个大人物吧！

卢修斯告诉我，他刚刚接受了威廉森与布朗公司为他专设的一个职位，大概是扩大整体业务之类的。公司的业务比较广泛，卢修斯已经说服威廉森先生新开了两家分公司，一家设在纽约的某酒店里，另一家设在芝加哥。我以为他们想让我去芝加哥分部任职，也许是分部经理之类的，那我肯定不干。我没有马上责备卢修斯，心想最好等他们提出来再拒绝。

卢修斯把我带进威廉森的私人办公室，把我介绍给他的老板后就匆匆离开了，仿佛不愿在双方都是熟人的法庭上作证一样。我打算先听，然后拒绝。

威廉森先生非常和善，是个十足的绅士，举止优雅，笑容可掬。看得出他善于交朋友，也能拢住人。为什么不呢？他状态极佳，脾气又好。他很有钱，所以人们不会怀疑他有卑鄙的动机。所有这些，加上他受的良好教育和社会阅历，使得他礼貌又友好，不仅友好而且乐于助人。

我没有说话。我没什么好说的，而且我一向会听别人先讲完然后才开口。有人说，已故的国家城市银行总裁詹姆斯·斯蒂尔曼（顺便说一下，他也是威廉森的好友）有个习惯，就是静静地听任何人的提案，面无表情。等人说完后，斯蒂尔曼会继续盯着他，就像对方没说完似的。所以，对方就会觉得必须再说点什么，所以只好接着说。斯蒂尔曼仅靠倾听和凝视，就能使对方主动提出比原方案更有利于银行的条款。

但我保持沉默并不是想诱使对方开出更好的条件，而是我想先把事情了解透彻。让别人把话说完，我就能立刻做出决定，这样就能避免冗长的讨论和无用的争论，可以大量节约时间成本，也能快刀斩乱麻解决问题。只要我一句话，表达自己的态度，就可以处理所有的业务提议。但如果不了解事情的全貌，我是不能轻易表态的。

威廉森开始说，我就一直听。他说对我的市场操作早有耳闻，而对我输在自己的强项上——败在棉花上——感到非常遗憾，但也正因为我运气不佳，他才有幸与我见面。他认为我擅长做股票，生来就是做这一行的，不应该离开。

"利文斯顿先生，这就是我们希望和你合作的原因。"他愉快地做出结论。

"怎么合作？"我问。

"让我们做你的券商，"他说，"我的公司希望接你的股票生意。"

"我倒想在你们这儿做，"我说，"可是不行。"

"为什么？"他问。

"我没钱啊。"我回答。

"这不是问题，"他露出友好的微笑说，"我给你钱。"他掏出支票本，开了一张 2.5 万的支票递给我，抬头是我的名字。

"给我这个干什么？"我问。

"你可以存进自己的银行户头，变成你自己的支票。我希望你在我们公司交易，无论你是输是赢。即使这笔钱输光了，我还会给你再开一张个人支票。所以你不必对这些钱太过节俭，明白吗？"

我很清楚，这家公司业务兴旺、财力雄厚，所以根本不需要强求任何人的生意，更用不着倒贴钱给人做本钱。而且威廉森有点善良过头了，他不是在自家公司让我赊账，而是给了我实实在在的美元。而且这么一来，即使我赖账，也只有他一个人知道钱的来历，而他唯一的条件就是让我在他们公司交易。他甚至还答应，即使亏光了还会继续供应。我觉得其中必有蹊跷。

"您打算做什么？"我问他。

"很简单，公司需要一个明星客户，以大手笔积极交易闻名。大家都知道你习惯大笔做空，这就是我特别喜欢你的原因。众所周知，你总玩大手笔的空头。"

"我还是不太明白。"我说。

"坦白说吧，利文斯顿先生，我们公司有几个非常有钱的客户，他们的操作非常大手笔。我不希望每次我们对一支股票做空一两万股，华尔街就怀疑是这几位在出仓。如果华尔街知道你在我们公司做，就搞不清是你在做空还是其他客户在出货了。"

我立刻就明白了，他是想借我大笔做空的名声来掩护他姐夫的操作。还真是的，碰巧一年半前我在做空中赚了有史以来最大的一笔钱，自然，每次股价下跌，华尔街上那些八卦的人和愚蠢的狗仔队就常算到我头上。直到今天，每当市场疲软，他们还总说是我在打压市场。

不用考虑了，我一眼就看明白了，威廉森在给我提供一个迅速卷土重来的机会。我收下支票，存入自己的银行户头，在他们公司开了户，开始交易。市场很活跃，适宜操作，大量股票涨势良好，不必死守一两支特定的股票。我之前说担心自己已经忘记了正确的交易方法，但看来没有。三周之内，我用威廉森借给我的2.5万块赚了11.2万。

我去找威廉森，说："我是来还你那2.5万的。"

"不，不必了！"他一边说一边挥手，就像拒绝一杯掺了蓖麻油的鸡尾酒。"不必了，小伙子，等你的账上再涨涨吧。先别着急还钱，你才赚了点塞牙缝的钱。"

在这件事上，我犯下了自己交易生涯中最后悔的大错，并造成了我数年的痛苦和消沉。我应该坚持让他收下钱的。我赚得很快，即将赚回自己损失的钱，甚至赚得更多。连续三周，我每周平均利润率高达150%。从那以后，我逐步加大交易量。我没有把自己从人情债中解放出来，没有想办法让威廉森接受我的还款，只是由着他。当然，既然他没有抽回借给我的那 2.5 万，我自然也就觉得套现账面利润不太合乎人情。我当然非常感激他，但我生性不喜欢欠别人的钱或人情。欠钱可以用钱还，而欠人情和善意，我就必须用同样的东西去回报。而你不难发现：人情债有时候是非常昂贵的，而且要用一辈子去还。

我没套现，继续交易。一切进展非常顺利，我逐渐恢复状态，而且确信，很快就能恢复 1907 年的大手笔。我踏上了正轨，现在我只希望市场形势能多持续一阵，这样就不仅能弥补亏损，还能多赚一些了。但我并不特别在意赚钱，更令我开心的是，我正从判断错误、失去自我的惯性阴影中走出来。这个阴影几个月来一直严重影响着我，但我已经吸取了教训。

后来我开始看跌，开始放空几支铁路股，包括切萨皮克大西洋公司，我想我放空了 8000 多股。

一天上午，我去市区，威廉森在开盘前把我叫到他的办公室，对我说："拉里，暂时不要操作切萨皮克大西洋。你放空了 8000 多股，这步棋可不怎么样。今早我在伦敦为你平仓了，并转为做多。"

我确信切萨皮克大西洋会跌，盘势显示得很清楚。而且我看跌整个市场，虽然不是强烈或疯狂的看跌，但也足以让我觉得应该适量放空。我对威廉森说："你为什么这么做？我对整个市场看跌，所有股票都会跌的。"

他只是摇了摇头说："我这么做，因为我知道一些有关切萨皮克大西洋公司的情况，而你不知道。我的建议是，在我告诉你安全后再卖空。"

我能怎么办？这可不是愚蠢的内幕，这是董事会主席的妹夫给我的忠告。丹尼尔是阿尔文·马奎德最亲密的朋友，对我一直也很好，很慷慨。他相信我的能力，也相信我的话，我太感激他了。所以，情感再次战胜了理智，我屈服了。我让自己的判断臣服于他的意志。这成了我毁灭的开始。任何一个正派人都不会不懂得感恩，但人不能被这样的情感绑住手脚。然后，我只知道自己不但亏掉了所有的利润，还欠了公司 15 万块的债。我感到很难过，但他让我不必介怀。

"我会帮你渡过难关的，"他承诺说，"我一定会的。但你得允许我帮你才行，你必须停止单独操作。我无法接受帮了你之后，你又自己操作把我的劳动成果一笔抹杀。你就先停止操作吧，给我个机会帮你赚点钱。好不好，拉里？"

我再次发问：我能怎么办？我想到他的好心，我可不能干不知好歹的事。他那么善良，和蔼可亲，我越来越喜欢他了。我记得他一直在鼓励我，一遍遍地保证说一切都会好起来的。大概是六个月后的一天，他满面笑容地来找我，给了我几张账条。

"我说过会帮你渡过难关的，"他说，"我做到了。"然后我发现他不仅帮我清掉了所有的债务，户头上还有一小笔余额。

我觉得，用这笔钱慢慢把雪球滚起来不算难事，因为整体市场不错，但他对我说："我帮你买了1万股南大西洋。"他姐夫阿尔文·马奎德也控制着这条铁路，还垄断了这支股票的命运。

如果有人像威廉森帮我那样帮你，无论你对市场看法如何，都只能对他说谢谢。也许你很确信自己的判断是对的，但正如帕特·赫恩常说的："你不赌就永远不知道结果！"所以没有人能完全算准市场的走势。而他用自己的钱已经为我押了注。

啊，南大西洋跌了，而且一跌不起，我亏了，我也不记得他帮我抛掉那1万股时我到底亏了多少钱，反正我欠他更多了。但你这辈子也遇不到一个这么善良、这么不烦人的债主。他从不抱怨，反而一直安慰我，鼓励我不要担心。最后，他用同样慷慨而神秘的方式为我补上了亏空。

他没告诉我任何细节，只给我看账上的数字，他只是说："我们用另一支股票上的赢利为你补上了南大西洋上的亏空。"然后他告诉我他是如何卖掉7500股另一支股票大赚了一笔的。坦白说，在他告诉我所有债务都一笔勾销之前，我对自己的那些交易都毫不知情。

同样的事反复发生了很多次。我开始思考，是不是得换个角度看这件事了。最后，我恍然大悟，显然我被利用了。想到这里，我很生气，但更让我生气的是竟然没早想到。我在心里把整件事情捋了一遍，然后去找威

155

廉森，告诉他我和公司情分已尽，然后离开了威廉森与布朗公司。我没有和威廉森吵架，也没和任何人吵，多说无益。但我得承认我很生自己的气，比对威廉森与布朗公司的火气更大。

亏钱并没有让我烦恼。每当我在股市亏钱，我都知道自己会学到点什么。花钱买经验，亏的钱实际上都是学费。一个人必须获得经验，所以必须交学费。但在威廉森公司的经历，却深深地伤害了我，也就是让我丧失了一个大好的机会。亏钱事小，总会赚回来的，但当时的时机并不常有。

你瞧，当时的市场非常利于交易。我也判断正确，我的意思是说，我解读得非常准，赚几百万的机会就在那里，但我却任凭感恩之心阻碍了自己的操作，束手束脚，按威廉森的善意去做。总之，这比和亲戚一起做生意还倒霉，糟糕的交易！

这还不是最糟的，真正糟糕的是：之后很长时间，几乎再也没有赚大钱的机会了。市场趋于横盘，而且每况愈下。我不仅亏掉了所有的钱，而且再次陷入了更严重的债务危机。从1911年到1914年，股市持续横盘，没钱可赚。机会迟迟不来，我的日子也越来越不好过。

我亏损了。我痛苦地悔不当初，知道情况本来不该这样，所以更加难受了。而我恰恰无法摆脱这种回忆，这当然让我更加心烦意乱。我明白了原来交易商有不计其数的弱点。如果是一般人，在威廉森公司的做法无可厚非，但身为一个专业交易商，我却任凭别人的好心决定自己的判断，真是太不应该太不明智了。感恩是一种美德，但在股市上不是，因为行情没有骑士精神，也不奖励忠肝义胆。但我意识到自己当时只能那么做，我不会为了交易而改变自己感恩的本性。不过生意终究是生意，作为一个投机商，我应该始终支持自己的判断的。

这是一次奇异的经历，我认为事情是这么回事：丹尼尔·威廉森初见我时的话都是真的。只要他的公司在一支股票上交易几千股，华尔街就会迅速得出结论：阿尔文·马奎德在吃进或卖出。他是公司的大主顾，所有的交易都在这家公司做，而且他是华尔街有史以来最高明、手笔最大的交易商之一。而我则是烟幕弹，为马奎德的出仓操作做掩护。

我来后不久，阿尔文·马奎德就病了。他的病早就诊断为绝症，而威廉森当然早就知道，比马奎德本人要早。他那时已经开始清算他姐夫在切萨皮克大西洋公司里的股份和其他持股了，这就是他当时帮我回补切萨皮克大西洋空头的原因。

一旦马奎德死了，遗产中就得清算他的投机股和投资股，而那时已经进入了熊市。所以，威廉森用这种方式捆住我，真是帮了遗产继承人一个大忙。我说自己手笔很大，对市场判断准确，可不是说着玩儿的。我知道威廉森记得我在1907年熊市中的成功操作，所以绝对不能冒险让我自由操作。为什么？我是个活跃的空头，如果我自由操作，就会几十万股几十万股地做空。我当然会大赚，但等他清算阿尔文·马奎德的财产时，其继承人将损失几百万（阿尔文留下了两亿多的财产）。

对他们来说，让我负债然后替我还债，比让我在其他券商那里大力做空付出的代价要小得多。如果不是觉得不能辜负威廉森的一番好意，我早就去别处大力做空了。

我一直认为这是我交易生涯中最有趣也最不幸的一次经历。付出的代价，和获得的经验相比，非常不成比例。如果不是这次经历，我好几年前就卷土重来了。我还很年轻，可以耐心等，失去的那几百万迟早会回来的。但是，五年贫穷的时间对我来说太漫长了。不论年轻与否，贫穷都不是个好滋味。失去了可以迅速卷土重来的最佳市场，可比没有游轮的生活难过得多。我一生中最好的赚钱机会就杵在我的眼皮子底下，结果我把钱包丢了，我不能伸手去拿。威廉森真是个精明的家伙，就像传说中一样精明能干又目光长远，足智多谋又勇于冒险。他是个思想家，富于想象力，善于发现人身上的弱点，然后毫不留情地猛打。他先充分地了解我，然后迅速判断采取什么行动会削弱我的力量，让我在市场上对他毫无威胁。他实际上没有骗过我的钱，相反，他在钱上极其慷慨。他爱自己的姐姐马奎德夫人，所以对她尽了自己应尽的责任。

第十四章
股市中没有常胜将军，没有一个股神没做过股渣

离开威廉森与布朗公司之后，股市最佳的赚钱时光一去不复返。这让我难以释怀。整整四年的时间，市场横盘，人们无钱可赚。比尔·亨里克斯说得好："当时的市场上，臭鼬都放不出个屁来①。"

看来我好像时运不济，不过也许是上帝在磨炼我。但我想自己好像没有坏到需要上帝惩戒的程度。我在证券投机中从未做过任何坏事，以致必须用债务来赎罪，也没有像傻子一样操作过。我做过的事情，更确切地说是我绝不染指的那些事，在42街以北都应当受到褒奖而不是责难，但在华尔街却变得如此荒唐可笑，代价惨重。到目前为止，整件事最糟糕的地方在于，它逼着人得出结论，在股票市场上就不该有人性。

我离开了威廉森的公司，试了试其他公司。在哪儿都亏钱，是我活该，因为我总想逼迫市场履行它根本没有的义务，也就是提供赚钱的机会。在券商处赊账并非难事，因为认识我的人都相信我的为人。当我停止赊账交易时，共欠了一百多万。这一大笔债务是否能让你明白他们到底有多信任我吧？

那几年我一直亏，不是我不会做股票了，问题是，在这不幸的四年里，根本没有赚钱的机会。我却还在不停地交易，总想赚一笔本钱，结果只是

---

① 此处为双关。"放个臭屁"是 make a scent，"赚一分钱"是 make a cent，两者发音完全相同。"连个屁都不放"和"一分钱赚不到"在发音上是一样的。

让自己的债台越筑越高。我不愿再债上加债了，朋友们也不容易，所以我停止了操作。终于，我因为无法承担更多的债务而不再独立交易，之后就开始靠替别人处理交易维持生计。他们知道我精通股票，即使市场再萧条也能应付。我从顾客盈利中抽取一部分提成，作为服务的报酬。这就是我的生计，或者换句话说，我就是这么活过来的。

当然，我赚多亏少，但总也赚不到足够的钱切实有效地减轻债务。情况越来越糟，最后，我这辈子第一次开始觉得泄气。

好像没有一件顺心的事。我没有忙着哀叹自己从身家数百万、拥有两艘游轮沦落到负债累累、俭朴度日。我不喜欢眼下的日子，但也没有自怨自艾。我不打算就这么等下去，耐心等待上帝和时间终止我的困苦。所以我开始思考自己的问题。很明显，摆脱困境的唯一办法就是赚钱，而要赚钱，我只能通过交易股票，而且得做对。我以前的交易都很成功，我只需再次成功即可。我曾不止一次凭小笔本金滚出巨额利润。市场迟早会给我这个机会的。

我自己清楚，千错万错都是我自己的错，市场从不犯错。现在我有什么问题呢？我质问自己，就像研究自己各阶段的交易问题时一样认真仔细。冷静地思考后，我得出结论：问题的症结在于我一直担心自己的债务，对债务的担忧困住了我。

我必须解释一下，问题不只是我放不下债务而已。任何商人在常规经营中都可能贷款，我的大部分债务都和经营中的债务一般无二。商人们也会遇到罕见的反季节天气，时间一长自然要借债；而我的亏损也差不多，只是因为市场环境不甚如意。

时间一天天过去，我还不起债，所以开始越来越被债务牵绊。我得强调一下，请记得，股市上的亏损，让我欠了一百多万的债。大多数债主都很不错，没有为难我。但有两个人实在让我烦得慌。他们天天盯着我，我一赚钱，他们就会及时出现，质问我赚了多少钱，坚持让我立刻还钱。我欠了一个人 800 块，他威胁说要起诉我，要搬光我的家具等等。真不知道他为什么会认为我在藏匿财产，难道我看上去一点也不像一个就要穷死的流浪汉？

我不断深究问题，最后终于明白了问题的重点。这次不在于我是否能够准确读盘，而在于准确解读自己。我冷静地得出结论：只要我继续忧心忡忡就难有作为，而同样明显的是，只要我欠别人钱，就一直会忧心忡忡。我的意思是，只要债主有权来烦我，或者坚持让我赚一点就还一点，我就永远攒不够做交易的本金，我就永远不能重整旗鼓，卷土重来。一切都清楚了，我告诉自己说："我要宣布破产。"不这样我怎么才能解脱呢？

这事听起来容易又合理，不是吗？但我可以告诉你，这让人很痛苦。我讨厌破产，我不愿让别人误会或瞧不起。我本人从不太在乎钱，从来不重视钱，更不认为值得为钱说谎，但我知道不是每个人都这么想。当然我也知道，如果我能重整旗鼓，就能还清所有的债务，我不会赖账的。但除非我能像过去一样交易，否则我永远不可能还清那一百万。

我鼓足勇气去见我的债主们。这事对我来说太难了，原因之一是，他们大部分都是我的老朋友和老熟人。

我将自己的情况和盘托出，我说："我走这一步不是因为不想还钱，而是为了对我们都有利，我必须进入赚钱的状态。在过去的两年里，我一直在考虑这个解决方案，但一直没有勇气站出来向大家坦白。如果我早这么做，事情就不会走到这一步了。归根结底一句话：只要债务缠身，我就没办法像原来那样交易。我现在决定要做一件一年前就该做的事，理由就是刚才的解释。"

第一个站出来说话的人，基本上就代表了所有债主的意思。他代表自己的公司说："利文斯顿，我们理解，完全理解你的处境和意思。我会告诉你我们会怎么做，我们会让你解脱。你可以让你的律师准备好任何文件，我们都会在上面签字的。"

所有的大债主普遍都是这个意思。这就是华尔街的另一面，它不是看轻金钱所以善良和慷慨，但它会极其明智地做决定，生意就该这么做。我既感激他们的善意，又欣赏这种明智。

债主们对我高达一百多万的债务网开一面，但有两个小债主不肯签字。其中一个就是我说过的那个"八百块"。我还欠一家已经破产的证券公司六万块，接手的人完全不了解我的为人，于是一天到晚老是跟在我屁股后面。即使他们愿意照着大债主的榜样去做，从法律上讲也没有签字的资格。总之，我之前说我欠了一百多万的债，但我的破产账目单上却只有大约十万美元。

报纸上印了我破产的消息，我非常难过。我向来欠债还钱，但这种经历让我无比羞愧。我知道，只要我还活着，总有一天会还清的，但并不是所有读了这篇报道的人都能理解。看到这篇报道，我都不好意思出门见人了。但这种感觉很快就消失了，因为从此再也没人来骚扰我了，我如释重负，如释重负的感觉无法用语言表达。那些人之所以骚扰我，是因为他们根本不懂一个人想在股票投机中成功，就必须全身心地投入。

摆脱债务烦恼后，我的思想解放了，又开始交易，而且看到了成功的希望。下一步就是再筹笔本钱了。证交所从1914年7月31日到11月中旬停市，好长一段时间没有任何交易，华尔街一片荒凉。我还欠着朋友们的债。他们一直对我友好又讲义气，我也不好意思再开口向他们借钱，没人有义务帮别人这么多忙。

我遇到的困难非常大。因为证交所休市的缘故，去求券商赊一大笔账是很困难的。我去了几个券商那里，都没有什么结果。最后，我在1915年2月去找威廉森。我和他说自己已经摆脱了梦魇般的债务困扰，准备像以前一样交易了。你应该还记得，当初他要我帮忙时曾主动给我提供2.5万块那回事吧？现在我需要他的帮助，他说："如果你看好哪支股票，想做500股，那就做吧，没什么问题。"

我谢过他就离开了。他曾经妨碍过我大赚，而且他们公司从我这里赚过大笔的佣金。我承认，一想到威廉森和布朗公司没有借给我足够的本金，我就有点上火。但已经这样了，我只能开始小笔交易。如果上来就能多做一些，迅速恢复财力其实很简单，但现在只能做 500 股。但不管怎样，我意识到，重整旗鼓的机会来了。事情就是这样的。

离开威廉森的办公室后，我开始全面研究市场形势，并重点研究了自己的问题。众所周知，当时是牛市，可我只有 500 股的机会。也就是说，我有限制，没有多少余地。我无法承受开门黑，首笔操作中，一点点的回踩都会承受不起。我必须做稳第一笔交易，这样我才能有本金。我买的第一个 500 股必须有利润，我必须赚到实打实的美元。我知道，除非赚到足够的本钱，否则判断力再好也没什么用。没有足够的本金，做交易就无法淡定冷静，这种精神状态源自能承受一定损失的能力。① 以前，我在下大注前总会先测试一下市场，而在测试中遭受一些小损失是家常便饭的事。

现在回想起来，当时的我知道自己正处于投机生涯的关键点。如果这次失败，真不知道还要再等到何时何地才能再获得进场的本钱。很明显，我只能等，等待最佳的进场时刻。

我没坐在威廉森与布朗公司的办公室里。我的意思是说，连续六周我一心读盘，刻意不去他们公司。我担心一去那里，就可能禁不住诱惑在不正确的时间交易不适当的股票，只因我知道自己可以做 500 股。交易商除了要研究大环境、牢记市场先例、考虑大众心理、了解券商的限制之外，更必须认识并防范自己的弱点。你无须和自己人性中的弱点生气。我感觉解读自己和解读行情同样必要。我研究了自己，知道活跃市场会对我产生不可抗拒的诱惑，知道自己会冲动，会忍不住出手。我研究自己的弱点时持有的情绪和精神，就像分析粮食环境和收益报告时一样，客观而冷静。

这样日复一日，我身无分文，急着重新进场。我坐在另一家券商的报价板（在这里我一股也交易不了）前研究市场，不错过行情上的任何一笔操作，等待最佳时机向我吹响全速前进的号角。

在 1915 年初的关键时期，我最看多的股票是伯利恒钢材。它会涨，原因全世界都知道，战争来了嘛，造炮弹需要铁，所以钢材铁定会涨。我

---

① 如果操作过量，即使判断对了市场，也会一败涂地，因为操作过量时人会输不起。——索罗斯

十分确定它会涨，但为了确保旗开得胜（我必须开门红），我决定等它的价格突破标准后再出手。

我之前说过，经验告诉我，一支股票首次突破 100 点、200 点或 300 点后，几乎总会再继续涨 30~50 点，而且突破 300 点后的速度，会比突破 100 或 200 点时更猛。我最早的大成功之一就是安纳康达，我是在它突破 200 点时买进的，次日于 260 点平仓。在价格突破标准后再买的操作，是我老早就在用的交易方法之一，可以追溯到我早年在投机行做的时候。

你可以想象，我是多么渴望回到从前那种大手笔交易。我急得想不顾一切马上开始，但我克制住了自己的冲动。如我所料，伯利恒钢材不断走高，一天比一天高，我真想马上跑到威廉森与布朗公司去买 500 股，但我压住了冲动。我知道，自己的首笔操作必须稳妥，再稳妥都不为过。

它每涨一个点就意味着我又少赚了 500 块。它涨的第一个 10 点意味着我本可以加码了，手里就不再持有 500 股而是 1000 股了。这样，每涨 1 个点我就可以赚 1000 块了。

但我没有听从内心喧嚣的希望和信心，我只关注来自经验和理智的忠告，把自己牢牢地粘在椅子上。当我有了充裕的本钱，才能拥有冒险一搏的资本。但是，我没有本钱，任何风险，即使最小的风险，对我来说都是无法承受的奢侈。六周耐心的等待，最终，理智战胜了贪婪和希望。

它涨到 90 点时，想到我如此看多却没有买进，我确实开始动摇，心里开始流血。当它涨到 98 点时，我对自己说："伯利恒会突破 100 点的，而一旦突破就会疯涨下去！"报价器已经清楚地报告了这一点。告诉你吧，当报价器上打出 98 点时，我心里的报价器上已经是 100 点了。我知道这不是基于我内心希望的狂吼，也不是来自欲望的幻想，而是我读盘本能的断言。于是我对自己说："我不能等到它突破 100 点了，必须现在就出手，现在就和突破没啥区别了。"

我跑进威廉森与布朗公司，下单买进了 500 股伯利恒钢材，此时价格是 98 点。我以 98~99 点之间的价格成交了 500 股。之后它一路飙升，我记得当天下午收盘时价格在 114~115 之间。我用账面利润做保证金又买进了 500 股。

第二天开盘，伯利恒钢材是 145 点，我有本钱了。这是我应得的。等待最佳时机的那六个星期，是我一生中最漫长、最艰难的六个星期，但我得到了回报，现在我有本金可以做较大手笔的交易了。光凭 500 股，我是永远都难有作为的。

不管做什么，走对第一步是至关重要的。伯利恒交易之后，我的操作都很顺利，确实很棒，以至于你都不相信是同一个人在做。其实我也真的变了，我曾经烦躁不安、错误百出，现在却安然自在、正确无误。没有不良债主的骚扰，没有资金匮乏的干扰，我就能听从经验的指导冷静地思考，所以我一路赚钱。

就在我向确定的财富迈进时，我们突然遭遇了"卢西塔尼亚号"的打击。时不时地，人们就会遭遇一些事件，感觉就像心窝突然被刺中了一样。也许是市场为了提醒人们一个不幸的事实：没人能够永远正确，免受不利事件的影响。我听人说，卢西塔尼亚号被鱼雷击沉的消息，不应对任何专业投机商产生任何重大影响，他们还说，在消息传到华尔街之前他们早就知道了。我消息不够灵通，没有预先得到消息以避开跌势。我只能告诉你，卢西塔尼亚号被击沉带来的跌势让我亏了不少。加上我不够聪明所以没能预见的另外一两次走势逆转，1915 年底，我发现自己在券商账户里只有大约 14 万美元的余额。在这整整一年的大部分时间里我对市场的判断都是正确的，但我那年实际只赚了这么多。

第二年我做得好多了，我运气很好。我在疯狂的牛市里疯狂地做多。一切都对我有利，所以除了赚钱没干别的。这让我想起了标准石油公司已故的 H.H.罗杰斯的话，大意是：赚钱的机会来时，挡也挡不住，就像一个人在暴雨天出门没带伞，想不淋湿都难。那是我们经历过的最明显的牛市。每个人都清楚，一战中协约国从美国购进各种物资，所以美国一跃成了世界上最繁荣的国家。我们销售其他任何国家都没有的产品，迅速汇集来自全世界的硬货。我的意思是全世界的黄金像激流一样涌进这个国家。通货膨胀在所难免，当然，这意味着所有东西都会涨钱。

从一开始一切就非常明显，所以根本不需要人为制造牛市。这次牛市来得非常迅速，比以往任何牛市都快。战时的繁荣发展得非常顺，比任何其他繁荣都更加自然，而且给广大股民带来了前所未闻的利润。也就是说，1915 年的大牛市中，几乎所有人都是赢家，华尔街历史上从未见过如此大的繁荣。股民们没有把账面利润换成实打实的硬货，所以到后来的股市萧条时，钱还没捂热就化成了飞灰。这是不断重演的历史情节。历史总是在不断重演，而华尔街比任何其他领域都更频繁、更整齐划一地重复历史。当你阅读当代史的股市兴衰记录，一定会震惊地发现，无论是股票业还是期货商，今昔差别是如此之小。游戏没有变，人性也没有变。

1916 年，我随着大盘的上扬一路做多。我和普通人一样看涨，但和普通人不一样的是，我在时刻保持警惕。我知道，大家都知道，涨势总有尽头，而我则一直在留意尽头来临的警示。我不知道信号会从哪儿来，所以我不只局限在一个方面。我当时不是，也从未觉得自己是个坚决的空头或多头。熊市曾经对我慷慨，牛市也曾帮我积累财富，只要退潮的警示一来，我就没有理由不转舵。一个人不应宣誓永远效忠空头或多头，他唯一需要关心的是做对。

我还有件事要提醒你：市场不会灵光一闪就直冲顶点而去，也不会没有征兆就突然陡转直下跌到舱底。市场可能而且经常在股价开始普遍下跌前很久就已经不再是牛市了。我期待已久的信号来了，我注意到领涨股一个接一个地从最高点回踩了几个点，而且数月以来第一次再也没有涨回去。很明显，它们涨势已尽，所以我必须调整交易策略了。

情况很简单。牛市里，整体价格趋势当然是确定无疑地涨，所以当一支股票背离大势，你有理由认为这支股票出了问题。但这也足以让眼亮的投机商看出别的问题。你不能指望行情像老师一样说得那么清楚明白，你的工作是倾听它暗示说"停"，而不是等它白纸黑字地通知你停下。

正如前面所说，我注意到那些曾经领跑市场涨势的股票都停止了上涨，下跌了六七个点，然后涨不回去了。同时，其他股票在新的领涨股的带领下继续上涨。旧领涨股的公司本身并没有出什么问题，所以原因就要在别处寻找了。这些股票曾经顺势涨了几个月，它们停止上涨时，虽然牛市仍然强劲，但这意味着，那几支股票的牛市已经结束。而对其他股票来说，走势仍是坚挺上涨的。

此时完全没必要茫然不动，因为逆流还没有出现。我也还没转向看空，因为报价器还没有给我警示。牛市还没结束，虽然已呼之欲出。虽然熊市近在咫尺，多头还是有钱可赚的。所以，我抛出的只是那些停止上涨的股票，其他股票还有上涨力，所以我既卖出又买进。

我卖出了停止上涨的领涨股，并每支做空了 5000 股，同时做多新的领涨股。我做空的股票表现平平，但我做多的股票却不断上涨。而当这些强势股最终也停止上涨时，我又全部平仓并做空 5000 股。这时我偏向看空而不是看多了，因为很明显市场已经转熊，接下来该在做空中赚大钱了。我确定在牛市真正结束之前，熊市已经悄然来临，但我知道还不到通盘放空的时候。提前放空，不仅无益反而有害。行情只暗示出，熊市大军已兵临城下，告诉我做好准备即可。

我继续买进卖出，这样交易了一个多月后，我总共做空了 6 万股，12 支股票，每支 5000 股。这些股票都曾是股民的最爱，因为它们曾是牛市的领涨股。我的空头总额不算很大，但别忘了，熊市还没有确立呢。

一天，整个市场变得非常疲软，所有股票开始齐刷刷地跌。当我发现我持空的 12 支股票每支都有 4 个多点的利润时，我确定自己算对了。报价器告诉我，现在全力做空是安全的，所以我马上加码一倍。

我建好了仓位，在很明显的熊市里持着空头。市场一头扎向我预料的方向，完全没必要打压市场。我心里有数，所以经得起等待。加码后，我就没再做多任何股票。在我全力做空的七周后，我们碰到了著名的"泄秘"事件，市场暴跌。据说有人从华盛顿提前获悉，威尔逊总统将发布消息，能让欧洲迅速恢复和平。世界大战引发并维持了美国的繁荣，而和平则是利空消息。当时有个最精明的场内交易员被指责利用了提前获悉的消息，他辩白说，自己放空股票不是因为得到了任何消息，而是因为他认为牛市已经走过头了。而我早在他之前七个星期就已经加码了一倍的空头仓位。

消息一出，股市暴跌，我自然平仓了。游戏就是这么玩的。如果发生了计划外的事，我就会好好利用善良的命运之神赐予我的机会。因为在这种暴跌中，我拥有庞大的市场可以回旋其中，把账面利润兑成美元。即使在大熊市中，也很少有机会可以回补12万股的空头而不抬高股价，所以我必须等待市场提供机会，让我可以在不损失既有账面利润的前提下回补。

我想指出的是，我并没有指望市场会在这个时刻因为这一原因出现这样的跌势。正如我前面所说，凭我30年的交易经验，意外事件总会顺应最小阻力方向，而我总根据最小阻力方向来建仓。还有一点要铭记于心：绝对不要妄图在最高价抛出。那是蠢人干的活。如果没有上涨空间了，就在回档的第一时间抛出。

1916年，我在牛市做多，进入熊市后又反手做空，所以了结头寸时共赚了大约300万块。就像前面所说，你不必死守着牛市或熊市不放。

冬天我去了南方的棕榈海滩度假，每年我都来这里，因为我喜欢在海上钓鱼。我持空的股票和小麦，都显示着可观的利润。没什么烦心事，我享受着快乐的时光。当然，除非去欧洲，否则我不可能对证券市场不理不睬。比如，我在纽约的阿迪伦达克山区的家里有直通证券公司的电报线。

在棕榈海滩，我常定期去证券公司的分部。我发现，我不太感兴趣的棉花走势强劲，价格一直在涨。那是1917年，人们传说着很多关于威尔逊总统努力谋求欧洲和平的消息。消息都来自华盛顿，有的是新闻报道，有的是棕榈海滩上朋友之间的忠告。所以一天我感觉，无论股票还是期货市场，走势都反映出了信心，相信威尔逊总统会成功为欧洲带来和平。欧洲和平在即，股票和小麦都会下跌，而棉花则应上涨。对于股票和小麦的下跌，我已经准备就绪，但我已经好长时间没做过棉花了。

下午2:20，我一包棉花还没有，但五分钟后，抱着欧洲和平在即的信念，我买进了1.5万包棉花作为开始。我打算按老方法交易，就是前面说过的那种加码买进的方式，直到加满。

下午市场收盘后，我们收到了德国的"超限战"声明，美国也被卷进了战争。我什么都做不了，只好等第二天市场开盘。我记得当晚在格里德利公司，美国最大的工业巨头之一想以低于收盘价5个点的价格场外抛售他持有的美国钢材，要多少都有。匹兹堡的几个百万富翁也都在场，但没人买，他们都清楚第二天一开盘，市场必然暴跌。

果然，你可以想象，第二天上午股市和期货市场一片骚乱。一些股票的开盘价甚至比前一天的收盘价低8个点。对我来说，天赐良机让我可以平仓所有的空头，安然获利落袋。我说过，熊市中突如其来的骚乱，是立刻回补的明智时机。如果你仓位很大，这是迅速把账面利润一分不少地转化成真金白银的唯一方法。举例说，我持空着5万股美国钢材（当然我还做空了其他期货），当我看到回补的机会，我就平仓了，共获利约150万。这样的机会是不容错过的。

但是棉花，我在昨天下午收盘前半小时买进的那1.5万包棉花，价格开盘就跌成了负数。真是名符其实的暴跌啊！这意味着一晚上我就损失了37.5万美元。我很清楚，股票和小麦要回补空头，但我不知道该如何处理棉花，要考虑的因素太多了。现在，每次发现自己犯错，我通常都会立刻接受损失，但那天早上我却不愿认赔。[1]然后我想到，自己来南方是为了好好钓鱼的，可不是为棉花市场烦恼的。而且我在小麦和股票中已经赚了大笔利润，于是我决定接受棉花上的亏损。我就当自己只赚了100万多一点，而不是150多万，不过是个账面问题（当你向股票推销员问了太多问题的时候，他们常跟你说这个"账面问题"）。

如果我没有在昨天收盘前买进棉花的话，就不会亏这40多万了。这

---

[1] 出错时必须认错，然后卖掉。行情确定后，就别再死缠烂打，奢望会起死回生。

——彼得·林奇

充分说明，一个人在小额操作中也有可能迅速大赔。我的主仓是绝对正确的，而意外事件的性质虽然与我做股票和小麦的初衷完全相悖，但我因此受益了。请注意，最小阻力方向的价值再一次得到证明。价格的走势还是我预测的方向，德国的战争声明带来了出乎意料的市场因素，但价格的走向没变。如果没有任何意外，我的三个仓位就都100%正确了（股票和小麦会走低，而棉花会飞涨），我就能把三个仓位都平仓获利了。我的股票仓位和小麦仓位都是正确的，按照最小阻力方向，所以意外事件只会促成它。而在棉花上，我的操作是建立在市场之外的不确定因素之上的，也就是说，我赌威尔逊总统会为欧洲带来和平，是德国军方领袖的决定让我在棉花上亏损的。这就是此次盈亏的教训：是根据最小阻力方向还是靠赌。

1917年初，我回到纽约，还清了共一百多万美元的债务，我很高兴。本来几个月前就可以还清的，但我没有，原因很简单：我的交易频繁且成功，所以我需要所有的钱做本金。我必须为自己（也为债主们），把握住1915年和1916年的市场繁荣带来的所有机遇。我知道自己会大赚，而且不担心让债主们多等几个月，因为他们本来是不指望一定能收回欠款的。我不想零星地还债，也不想一次还一个债主，我想一次还清所有债务。所以，只要市场对我有利，我就会在财力允许的范围内全力交易。

我想给他们支付利息，但所有签了免债合同的债主都坚决拒绝接受。我最后才还那个"八百块"，是他给我的生活带来了负担，正是他的骚扰让我一直无法正常交易。我让他等着，直到他听说我还清了所有其他人的债务。我想给他点教训，让他学会下次要体谅别人，尤其是他才借了几百块而已。

我就这样东山再起了。还清所有债务后，我拨出一大笔钱作为年金。我下定决心再也不让自己陷入那种负债累累的处境了，滋味很不好受。自然，我结婚后还把一笔钱划到了妻子的名下。儿子出生后，我还给他存了一笔钱。

我这样做不只是害怕股市会把钱从我这里拿走，同样也因为我知道一个人会动用自己能染指的所有资金。我这么做，妻儿就不会被我的交易影响了。

我认识好几个人都做过同样的安排。但当他们需要钱时，就又去哄骗妻子签字拿出，结果全都亏掉了。但我把这事安排得挺妥当：无论是我想还是妻子想，这些钱都不会动。它绝对安全，不会受我们任何一个人行为的影响，即使我的交易有需要，即使妻子爱我所以想动它，都不可能。我切断了那条路！

第十五章
股战不是人与人的争斗，而是眼光与眼光的抗衡

　　证券投机会面临很多危险，没有预料到的事件（或者"无法预料的事件"）的危险相当大。再谨慎的人也会遭遇风险，如果他不想流为一般的商人。正常的商业风险很小，和出门上街或坐火车去旅行遭遇车祸的概率差不多。有些事没人可以预料得到。因为突发事件亏损，我并不会怨天尤人，顶多会像对突然刮风下雨一样骂句"真倒霉"罢了。生命本就是一场对未知的探索，从摇篮到坟墓的每一步都是。我没有预知未来的能力，所以会淡定地承受一切事故。但是在我的证券生涯中，却有多次这种情况：虽然我判断准确，行事光明磊落，却被不遵守游戏规则的对手用卑鄙下流的手段窃取了劳动果实。

　　心思缜密、高瞻远瞩的商人知道如何防范危险，保护自己不受骗子、懦夫的伤害，也不会和股民一起犯傻。除了在一两家投机行，我从未碰到过明目张胆的欺诈行为，因为即使在那种地方，诚信也是上策。大钱都是靠光明磊落赚来的，坑蒙拐骗赚不到大钱。无论在哪儿交易什么，我觉得都没必要总去提防券商，提防一不小心他们就会欺骗你。那不是做生意的模式。但总有一些卑鄙无耻的小人，面对他们，君子也无能为力。我们都愿意相信市场是有职业道德的市场，但我可以举出十几个亲身经历，因为我相信誓言的神圣或君子协定的不可侵犯而成为受害者。但我还是不细说了，多说无益。

小说家、牧师和妇女都喜欢把股票交易大厅比喻成强盗的战场，把华尔街每日的交易说成一场战斗。这非常吸引人，却很误导人。我不认为自己的活动充满了冲突与争执。我从不与人争斗，无论是针对个人还是投机集团。我只是和别人的观点不一样，坚持自己对大环境的解读。剧作家们说商战是人与人之间的斗争，其实不是，商战只是商业眼光之间的较量[1]。我努力弄清事实，并只相信事实，并根据事实行动。这就是伯纳德·巴鲁克成功赚钱的秘方。有时我看不清事实，或者没有提前看清所有的事实，或者推理不合理，只要发生这些情况，我就会亏钱。因为我错了，而犯错就得亏钱。

犯错就得埋单，只有愚蠢的人才会拒绝为自己犯的错支付罚金。在犯错这个问题上，大家都是平等的，没人例外，也没人可以豁免，它也不像债权人一样还有先后之分。但当我判断正确时，我绝不允许自己亏钱，当然，这里并不包括那些因为交易制度突然变化而导致的亏损交易。我把特定的投机风险铭记于心，它们一直提醒人们：在把账面利润存入银行户头之前，那都不保险。

欧洲大战爆发后，商品价格如期上涨。这很容易预见，就像很容易预见内战会引起通货膨胀一样。随着战争的持续，总体上涨的趋势自然也不会停。你应该还记得，1915年我就是这样忙着重整旗鼓的。股市的繁荣就在那里，而我的责任就是好好利用它。我在股市做了最快、最稳也最有利可图的大笔交易。而且你知道，我一直挺幸运的。

到1917年7月，我不仅还清了债务，还剩了不少，所以我有时间、资金和意愿，考虑同时做期货和股票了。多年来，我养成了研究所有市场的习惯。期货市场的价格比战前涨了100%-400%不等，只有一个例外，那就是咖啡。这当然是有原因的。欧洲爆发战争，欧洲市场就得关闭，巴西咖啡被大批转运到了美国这个大市场。国内咖啡豆很快就变得极度过剩，于是价格持续走低。啊，当我开始考虑投机咖啡的可能性时，价格已经低

---

① 在股市上，与人竞争绝对比不上完全掌握市场。——彼得·林奇

于战前水平了。如果导致咖啡价格异常低下的原因很明显，那就还有一个同样明显的推论：德国和奥匈帝国潜水艇积极高效运转，打击美国的商用船只，大大降低船只数量，最终将会减少美国的咖啡进口量。进口量减少而消费量不变，过剩的库存就会被消化，一旦走到这一步，咖啡的价格一定会像其他所有商品一样上涨。

看清整体形势，你不需要福尔摩斯的推理能力，但我不知道为什么没人买进咖啡。我决定买进咖啡时，觉得这并不是投机，而是稳赚的投资。我知道盈利是需要时间的，但我同时也确定，利润空间会很大。所以这笔投资操作，其实非常保守而不冒险，这是银行家的行为，而不是赌徒的游戏。

1917 年冬天我开始大宗吸收咖啡。市场一点反应都没有，继续保持横盘，价格也没有如期上涨。结果，我毫无意义地持了九个月的仓位，直到合约到期，我把期权全部卖出。这笔交易给我带来了巨大的损失，但我还是确信我的观点是稳妥的。很显然，时间点没算准，但我确定咖啡会像其他商品一样上涨。所以我在平仓后又立刻开始买进，而且数量是上次的三倍，虽然我曾经持仓九个月也没什么收获。当然，这次我买进的是延迟期权，延得越久越好。

这次我没做错。我买进三倍的数量后，市场开始上扬。大家好像突然明白了咖啡市场的必然走势。看来，我的投资就要产生巨大的回报了。

我持有的合约，其卖方都是烘焙商，大多是德国公司或其附属机构。他们信心十足地从巴西买进咖啡，盼着能运到美国来，却发现没有运输船只，所以处境非常尴尬：一面是巴西咖啡无休止的下跌，一面是在美国卖给我大宗期权，预期美国的价格会跌。

请记住，我在咖啡还是战前价格时就看涨了，而且持仓后我被套牢了大半年的时间，遭受了巨大的损失。判断错误的代价就是亏损，判断正确的奖赏就是赢利。我的判断明显是正确的，而我手中持有大笔期权，所以我有理由期待这次能来一记绝杀。价格无须涨太多我就能获得满意的利润，因为我持有几十万包咖啡。我不喜欢透露我的交易量，因为有时数字太吓人，别人会认为我在吹牛。实际上，我总是根据自己的财力交易，而且总是留有足够大的安全空间。这次交易已经够谨慎的了。我毫无顾忌地买进期权，因为我看不到输的可能性。环境对我有利。我已经等了一年了，现在是奖赏我的耐心和正确判断的时候了。我可以看到利润滚滚而来。这不是精明，只是不瞎。

果然，几百万的利润稳稳当当地快速流来！但是，却没流到我手里。没有。不是环境突然改变把球打偏了。市场没有突然逆转，咖啡没有涌进国内。那到底发生了什么？无法预料的事情！这是一件任何人都没有经历过的事情，所以我也猝不及防。在我要牢记于心的众多投机风险中，增加了这全新的一项。事情很简单，那些卖咖啡期权给我的空头知道自己将遭遇什么，他们给自己设了圈套后，现在又努力想摆脱，于是想出了一个新的方法逃避责任。他们跑到华盛顿去寻求帮助，并得到了。

你可能还记得那时政府制定了多种规定，防止人们从生活必需品中获取暴利，你知道大多数规定都很严厉。啊，那些咖啡空头摇身一变成了仁爱家，跑到战时工业部的价格管理委员会（我记得那个部门的全称好像就是这个）那里，提出了一项爱国请求：保护美国人吃早餐的权利。他们告诉委员会说：一个名叫劳伦斯·利文斯顿的专业投机倒把者，已经或即将垄断咖啡市场。如果不捣毁其企图，他就会利用战争环境充分进行投机倒把行为，美国人就得被迫以昂贵的价格才能喝上每日的咖啡了。那些找不到运输船只才把大量咖啡卖给我的爱国者们，宣称自己无法想象一亿多美国人都得向没良心的投机倒把者致敬的情景。他们说自己代表的是咖啡业，而不是在咖啡上下注的赌徒，他们愿意协助政府控制牟取暴利的行为或倾向。

我十分讨厌那些上访的人，我也不是暗示价格管理委员会在打击暴利和浪费行为中有些渎职，但我要说出自己的意见：委员会根本没有切实研究咖啡市场的实际情况。他们制定了咖啡豆的最高限价和终止现存咖啡合约的期限。这个决定自然导致咖啡交易所的停市，而我唯一可做的就是卖出所有合约。我只能这么做。

我本来十分确定这几百万的利润会像以前赚的钱一样顺利到手，现在却完全化为乌有。无论以前还是现在，我都和其他任何人一样强烈反对从生活必需品中牟取暴利，但价格管理委员会对咖啡市场进行管制的同时，其他所有商品的价格都已经是战前水平的 3.5~5 倍了，而咖啡豆的价格实际上低于战前多年的平均价。谁持有咖啡根本就没有什么区别，价格无论如何都会上涨，原因根本就不是黑心投机商的无良操作，而是德国潜艇打沉了很多船，咖啡进口减少，所以咖啡存量必然缩减。委员会还没等它开始涨价就踩下了刹车。

强关咖啡交易所的战时权宜政策，是完全错误的。如果委员会不干涉咖啡市场，价格肯定会涨（原因已经说过了），跟所谓囤集居奇、投机倒把、垄断物价屁毛关系都没有。而涨后的价格，无须太高就能刺激咖啡供应的增加。我听伯纳德·巴鲁克先生说过：战时工业部考虑过限价会影响供给保证，所以，对某些商品进行最高限价是无理取闹。后来咖啡交易所重新开市时，咖啡的价格是 23 美分。"仁爱的空头们"建议政府把价格定低，低得无法抵消运费，所以进口不足，所以供应很少，所以美国人只好认倒霉了。

我一直认为，那次咖啡交易是完全合法的，和我其他所有交易一样合法，我甚至觉得它是一种投资而不是投机。它耗时一年多。如果其中有任何违反道德的成分，也是那些拥有德国姓氏和血统的爱国烘焙商们干的。他们在巴西买进咖啡，在纽约卖给我。价格管理委员会管制了唯一没有上涨的商品的价格，在价格上涨之前就保护人民免受投机倒把行为的侵害，结果还是没能保护人民免受高价的侵扰。不仅如此，当生咖啡豆的价格被限价在每磅 9 美分左右时，烘烤咖啡的价格却没有被限价，所以在跟着大势上涨。所以，只有烘焙商受益了。如果生咖啡豆每磅涨二三美分，我就能赚几百万了，而且不会让美国人在后来的涨价中付出这么大的代价了。

事后伤情对证券投机来说只是浪费时间，毫无意义，但这次交易颇具教育价值。它和我的其他交易一样漂亮，肯定涨价，符合理性，以致我觉得不赚几百万都难，但最终却事与愿违。

还有两次，交易所管理委员会在毫无预警的情况下下令改变交易规则，搞得我深受其害（在这几次事件中，我的仓位从技巧上看虽然正确，却不像咖啡交易这么符合赚钱的标准）。在投机操作中，没有什么事是绝对的。上述经历让我在风险列表的意外栏项增加了"不可预测"一条。

咖啡事件后，我在其他期货上非常成功。期货牛市，股票则是熊市，我在股市也赚了很多钱，这招来了一些无聊的闲话。华尔街的股票专家和财经记者开始习惯性地把价格的下跌怪到我的头上。下跌都是客观形势决定的必然，但我却总变成"打压股价的罪犯"。有时，不管我是不是真的在放空，他们都指责我不爱国。我想，他们夸大我的操作规模和影响，只是为了满足股民那种不可遏制的需求，他们只是想知道每次价格变动的背后原因，不管那原因是不是真的。

我多次说过，操作可以打压股票，但没有任何操作可以使其保持低位。没什么奥秘，任何人花半分钟想一下就能找到原因。如果一个操盘手打压一支股票，把价格压低到实际价值以下，会发生什么？对，他必将面临内线的疯狂买进。内线知道股票的实际价值，如果真便宜他们会疯狂吃进的。如果内线不买，那一定是因为基本环境让他们不能自由支配公司的资金，这就说明发行这支股票的公司本身出了问题。人们一说起打压，就暗指不正当行为，甚至是犯罪。但把股票压低至实际价值以下是非常危险的操作。你最好记住：压下去爬不起来的股票是本身就有问题的股票，因为内线不买进撑盘。只要有打压股价的行为（即不正当卖空），内线一般都会买进，价格不可能持续走低。我说：所谓的打压，实际上99%都是合理下跌，只是有时某个专业操盘手的操作加速了跌势，但不管他的交易量有多大，都不是下跌的根本原因。[1]

---

[1] 如果价格低于价值，就可以放心买入，反之则应放空。——巴菲特

投资商的注意力不要放在行情机上，而要放在股权证背后的企业身上。通过注意其赢利情况、资产情况、未来远景等因素上，投资商必须对公司独立于其市场价格的内在价值形成一个概念。 ——格雷厄姆

大多数情况下，价格突然暴跌时，人们会倾向于认为这是有空头在操作，但这种理论完全是编造出来满足那些盲目的赌徒的。这种解释很容易给他们提供一些原因，而他们不愿思考，所以极易相信这些解释。券商和编造金融谣言的人经常告诉股民，操盘手在打压股价，所以他们才倒霉亏损，但这种解释实际上是邪恶的，只是为了误导股民。正义的做法是：明确地告诉你这是熊股，让你卖空。邪恶的做法是：给你个算不上解释的解释，阻止你明智地卖空。股票暴跌时的正确反应应该是卖空，即使原因不明也一定有充足的原因，所以你就该清仓离场；但如果你被告知是操盘手在打压，你就不会退出，因为你觉得等他停止打压，股价就会反弹。这就是邪恶的建议！

第十六章
投资商和投机商不是一个物种，找到最确切的内幕

内幕，大家多么渴望得到内幕啊！人们不但渴望得到内幕，而且喜欢提供内幕。这主要是贪婪在作祟，还有虚荣心。看到真正的聪明人在四处打探内幕，总让我觉得很搞笑。传递内幕的人完全不必对消息是否真实负责，因为打探内幕的人只希望得到内幕，并不在意是真是假。如果内幕挺准那自然好，如果不准，就等下一次的好运气吧。我说的是一般证券公司的普通股民。总有一种人会发起或操纵内幕，他第一个相信这个内幕，由始至终都深信不疑。在他看来，内幕畅通无阻的传播是一种高级宣传工作，内幕是世界上最有效的促销情报。因为探求内幕者和传播内幕者都将成为传递者，所以内幕的传播就成了一种无休止的连锁广告。内幕发起人自以为是地认为，只要传播恰当，没有一个活人可以抵抗诱惑，所以他们努力地传播，而且精心研究内幕传播的艺术。

我每天都从无数人那里得到无数内幕。我要讲一个有关婆罗洲锡业的故事。还记得它是什么时候上市的吧？那时是牛市的巅峰期，推广集团采纳了一个聪明的银行家的建议，决定不把股票销售委托给承销商慢慢操作，而是亲自上阵全面公开发行。建议很好，但集团的唯一错误在于经验不足。他们不知道股市在疯狂的牛市会如何发展，同时也不够明智慷慨。为了推销这支股票，他们一致同意抬高价格，但挂牌价太高了，让一级市场的场内交易员和投机商们购买时疑虑重重。

那时是疯狂的牛市，所以按理说推广集团应该坚持自己的风格。但他们却不敢张扬，贪婪变成了十足的保守。任何股票，只要做足了内幕的传播工作，大家都会买的。没人想投资，大家只想轻松赚钱，只想稳赚利润。美国向全世界大量出售军用物资，黄金滚滚流进美国。据说，推广集团在制订婆罗洲股票的上市计划时，三次提高开市价才正式发行，好让股民大赚一笔。

他们曾邀请我加入集团。经过调查，我没有接受邀请，如果可以操作市场，我更喜欢独自操作。我自己获取信息，用自己的方式交易。我了解了推广集团的财力和计划，也明白股民会起什么作用，所以我在它上市第一天的第一个小时就买了一万股。它的首次发行很成功，最起码刚上市时是成功的。实际上，推广集团发现需求如此之大，所以认定这么快放掉这么多股是个错误。他们发现我一上来就买了一万股，所以觉得，如果将股价标高25-30个点，他们也能卖光。他们还断定，我那一万股会瓜分他们本来稳入囊中的几百万利润，而且分了相当大的一块。所以他们停止了多头操作，想把我清出场，但我只是以不变应万变。他们不想因为对付我而失去对市场的控制，于是不再理我，转而继续抬高价格，但控制放股的速度。

后来他们看到其他股票都疯狂地屡创新高，几百万的梦想就膨胀成了几十亿。啊，当婆罗洲锡业涨到120点时，我把那一万股全扔回给了他们。这阻碍了涨势，集团管理者们也放缓了拉抬价格的进程。在接下来的大反弹中，他们再次努力创造活跃的市场，并成功处理了一大批，但操作所花费的代价也挺高。最终他们让它冲上了150点，但牛市的繁荣期已过，所以价位保持不住，所以集团被迫随着价格一路下跌出货给那些喜欢在大幅回档后买进的人。这些人错误地认为，曾经冲上150点的股票降到130点时是很便宜的，而降到120点就是捡了大便宜。集团先放内幕给场内交易员，因为场内交易群总能为股票制造短期市场，然后又放消息给证券公司们。他们把各种技巧都派上了用场，每放出一点消息都有帮助。但问题是，拉抬股价的时机已经过去，而愚蠢的股民们已经吞下了其他的诱饵。婆罗洲锡业的这帮人却看不到或不愿看到这一问题。

当时我正在棕榈海滩和妻子一起度假。一天，我在格利得里公司赚了点钱，回家后从中拿了500块给她。说来也巧，就在那天晚宴上，她遇到了婆罗洲锡业的总裁，叫威森斯坦，股票集团的管理者之一。过了一段时间，我们才知道，这个威森斯坦之所以在晚宴上坐在我妻子旁边，是经过刻意安排的。

他对她表现得非常殷勤，谈笑风生，最后悄悄告诉她："利文斯顿夫人，我将做一件从未做过的事。我很高兴这么做，因为您将清楚这件事意义非凡。"他顿了顿，热切地望着我的妻子，以确定这是个明智的女人，能明白他的话的重要意义，而且确定她足够谨慎不会把他的话随便透露出去。他把一切都写在脸上了，她一眼就明白了，然后她只是说："嗯。"

"好的，利文斯顿夫人，非常高兴能认识您和您先生。我非常希望能和两位做个朋友，所以我想用我的内幕来证明自己的诚意。不用说您也知道，我要告诉您的话绝对只告诉过您一个人！"然后他压低了嗓门，"买婆罗洲锡业，一定能大赚。"

"真的吗？"她问。

他说："就在离开酒店之前，我刚收到几封电报，上面的消息至少几天后才会公开。我自己也打算趁机尽量多买。如果明天开盘你们就买，就会和我同时、以同样的价格买进了。我向你保证，婆罗洲锡业绝对会涨！我只告诉你一个人，绝对只有你一个人！"

她谢过他，但说自己对股票投机一无所知。他向她保证说，知道这个内幕就够了，别的什么都不用懂。为了确保她没有听错，他又说了一遍："您只要尽量多买婆罗洲锡业就行了。我向您保证，只要你买，就绝不会亏一分钱。我这辈子从来没有因为仰慕别人而让别人买过任何股票，无论男人女人，但您不同。我确定它不涨到200点是不会停的，所以我想让您也赚点。您知道，我也不可能买光所有的股票，所以我愿意把这个赚钱的机会分享给您，而不是别的陌生人。我十分乐意这么做！我私下告诉您，因为我知道您不会说出去的。记住我的话，利文斯顿夫人，买进婆罗洲锡业！"

他的话里满含着真诚，成功地打动了她。她开始觉得我那天下午给她的 500 块终于能派上大用场了。我动动手指就能赚 500 美元，而她也不缺这 500 块家用。换句话说，她很容易就会拿这笔钱去冒险然后输掉，如果运气不好的话。但他说过，她一定能赚。如果能凭自己的能力赚到钱，然后给我一个惊喜，那一定很棒。

于是，第二天上午还没开盘，她就去了哈丁公司对经理说："哈利先生，我想买股票，但不想记入我常用的账户，因为在赚到钱之前，我不希望我先生知道。你能帮我安排吗？"

经理哈利说："哦，好的。我们可以给你开一个特殊账户，你想买哪支，买多少呢？"

她把那 500 美元交给他，对他说："请听着，我想最多亏完这些就不玩了。如果这笔钱亏光了，我不想多欠你们什么。记住，我不想让利文斯顿先生知道。用这笔钱帮我买婆罗洲锡业，尽量多买，一开盘就买。"

哈利接过钱，说他绝不会告诉任何人的，一开盘就帮她买了 100 股。我想她是在 108 点买进的。这支股票当天很活跃，收盘时涨了 3 个点。她对自己获得的利润欣喜若狂，高兴到足以按捺住激动的心情没有告诉我。

碰巧我对大市场越来越不看好。婆罗洲锡业的反常动作引起了我的注意。我认为任何股票都不该涨的，婆罗洲这样的就更不该涨了。就在当天，我决定开始放空了，一开始就做空了一万股。如果我没有操作，它那天就会涨 5-6 个点而不是 3 个点了。

第二天开盘，我又放空了 2000 股，收盘前又放空了 2000 股，股价跌到 102 点。

第三天上午，经理哈利正在哈丁兄弟公司棕榈海滩的分部等我太太。如果我在操作的话，她通常会在 11 点前后溜达到那里去看看情况。

哈利把她拉到一旁说："利文斯顿太太，如果你要我帮你继续持有那 100 股婆罗洲，你就得再多交些保证金。"

"可我手头只有那么多。"她说。

"我可以把股票转到你常用的账户上。"他说。

她反对说："不行，那样我先生就会知道了。"

"可你的特殊账户上已经出现了亏损……"他说。

"可我明确地告诉过你，我不希望亏损超过 500 块，我连那 500 块也不想亏掉。"她说。

"我明白，利文斯顿太太，可我不能没征得你的同意就抛出。但是现在，除非你授权我继续持有，否则我就得立刻清掉了。"

"可我买的那天它表现很好啊，"她说，"我不相信这么快它就变成这样了，你信吗？"

"不，我也不信。"哈利说。在证券公司工作，人们说话都得圆滑一点。

"哈利先生，它到底出了什么问题？"

哈利知道实情，但他不能说，不然就把我出卖了，而他们必须严守客户的交易情况。所以他说："我也没从任何途径听说过什么特别的消息。反正它就是跌了！越走越低！"他指着报价板说。

她扫了一眼下跌的股票，大哭道："啊，哈利先生！我不想亏掉那 500 块！我该怎么办啊？"

"我也不知道，利文斯顿太太，但如果我是你，我就会去问问利文斯顿先生。"

"啊，不行！他不想让我自己炒股。他告诉过我：如果我想买就告诉他，他会帮我买的。我以前从没瞒着他炒过，我不敢告诉他。"

"没事的，"哈利安慰她说，"他是个高明的交易商，他知道该怎么做。"看到她使劲摇头，他恶狠狠地补了一句："不然你就再拿一两千块出来保住你的婆罗洲！"

她当时就骑虎难下了。她在大厅里走来走去，但随着价格越来越低，越来越低，她便跑到我身边，说想和我谈谈。我当时正坐在报价板前盯价格。我们走进了我的专用办公室，她把整件事和盘托出。我只是对她说："傻丫头，不要再插手这笔交易了。"

她保证不再插手，于是我又给了她500，她开心地走了。那时它的市价恰好是票面价的100块。

一切都明白了。威森斯坦是个狡猾的家伙，他以为她会把他的话转告给我，我就会去研究这支股票了。他知道我青睐活跃股，而且素来以大手笔交易著称，我猜他一定觉得我会买进一两万股呢。

我听说过很多精妙计划和巧妙传达的内幕，这是其中之一，但没有奏效。它必须失败。首先，我老婆那天得到了500块横财，所以比平时更有冒险精神。她想靠自己的能力赚钱，女人的天性难以抵抗这种诱惑。她知道我从不看好外行做股票，所以不敢和我说这事。威森斯坦并没猜对她的心思。

他对我的交易风格也完全猜错了。我从不听信内幕，而我那时正看跌后市。他以为这支股票的活跃和3个点的涨势应该真能诱我买进，结果反而使我选择它作为做空整个市场的开始。

听她说完后，我更加急切地放空婆罗洲了。从早上开盘后到下午收盘前，我一直都在规律地放空一些让他们吸进，后来到利润可观时，我便抓住机会平仓套现了。

我一直认为，靠内幕交易是愚蠢的极致。我从不听信任何内幕。我有时甚至觉得，那些靠内幕交易的人就像醉鬼一样。他们无法抗拒对狂欢的热望，认为只有狂欢才能幸福。所以他们会张开耳朵收集小道消息。被人明确告知该买卖哪支股票，就是幸福；他们会欣然接受并遵循，而其幸福的程度如此之高，仅次于"向内心最深的渴望长足迈进一步"时的那种幸福。这不是贪婪的人被渴望蒙蔽了眼睛，而是不愿做思考的懒人被希望捆住了手脚。

喜欢内幕的人不仅限于外行大众，纽交所里场内的专业交易员中也不乏这样的人。我十分清楚他们很多人对我有误会，因为我从不传消息。假如我告诉一个普通交易员："放空5000股钢材！"他就会立刻照办。但

187

如果我告诉他，我看跌整个市场，然后详细解释原因，他就会听得不耐烦。我说完后，他还会瞪我一眼，怪我浪费了他的时间，怪我只是表达了对大环境的看法，而没有像华尔街上那些好人一样给他直接明确的消息。那些好人在华尔街很常见，他们喜欢给朋友、熟人甚至完全不认识的陌生人一些内幕，让他们百万百万地赚。

过度沉溺于希望，导致人们总愿意相信奇迹。有些人会定期陷入希望的狂欢。长期沉溺于希望的人，和长期沉醉于酒精的醉鬼无异，因为他们都是典型的乐观主义者。他们都会听信内幕。

我有个熟人是纽交所的会员，他和很多人一样，认为我是个自私、冷酷的混蛋，因为我从不向别人透露消息，也不带着朋友一起赚钱。多年前的一天，一个记者和他聊天时随口说：据可靠消息，GOH 股票会涨。我这位券商朋友立刻就买进了 1000 股，然后眼瞅着它一路快跌，他瞬间下单止损结果还是亏了 3500 美元。一两天后，他遇到了那个记者，怒气还没消。

"你给我的消息真他妈烂！"他抱怨道。

"什么消息？"记者问，他没记得给过他什么消息。

"GOH 的内幕啊，你当时说'据可靠消息'。"

"我的确说过。公司的一个股东告诉我的，他是财务部的。"

"是哪个混蛋？"券商愤愤地问。

"如果你一定要知道，"记者回答说，"他就是你的岳父，韦斯特莱克先生。"

"见鬼，你怎么不早告诉我是他！"券商嚷道，"你让我亏了 3500 块！"他不相信家人提供的消息，消息来源越远，才越值得相信。

老韦斯特莱克是个银行家兼公司创办人，成功且富有。一天他碰到约翰·盖茨，盖茨问他有什么消息。老韦斯特莱克没好气地说："如果你按我的消息操作就有，否则我就不浪费口水了。"

"我当然会根据消息操作。"盖茨笑嘻嘻地保证。

"放空瑞丁的股票！保证会有 25 个点的利润，可能更多，但 25 个点是绝对的！"韦斯特莱克坚定地说。

"非常感谢。"以"跟你玩一百万"著称的盖茨热情地和韦斯特莱克握手后，朝证券公司自己的办公室走去。

韦斯特莱克专做瑞丁公司，对公司了如指掌，而且和内线有联系，所以股票走势对他来说一目了然，人人都知道这一点。他现在建议这位西部大空头卖空瑞丁公司。

不过，瑞丁持续上涨，几周就涨了100多点。一天，老韦斯特莱克在街上碰到盖茨，他装做没看见而是继续向前走。盖茨追上他，笑容满面地把手伸过去，老韦斯特莱克怔怔地和他握手。

"我要感谢你给我瑞丁的内幕。"盖茨说。

韦斯特莱克皱着眉头说："我没给过你消息。"

"你当然给过，而且是个不错的消息，让我赚了6万块。"

"赚了6万块？"

"当然！你不记得了？你让我放空瑞丁，所以我就吸进了！逆着你的消息交易，我总能赚钱，韦斯特莱克，"盖茨高兴地说，"总能！"

老韦斯特莱克看了这个率直的西部人一会儿，然后钦佩地说："盖茨，如果我有你这脑子，我得赚多少钱啊！"

一天，我遇到了著名漫画家 W.A. 罗杰斯[1] 先生。券商们都很喜欢他以股市为题材的漫画。他的作品每天都刊登在《纽约先驱报》上，多年来给成千上万的人带来了欢乐。他给我讲过一个故事，发生在美国与西班牙开战之前。有天晚上，他在一个券商朋友家里坐了一会，离开时，他从衣帽架上拿起自己的圆礼帽，至少他认为那是自己的帽子，因为它和自己那顶长得一模一样，而且戴起来挺合适的。

那时整个华尔街都在思考和谈论对西班牙作战的问题。会打起来吗？如果打起来，股票就会跌；不仅国内的股民会抛出，更大的压力来自持有我们的股票的欧洲股民。如果不打，就一定要买进，因为经过媒体对

---

[1] W. A. Rogers，缩写为 WAR，和 war（战争）同形。

战争的大肆渲染，股价已经跌得很低了。罗杰斯告诉我事情的原委是这样的：

"前一天晚上，我在券商朋友家里聊天。第二天早上，他站在交易所里，焦虑地做着思想斗争，不知道该做空还是做多。他对两方面再三权衡，还是无法分辨哪些是谣传，哪些是事实。没有可靠的消息引导他。他一会认为战争不可避免，一会又觉得不可能交战。纠结的内心一定让他身体发热了，因为他摘下礼帽，擦了擦发热的前额，始终无法确定是该做多还是做空。

"他碰巧朝帽子里看了一眼，上面用金线绣着 WAR 三个字母。这正是他需要的启示。'这难道是上帝通过帽子传递给我的消息吗？'于是他放空了大宗股票。后来果然宣战了，他在暴跌中回补空头，来了一记绝杀。"W.A. 罗杰斯用一句话结束了他的故事，"我一直没有要回我那顶帽子！"

我听过的众多内幕故事中，最经典的一个，是关于纽交所里最著名的操盘手之一 J.T. 胡德的。一天，另一个场内交易员波特·沃克告诉他，说自己帮了大西洋南方铁路公司的董事长一个大忙。为了报答他，这位内线让他全力买进大西洋南方铁路的股票。公司董事会计划采取措施把股价抬高 25 点以上。只有部分股东参与了此事，但大部分其他股东也必将赞成。

沃克确定公司会提高股息率，所以把消息告诉了他的朋友胡德，然后俩人各买了几千股。他们买进之前和之后，股票持续疲软，但胡德说这显然是内线集团吸进前的洗盘，而内线的首脑正是对波特感恩戴德的那位朋友。

第二个周四收盘后，公司召开董事会，否定了分红方案。周五早上开盘后的前六分钟内它就跌 6 个点。

波特·沃克恼羞成怒，去找那个欠他人情的董事长。后者对此也很难过，非常后悔。他说不记得说过让沃克买进了，所以忘了打电话告诉他董事会的主导派改变了计划。充满悔意的董事长急着想弥补自己的过失，所以又给了波特另一条内幕。他善良地解释道，自己判断错了，他的几个同事想

190

低价吃进股票，所以大力打压了股价，而为了赢得他们的选票，他只得退让。但是现在，他们正全力吃进，股价必定会涨。现在买进绝对保险。

波特不仅原谅了他，还热烈地握住了大金融家的手。自然，他马上又去找他的患难兄弟胡德，分享这个令人高兴的消息。他们准备大赚一笔。当初听说它会涨，他们买进了，而现在股票跌了15个点了，这就好办了，他们以联名账户买进了5000股。

他们一买进，它就应声而落，跌势表明显然是内线在出仓。两个专家一打听，还真是内线在出货，所以挺高兴没继续持仓。胡德抛光了他们那5000股后，沃克对他说："如果那个白纸一样的白痴前天没去佛罗里达，我一定会扯出他的肠子！是的，我会的。你跟我来。"

"去哪儿？"胡德问。

"去电报室。我要给那只臭鼬发封电报，叫他一辈子都忘不了。跟我来。"

胡德跟着波特去了电报室。波特的情绪被那5000股上的重大亏损攥住了，挥就了一篇骂人的杰作，读给胡德听，读完后说："这差不多就是我要骂的话了。"

他正要把电报递给在一边等候的电报员，胡德说："等等，波特！"

"怎么了？"

"我看咱们还是别发了。"胡德诚恳地建议道。

"为什么？"波特厉声说。

"这会让他暴跳如雷。"

"这不正是我们希望的吗？"波特惊讶地看着胡德。

可胡德不以为然地摇摇头，十分严肃地说："如果你发了这封电报，他就再也不给咱俩内幕了！"

一个专业的场内交易员，竟然说出这种话！对于听信内幕的蠢蛋们，我们还能说什么呢？人们听信内幕，不是因为他们太蠢，而是像我说的那样，他们喜欢沉溺于希望的酒精之中。

老罗斯柴尔德男爵赢钱的秘诀尤其适用于投机。有人问他：在证交所赚钱不是很难吗？他回答说恰恰相反，他认为非常容易。

"那是因为你有钱。"问话的人说。

"才不是呢。我找到了捷径，并坚持走它，所以不想赚钱都难。如果你想知道，我可以告诉你我的秘诀，它就是：我从不抄底，且见好就收。"

投资商和投机商不是一个物种。大多数人喜欢研究公司的存货清单、收入数据和各类数字资料，好像这些就是确定无疑的事实，人的因素通常被最小化，很少有人会看人持股。但我认识的最高明的投资者却不这样。他是一个德裔宾州人，在华尔街栖身，堪比罗素·塞奇。

他善于做调查，永远在不知疲倦地调查中。他只相信自己的研究，只相信自己的眼睛，从不需要别人的眼镜。几年前，他似乎持有艾奇逊公司的不少股票，但很快就开始听说关于该公司及其经营状况的利空消息。据说，公司总裁雷哈特先生根本不是大家传说中的奇才，实际上只是个年轻的管理者，挥霍无度又轻率鲁莽，所以公司一片混乱，总有一天会倒大霉的。

这个德裔宾州人一辈子就是干这个的。他立刻赶往波士顿去见雷哈特，问了他几个问题。宾州人先复述了人们对雷哈特的指责，然后问这个艾奇逊—托皮卡—圣菲铁路公司的总裁那些指责是不是真的。①

雷哈特先生不仅断然否认了这些指控，还说可以用数据证明其完全是一些骗子对他的恶意中伤。德裔宾州人想要更确切的信息，总裁就将数据一一奉上，让他充分了解公司的经营和财务状况，细致到一分一厘。

德裔宾州人谢过雷哈特总裁，一回到纽约就马上卖掉了艾奇逊的所有持股。大约一周后，他用闲置资金买进了一大批德拉华—拉克万纳—西部铁路公司的股票。多年后，我们在一起聊一些幸运的换持事件时，他就举了自己的例子。他是这样解释原因的：

"你瞧，我发现雷哈特总裁写数字时，会从一个红木圆角柜的抽屉中抽出几张信纸，那是高级的重磅亚麻纸，抬头上还有精美的双色浮雕，很贵，

---

① 每支股票后面都有一家公司，搞清楚公司状况，了解它在干什么。——彼得·林奇

完全没必要地贵。他会在纸上写下一组数字，告诉我公司某个分部的精确收入，以及他们是如何缩减开支和减少运营成本的，然后就把这张昂贵的信纸揉成一团，扔进纸篓里。很快，他又想给我讲讲公司正在推行的一些财务制度，于是就又拿出一张这种精美的纸，这种印着双色浮雕抬头的纸，写下几个数字，又砰的一声扔进纸篓里了。想都不想就又扔了不少钱。这件事让我想到，如果总裁是这样的人，一定没有节俭的员工，也不会奖励员工的节俭行为。所以我决定不信他那套，而是相信人们告诉我的信息：公司的管理层铺张浪费。于是我卖掉了手上所有的艾奇逊股票。[1]

"几天后，我碰巧有机会去了德拉华－拉克万纳－西部铁路公司。老山姆·史隆是公司总裁，他的办公室离大门最近，而且办公室的门常常是开着的。不管谁走进公司，都能看到总裁坐在办公桌前。任何人都可以走进去和他聊工作，如果你有工作可聊。当其他股东着急用钱来申请资金时，和他说话完全不用拐弯抹角，只需直截了当地问能不能批准，山姆·史隆总会直接说行或不行，不管其他股东在股市上多么着急用钱。这些股东常跟我谈论他的高效。

"进门时，我看到老头正忙。我一开始还以为他在拆信，走进去靠近办公桌才看清他在做什么。我后来听说这是他的日常习惯。每天信件分类并打开后，他都会把空信封收集起来拿到办公室，而不是扔掉。闲下来的时候，他就把信封拆平，这样就有两张背面空白的纸了。他会把这些纸摞起来，分发到各处，代替草稿纸使用，就像雷哈特用精美浮雕抬头的信纸写数字时一个用途。空信封没有浪费，也有效利用了总裁的空闲时间，物尽其用。

"这件事让我想到，如果这家公司有这样的总裁，各个部门都应该比较节俭。总裁就是保证！当然，我还知道这家公司资产雄厚，股息稳定，所以我全力买进了德拉华－拉克万纳－西部铁路公司的股票。那之后，我的股本翻了一番又一番，我的年红利和原始资本一样多。我现在还持有

---

[1] 只有得到对企业的定性调查结果的支持，量化的指标才是有用的。　——格雷厄姆

它的股票。而艾奇逊—托皮卡—圣菲铁路公司后来则破产清算，换了主人，就在几个月前，其总裁还把带有双色浮雕信头的亚麻信纸一张张地扔进纸篓，用数字向我证明公司并没有浪费。"①

这则故事的动人之处在于，这不是他编出来的故事，而这个德裔宾州人持有的其他股票都不如他在德拉华—拉克万纳—西部铁路上的投资成功。

---

① 如果我挑选的是一家保险公司或纸业公司，我会把自己置于想象之中，想象我刚刚接管了这家公司，并且它是我们家永远拥有的唯一财产。 ——巴菲特

第十七章
行情第六感：我们知晓的，比我们能说出的多得多①

① 一流的金融课也只能把你培养成一个二流人才。——彼得·林奇

　　我有个好友有个爱好，很喜欢和别人讲我的行情直觉。他总说我有这种神奇的力量，不输给任何高明的分析技术。他说我只需闭上眼睛跟随这种神秘的感觉，就能在最恰当的时间点平仓。他最喜欢讲一个段子，说一次他请我吃早餐，一只黑猫在餐桌上叫我抛空所有持股，我听到这只猫咪的内幕后，马上心情不好，坐立不安，直到卖空才恢复正常。后来我发现，实际上确实都成交在了最高价，这当然就强化了这位固执的朋友的直觉理论。

　　有段时间我去了华盛顿，想说服几个国会议员，过度征税并不明智，所以也没怎么关注市场。我平仓的决定是临时做出的，所以朋友才会想入非非。

　　我承认自己有时会有某些不可遏制的冲动，觉得一定要平仓，和做多还是做空无关。我必须离场，不然就不舒服。我认为，这是因为我看到了很多预警的信号，告诉我必须立刻那么做，虽然可能没有一个信号明确而有力地给我一个确切的理由。这大概就是别人说的第六感吧。上一代的老股票商们常说，詹姆斯·基恩就有强烈的第六感，基恩的前辈们也都有。通常我承认，这种警示不但有效，而且时间点也很准。但那次就并没什么预感，和黑猫也没什么关系。朋友告诉大家说，那天我起床后心情不好；我想如果真是那样，也只是因为失望，我没能说服国会议员。华尔街上税赋很重，国会对金融税的看法和我正相反，我不是想逃税或者想让股票交易免税，我只是想以一个有经验的股票作手的身份，提议一种既公道又智慧的税收。我不希望政府用他们所谓的公道税收杀了金鹅，它本来可以生更多金蛋的。这次游说失败让我很不爽，而且让我对重税之下的整个行业感到前途悲观。现在，我说说整件事的来龙去脉。

牛市伊始，我十分看好钢材和铜货。看多这两类，所以我开始吃进。一开始我买了5千股犹他铜，发现走势不对就停手了，它的动作方式让我觉得继续买进是不明智的。我记得当时市价约为114点。同时我也在以同一价格吃进美国钢材，因为它表现正常，所以第一天我就买了2万股，判断依据就是前面说过的最小阻力方向。

钢材表现持续利好，所以我加码吃进，最后总共持有7.2万股。但我的犹他铜还是一开始的那5千股。它走势不对，我也不敢多买。

大家还记得当时的情况吧，正是强劲的多头市场。我知道行情会涨，大环境利好。虽然价格已经大幅上涨，我的账面利润也不可小觑，但行情仍然像在大叫：还不是时候！还不是时候！到了华盛顿后，报价器还在向我说这件事。这时已是牛市尾声了，虽然我仍然看涨，但不打算继续加仓。同时，市场稳稳地按我的预料在走，所以我没必要整天坐在报价板前，时刻等待离场的信息。除非发生完全不可抗拒的灾难，否则在撤退的号角吹响之前，市场走势一定会先出现迟疑，或以其他方式通知我，为行情逆转做好准备。所以我才能全力以赴地去游说国会议员而无后顾之忧。

价格持续上涨，但这也说明牛市的结束日益逼近。我可不知道牛市会在哪天结束，我没这种能力，决定不了。但不用说你也知道，我一直在留意离场的信号。无论如何，我一向如此，这已经成了我的一种职业习惯。

我记不太清了，但我确实怀疑过牛市已经到了终点，就在我平仓之前的那一天。看到价格这么高，我想到了持股的巨额账面利润，后来我又想到自己劝说立法者公道明智地对待华尔街却碰了钉子……也许平仓的种子就在那时那样埋在了我的心里。整个晚上，我的潜意识都在加工这些信息。

一大早我就想到了市场，开始担心那天的走势会如何。当我走进交易大厅，没太注意股价又涨了，利润更让人满意了，而是看到了市场强大的吸货能力。在这样的市场中，我可以抛出任何数量的股票都有人接盘。当然，一个人满仓时，就必须寻找适当的机会把账面利润套现。经验告诉我，一个人总能找到套现的机会，而机会往往出现在市场走势的尾声。这并非来自读盘能力或者直觉，而是经验。

我发现，那天早上的市场可以轻松吸光我的持股，所以我抛得很轻松。清仓时，抛出 50 股并不比抛出 5 万股更勇敢，或更智慧。但抛 50 股，在最呆滞的市场里都没问题，但要抛 5 万股，那就完全不同了，你得考虑是否会压低价格。我持有 7.2 万股美国钢材，也许看起来不算太多，但一旦市场上多出这么多股票，总会让可观的账面利润遭受一些损失，而计算这样的损失，就像看到银行的户头缩水了一样让人心痛。

我总共有 150 万美元的账面利润，并在最合适的时间点套现了。我边卖边觉得自己的决定是对的，倒不是因为我选对了最佳的时间点，在出清之前我并不知道它是最佳时机。市场证明我是对的，这对我来说是极大的满足。

事情就是这样的。当天是那次牛市的最高点，而我成功出清 7.2 万股钢材时，均价只比当天最高价低 1 个点。这证明我操作正确，时机恰到十分。但我在同一天的同一个小时抛出那 5 千股犹他铜时，它却跌了 5 个点。请记住，我是同时买进这两支股的，明智地把钢材从 2 千股增加到了 7.2 万股，也同样明智地没有增持犹他铜，始终保持在最初的那 5 千股。我之前没有平仓犹他铜，因为我看好铜货，况且当时还是牛市，我认为在犹他铜上，即使不能大赚，至少不会太亏。都做对了，但确实和预感无关。

股票交易商的成长过程就像接受医科教育一样。一个医生必须花很多年学习解剖学、生理学、药学和其他几十个旁系学科。他先学会理论，然后以毕生精力去实践。他对各种病理现象进行观察和分类，学会诊断。如果他观察精确，对病情的预测准确，那才算诊断得对。当然，他还要时刻牢记，是人就会犯错，而且诸事难料，没有一个医生可以百分之百一击即中。这样，他就慢慢有了经历，不仅知道如何诊断正确，而且迅速。很多人会认为他靠的是本能，但这绝对不是自动行为，他之所以能迅速诊断对症，依靠的是多年来对同类病例的观察。诊断之后，他也能用正确的方法进行治疗，经历教会了他一切。知识（你收集的可以记在卡片上并编码存档的案例和事实），是可以传播的，但你无法传播经历。一个人可以有知识，知道自己该怎么做，但仍会赔钱，因为他没有足够的经历，所以下手就会慢。

一个交易商要成功，只能依靠观察、经历、记忆和数学能力。只观察准确还不够，他还要一直记得自己的观察结果。无论人们多么喜欢无根无据的推论，或多么确信意料之外的好事会经常发生，他也绝对不能把赌注押在毫无根据或意料之外的好事上。他必须在可能性上下注，也就是说，必须预测事情的发展。多年的游戏实践、持续的钻研和不断积累的记忆，让交易商能瞬间做出反应，无论发生的事情在意料之外还是意料之中。

如果没有经历和对经历的记忆，即使眼光再准，数学能力再强，也必然会在投机中失败。所以，医生要跟上科学的脚步，同理，英明的商人从来不会停止研究总体环境，以跟上世界的发展，而这些发展不知道会以什么形式在什么时候影响各板块的市场走势。在这行打拼多年后，一个人就会养成耳聪目明的习惯。他的操作几乎都是自动的。这样他就有了专业人士应有的态度，而这件无价之宝能让他时不时地就赢一把！这就是专业和业余（或偶尔）选手之间的不同，这种差别就是天上地下的差别。我还发现，我的数学能力和记忆力对我帮助很大。要在华尔街赚钱，就必须具备数学基础，我的意思是说，华尔街靠数字和事实来运转。

而当我说交易商必须时时耳聪目明，而且必须用纯专业的态度对待各板块市场和动态时，我只是想再次强调，成功的交易和预感（或神秘的第六感之类）没有太大关系。当然，老手常能迅速操作，以至于根本没有时间说清所有理由。但是，说不出的理由却往往是充分的好理由，因为它们建立在事实的基础之上，而这些事实是他从职业视角通过多年的实践、思考和观察积累起来的。如果一个专业人士是一个石磨盘，那么，他看到的一切就都是粮食。让我细说一下，什么叫专业态度。

我一直关注期货市场，这是多年的习惯了。你知道的，那年的政府报告暗示：冬小麦的产量基本和去年持平，春小麦的产量则将高于 1921 年。今年春小麦的形势比往年好，而且可能比往年提前收割。当我看到作物的数据，我看到的是粮食产量的可能数字，我也同时联想到了煤矿和铁路工人的罢工。我想到这些是不由自主的，因为我总会考虑影响市场的所有社会情况。我突然想到，正在如火如荼进行的罢工影响了各地的货物运输，所以给冬小麦带来了不利的影响，价格一直处于高位。

我接着想下去：罢工引起的交通瘫痪，大大延迟了冬小麦的市场运输，而等形势好转，春小麦的运输就已经开始了。也就是说，当铁路的运输能力基本恢复时，会同时运来延迟的冬小麦和提前收割的春小麦，大量小麦就会同时流进市场。这就是案例的事实。在这种明显的可能性下，一个专业交易商，如果他和我的看法一致，很长时间都不会做多小麦，直到小麦价格跌到一定地步，买进小麦才能成为好的投资选择。到时供大于求，价格自然就会跌了。既然这样想，我就得验证自己的判断是否正确，正如老帕特·赫恩常说的："你不赌就永远不知道自己是对是错。"既然看空，就应该做空，没必要浪费时间。

经历教会我：商品市场的动向，是期货商的最佳向导，必须遵从。它之于期货商，就像病人的体温、脉搏、舌苔和眼球的颜色之于医生一样。

今天，你可以买或卖 100 万包小麦，带来的价格波动不会超过 $\frac{1}{4}$ 美分。而当时可不一样，当我抛出 25 万包小麦测试时机时，价格跌了 $\frac{1}{4}$ 美分。市场的反应并没有明确给出我想要的答案，我又抛出了 25 万包。我发现卖盘是被零散吸入的，也就是说，是分批以 1 万~1.5 万包吃进的，而正常情况下两三笔就应该吸光了。如此零星的吸入后，价格又跌了 $\frac{1}{4}$ 美分。我想就不必浪费时间多做解释了：市场吸货这么散，这么慢，而且一卖出就跌这么多，这就等于告诉我说，市场没有购买力。既然如此，该干什么呢？

当然是接着抛，大宗抛。跟着经验走，偶尔也会犯错；但如果不跟着经验走，就一定会犯错。于是我抛出了200万包小麦，价格又跌了一些。几天后，市场的走向让我不得不又加码抛了200万包，价格降得更厉害了。又过了几天，小麦开始暴跌，每包跌了6美分，而且根本停不下来。价格一路跌下去，只有偶尔的反弹。

你看，我没有遵从什么预感，也没人给我内幕。对待商品市场，我有习惯性的专业态度，这种态度是我多年做这行培养起来的，正是这种态度给我带来了利润。[①] 我要研究市场，因为这行干的就是买和卖。当报价器显示我判断正确时，我的任务就是增加交易量，所以我就接着干。这行就这么简单。

我发现在游戏中，经验能带来稳定的利润，而观察则会提供最靠谱的内幕。有时你只需要一支个股的行为就够了。你观察它，经验会告诉你，这支股票不正常，可能如何如何。比如，通常我们知道，并非所有股票都同频起伏，但一个板块会一起涨跌。这是最简单的常识，这是不言自明的内幕，证券公司相当清楚，所以会告知任何不明此理的客户。我是说，他们会建议客户购买一个板块中相对落后的股票。所以，如果美国钢材涨了，那就可以合理推断，克鲁克贝尔、合众国和伯利恒钢材迟早会涨。同一板块的贸易环境和前景应该相似，一荣俱荣。理论上说，每支股票都会有出头之日，这被无数次经历证实。股民们会买甲钢材，因为乙钢材和丙钢材已经涨了，而它还没涨。

即使是牛市，我也不会贸然买进哪支股票，如果板块表现不太对劲。好多次，我在确定无疑的牛市买了一支股，但发现同板块中的其他股票并没有表现出涨势，我就会清空。为什么？经历告诉我，背离我所说的"板块走势"这一明显道理进行操作是不明智的。我不可能等坐实了才操作，我必须预测各种可能性，根据可能性进行操作。什么叫可能性？一次一个老券商对我说："如果我沿着铁轨走时看见一辆火车以60英里的时速奔

---

① 对待价格波动的正确态度是所有成功股票投资的试金石。 ——格雷厄姆

过来，我还会继续走吗？朋友，我会闪到一边，而我根本不必为这一行为夸赞自己的明智和谨慎。"这就是可能性。

去年，整体牛市正如火如荼的时候，我发现一支股票没有和板块一起涨。除了它，整个板块都在和大盘同步上涨。我当时持有大宗黑森林汽车的多头，大家都知道这家公司的生意做得很大。它每天都涨1~3个点，所以越来越多的人开始买。这自然把大家的注意力集中到了汽车板块上，所有的汽车股都在涨。但有一支始终没涨，那就是切斯特汽车。它没跟着其他股一起涨，这很快就引起了大家的议论。它的低价、淡定，和黑森林等汽车股的强劲、活跃形成了鲜明的反差。大家认为，它一定会在不久的将来和板块中的其他股票一样上涨，所以自然听信了吹牛的、内线的及自作聪明的人的建议，开始买进。

结果，切斯特不但没有因为股民的适量吃进上涨，反而跌了。考虑到同板块的黑森林（牛市中的领涨股之一），再考虑到汽车的高需求量及创纪录的产量，要在这种牛市推高切斯特根本就不是事。

显然，切斯特的内线集团并没有做任何内线集团在牛市中该做的事情。他们不干正事，原因可能有两个。第一，也许他们想先低吸存货然后再抬高股价。但如果你分析一下切斯特的交易量和交易特点，就会发现这个说法根本不成立。第二个可能的原因就是，他们害怕持股，买倒是容易，就怕卖不出去。

最应该吃进它的人们都不买进，那我为什么要买呢？我认为，无论其他汽车股多么兴旺，我都要做空切斯特。经验告诉我：要小心那支拒绝和板块中的领涨股步调一致的股票。

要猜到这个事实一点都不难：内线不但没有补仓，反而在出仓。[①]还有一些其他明显警示在明确传达信息：千万不能买进，但我只需知道它和市场走势不一致这一个依据就够了。行情记录再次给了我内幕，这就是我卖空切斯特股票的原因。

---

① 当公司内部人士开始买进自家股票，就是确定的利好。——彼得·林奇

不久后的一天，它几乎跌破了。后来我们听官方说，内线完全清楚公司状况不好，所以果然一直在卖出持股。当然像其他的马后炮一样，原因照例是在股价跌破后才出来。但是，警示是在下跌前早就出现过的。我并不太在意跌势，而是留意警示。当时我并不知道切斯特会出什么问题，也没有什么预感，我只知道它一定有什么地方不对劲。

我们前两天还看到圭亚那金矿的暴跌，报纸把它叫做"万万没想到的跌势"。这支股票在申购时约50点，在证交所挂牌上市时以35点开市，一上来就跌个没完，最后跌破了20点。

我现在不认为这种跌势是"万万没想到"的，因为它完全正中预期。如果你打听过，就应该了解这家公司的历史。很多人都知道。我听到的情况是这样的：有一个财团，成员是一家大银行和六个超级有名的资本家，其中之一是贝尔岛投资公司的董事长，该投资公司给圭亚那公司注资了一千多万现金，购买了圭亚那金矿公司100万总股中的25万股及其他债券。

这些股份是分红用的，不流通，而且这事被大肆宣传。但贝尔岛公司觉得还是把股票放在市场上好，就给银行打电话，让银行找专业机构承销股票（酬劳是36点以上所有利润的三分之一），而银行立刻开始安排流通这25万股和他们自己手上的那些持股。我听说承销协议已经拟好、准备签字时，最后关头，银行觉得这笔费用很高，不如自己来赚，所以决定亲自操作。于是他们组织了一个内部机构，要贝尔岛公司以36点的价位将那25万股转让给他们，但到后来商量到了41点。也就是说，内部集团首先得付给自己的金融伙伴5个点的利润。我不知道他们是否清楚这一点。

显然，对银行来说，要操作这支股票一点都不难。市场已经进入牛市，圭亚那金矿所在的板块更是市场的领涨板块。公司利润丰厚，定期分红，再加上投资人的大名们，大家普遍认为圭亚那金矿股基本上包赚不赔。我听说股价一直涨到47点，共售出约40万股。

黄金板块走势强劲，但圭亚那股很快就开始跌，跌了10个点。如果是内线在操作，这个跌势不算什么。但很快华尔街上就传开了，说公司情况总体上并不乐观，本来投资者对公司期望很高，但它让他们失望了。这样，下跌的原因自然就明白了。

但在原因明了之前，我就得到了警示，并操作过几步，试探它的反应。其表现和切斯特汽车股如出一辙。我一抛它就跌，再抛就更跌。它重复着切斯特公司的表现，我还清楚地记得其他十几种同样的股票的临床表现。行情记录器明明白白地显示，其中必有问题：内线没有买进。而在牛市不买进自己的股票，他们必然有充分的理由。但毫不知情的外部人员还在买进，因为它曾涨到45点以上，现在才35点，所以看上去很诱人。而且公司仍然在不断分红，简直就是捡了个大便宜。

接着，消息传来，传到我的耳朵里。像很多重要的市场消息一样，我常会在大家之前知道。但是消息坐实了一个报道，这家公司开采出的都是废石而不是富矿，这让我明白了为什么之前内线一直在出仓。我可不是因为这个消息才做空的，而是因为我早就根据股票的表现做出了抛出的操作。我不是哲学家，所以不问因果，我是个交易商，所以只寻找一种迹象：内线买进。这支股票没有。为什么内线不看好自己的股票，没有在低价位买进？"为什么"并不重要。他们没打算操作市场抬高股价，知道这一点就够了。这就是卖空最充分的理由。股市吸纳了将近50万股，在人们之间流转，完成股票所有权的转移，但只是从一心想抛出止损的一群无知外线手里，转到一心想捡便宜获利的另一群无知外线手里。

大众买进了圭亚那公司的股票，所以亏了；我做空了，所以赚了。但我告诉你这些，可不是要说明什么大道理，我只是想强调研究板块表现的重要性，但大大小小的交易商都在忽略这个教训。它不仅会在股市起作用，在期货市场上也同样会吹响警号。

我在做棉花交易时经历过一件有趣的事。当时我看跌股票，半仓做空；同时我也做空了5万包棉花期货。股票利润可观，我却忽视了棉花，一转身就发现那5万包棉花亏了25万美元。我说过，我在股票游戏里乐在其中，而且做得不错，所以我不想分神多想别的。所以一想到我的棉花，我就对自己说："等到价格回落我就平仓。"价格的确回踩过，但我还没来得及平仓认赔，价格又弹回去了，而且涨得比以前还高。所以我决定再等一等，又把精力集中到股票上去了。最后，我出清了股票，一大笔利润落袋，然后我就去了温泉城度假，休息一下。

这时我才第一次有精力，一心处理棉花亏损的问题。有好几次看上去我都要赢了，但这笔交易我确实赔了。我发现，每当有人大宗抛出，价格回踩一点后很快就会反弹得厉害，不仅弹得快，而且会创新高。

在温泉城刚住了几天，我就亏足 100 万，而且价格丝毫没有停涨的迹象。我认真思考了一下，自己都干了些什么不该干的，没干哪些早就该干的，最后我告诉自己："我一定错了！"对我来说，发现自己犯错和立刻决定退出，这是一道程序。所以我平仓了，亏了 100 多万。

第二天早上，我就专心打起了高尔夫球。我做过棉花了，而且做错了，我也付出了相应的代价，收据还在兜里呢。如今我也不做棉花了，当时对棉花市场就更没什么兴趣了。回酒店吃午饭的路上，我顺便到大堂里的证券公司看了看报价板。我发现棉花跌了 50 点。这倒没什么，但我还注意到，棉花价格已经不像几周来一直的表现：卖压一缓就大力反弹。它之前的表现说明，最小阻力线是上扬的，而我对此视而不见所以交出了 100 万的学费。但现在，那种迅猛的反弹不复存在，使我平仓止损的理由已不够充分。所以我做空了 1 万包，开始观望，价格很快又跌了 50 点。我又观察了一段时间，没有反弹。

这时我感觉很饿，所以走进餐厅点了午餐。还没等服务员上菜，我就突然跳了起来，奔向公司，看到价格依然低迷，所以又做空了 1 万包。等了一会，我高兴地看到价格又跌了 40 点。这表示我的操作是正确的，所以我返回餐厅，吃了我的午餐，然后又回到了公司。棉花当天一直没有反弹，就在那晚，我离开了温泉城。

打高尔夫的确让人开心，但我做错了棉花，做空和平仓的时候都做错了。所以我必须回到工作，必须回到可以安心交易的地方。抛出第一笔 1

万包棉花后的市场反应，让我又抛了第二笔1万包，而市场对第二笔棉花的吸货方式，让我确信事情有了转机。市场的动作变了。

我到了华盛顿，直接去了我的券商那里，它是我的老朋友塔克开的。我在那里待了一会，价格又跌了一些。这让我更加确信，我这次操作对了。于是我又抛出了4万包，价格跌了75点，这表明根本没有支撑力量。当天收盘时，棉花价格更低了，显然市场上没有多头撑盘。至于撑盘的多头什么时候再次出现，谁也不知道。我对自己明智的仓位感到胸有成竹。第二天一早，我从华盛顿出发开车回纽约。我不用着急。

开车路过费城，我去了一家公司，发现棉花市场一片狼藉，价格暴跌，还引起了一场小恐慌。我赶不及回纽约了，于是立刻给我的经纪人打了长途电话，叫他帮我平仓空头。一听到成交价位我就发现，这笔利润实际上已经弥补了我之前的亏损。我一路马不停蹄地开回纽约，途中没有再看行情。

时至今日，当年和我一起泡温泉的朋友们还会聊当天的情形，我是怎么从就餐椅子上一下子跳起来跑去做空第二笔1万包棉花的。但这显然也不是预感，它只是一种冲动。虽然我先前犯了严重的错误，但当时的我十分确信做空棉花的机会已经来到，我必须好好利用，这是我的机会。可能我的潜意识一直在运行，自动为我得出了结论。在华盛顿卖出的决定，是我观察的结果。多年的交易经历告诉我，棉花的最小阻力方向已经从上涨变成了下跌。

我没有因为亏损100万而怨恨棉花市场，也没有因为自己犯了那种错误而自怨自艾，更没有因为在费城平仓空头所以弥补了亏损而沾沾自喜。我的头脑只懂交易，所以只关心交易中会犯的错误。我认为我可以公道地说，我之所以可以弥补最初的亏损，靠的是我的经历和记忆。

第十八章
交易商的勇气，就是有信心按照既定策略坚持交易[1]

---

[1] 股市要求坚定的信心，没有信心会毁了自己。　——彼得·林奇

在华尔街，历史总在不断重演。还记得我讲过，斯瑞顿垄断玉米时，我是如何回补空头的故事吧？啊，我在股市上又干了一回同样的事，用的是同样的手法。这支股票是热带商业。它一直很活跃，喜欢冒险的证券商们都青睐它，我做多和放空它都赚过钱。报纸一再指责内线集团的操纵，说他们一味地摇晃股价，而不支持长期持有。一天，我认识的最能干的一个券商说，热带商业公司总裁穆立根一伙的策略非常完美，一次次地从整个市场中吸金，这一点连伊利湖的丹尼尔·德鲁或原糖市场的哈弗梅耶都应自叹不如。他们多次鼓励大家做空它，然后干净利索地轧空。空头们都麻木了，就像看到压水机一样习以为常，再无仇恨或恐惧。

当然，也有人说热带商业股在交易史上发生过丑闻。但我敢说，批评者大概都被榨过。但是，既然场内的专业交易员经常遭遇内线集团的压榨，为什么还继续坚持这个会输的游戏呢？啊，首先，他们喜欢活跃的股票，热带商业就很活跃。这支股票不会长期横盘，不用问为什么，也没人回答。大家不用浪费时间，耐心等待暴涨或暴跌。市场上总有足够的股票让你买个够或卖个够，除非空头太多，内线全部吃进准备轧空洗盘。它总是在暴涨或暴跌，你每分钟都死去活来一次！

有次，我正像往年一样在佛罗里达过寒假，钓鱼钓得很开心，除了收到报纸时，我完全不考虑市场。一天早上，半周一送的报纸来了，我看了看价格，发现热带商业是 155 块。我记得上次看到时是 140 多块。我认为熊市将到，所以正等待时机放空，但又不能太着急，所以我才放下市场来钓鱼。我知道，真正的时机一到，我就会回去，但在时机成熟之前，不管我做什么或不做什么，都无法加速熊市的到来。

那天早上收到的报纸上说：热带商业动作很大，是市场上最耀眼的明星。这使我对大盘看跌的预期落到了实处，我认为，大盘这么软，内线还要拉抬它，实在愚蠢得可以。榨取利润也得分时候。交易商最看不惯非正常的因素，在我看来，哄抬这支股票简直蠢到姥姥家去了。在股票市场，任何人犯这么严重的错误都要付出代价。

溜完报纸后，我继续钓鱼，但我一直在想热带商业公司的内线集团到底想做什么。他们注定会失败，绝对会摔得粉碎，就像一个人不用降落伞从 20 层的楼顶跳下来一样。我无法再做别的事情，所以最后放弃钓鱼，发了一封电报给我的券商，以市价放空 2 千股，然后我才继续钓鱼。我收获颇丰。

那天下午，我收到了加密电报回复的消息。我的券商说在 153 块的价位放空了我那 2 千股。到现在为止还不错。我在熊市放空了，做得还不错。我开始思考如何才能让这支股票随着大势下跌而不是被内线集团架着上涨。这时我意识到，我钓不下鱼去了，我离报价板太远了。所以，我离开钓鱼营地，回到棕榈海滩，那里有直通纽约的电报线。

一回到棕榈海滩，我就看到误入歧途的内线集团仍在撑盘，于是我又放空了 2 千股让他们吃进。交易报告回来了，显示我放空了 2 千股。市场表现不错，也就是说，在我的卖压下价格又跌了。一切都让人满意，我出去玩了一趟旋转木马，但我高兴不起来。我越想就越觉得自己没有放够，所以不高兴。所以我回到公司，又放空了 2 千股。

我老是觉得不舒服，只在卖出时才感到安心，所以很快我就持空了 1 万股。然后我决定回纽约，现在有活干了，钓鱼可以另择他日。

一到纽约，我就重点详细调查了这家公司的业务现状和前景。我了解的情况增强了我的信念，无论大盘的基调还是公司的收入都证明，他们的拉抬举动不只是轻率而已。

它的涨势既不合情理也不合时宜，却引起了部分股民的跟风买进，这无疑在鼓励愚蠢的内线继续撑到底，所以我继续加码放空。内线最终悬崖勒马，而我则按自己的交易方法继续试探市场，到最后总共放空了3万股，此时价格已经跌到了133点。

曾有人警告我说，热带商业的内线知道每张股权证在华尔街的确切下落，他们精确地知道短线们的交易量和具体身份，还知道很多具有战略意义的其他情况。他们既精明又能干。总之，和他们作对是很危险的。但事实就是事实，最强大的盟友只有基本环境。

当然，随着价格从153点跌到133点，放空的人越来越多。而在低位买进的股民还是持原来的态度：它在153点以上时很抢手，现在跌了20点，那就更划算了。同样的股票、同样的股息率、同样的管理人员、同样的业务……真是捡了个大便宜啊！

股民的买进使可买股票减少了，内线知道很多场内交易员都在放空，认为轧空的时机到了。所以股价被哄抬到了150点。我敢说，一定有很多人回补空头，但我还是继续持仓。为什么不呢？内线集团可能知道还有一笔3万股的空头没有回补，但我没必要害怕。使我在153点时开始放空，并随着它跌到133点一路放空的原因仍然有效，而且更加强烈。内线集团大概想逼我回补，可他们没有给出有力的理由。公司的业务状况对我很有利，我完全不必感到害怕或失去耐心。投机商必须对自己和自己的判断有点信心。已故的纽约棉花交易所前总裁、《投机艺术》的作者迪克森·瓦茨曾经说过：投机商的勇气就在于有信心按照自己的决定行动。对我来说，只有在我被证明错了之后才会认为自己错了，所以我不怕犯错。实际上，我必须充分依靠自己的经验获利，只有这样我才会觉得舒服。一定时间段的价格走向不能决定我是对了还是错了，只有涨跌的大走势才有资格评判我的仓位是对是错。我就是知道，只有一种可能：获胜。如果我失败了，也一定是我没有按照经验进行操作。

从133点到150点的涨势中，没有任何特征能吓到我，令我回补。不出所料，它很快又开始跌。内线集团还没来得及撑盘，它已经跌破了140点。他们买进的同时，恰巧有大量利多的传闻涌出。我们听说该公司赚了巨额利润，这些收入让他们提高了股息利率。据说市场上的空仓量很大，而该公司的一个无所不能、神通广大的操盘手，将用"百年一遇的轧空"惩罚广大的空头，无人能够幸免。他们把价格拉抬10个点期间，我听到了各种各样的传闻，根本就说不完。

他们的控盘丝毫没有威胁到我。但在股价反弹到149点时，我觉得不能再让华尔街把四处流传的利多谣言当真了。当然，我或任何一个不起眼的外线都不可能有足够的号召力，说服空头的交易商和券商不必惊慌失措，他们就是轻信谣言并按谣言交易的人。只有报价器印出来的事实才是最有力的反击。股民们会愿意相信报价器的，而不愿相信任何活人的规劝，哪怕你赌上身家性命，更别说一个持着3万空股的空头的话。所以我采用了斯瑞顿轧空玉米时我对付他的那套手法，当时我放空燕麦，让交易商们对玉米看跌。又是经验和记忆。

内线集团企图通过哄抬股价造成空头们的恐慌，但我并没有用继续放空的方式制止价格的上涨。我已经持着3万股的空头了，这占流通股的很大比例，我觉得这个比例相当明智。股价的第二次反弹，就像张开的一个大大的陷阱，急切地邀请我自投罗网，但我不会蠢到自愿把头伸进圈套里去。热带商业的股价反弹到149点时，我放空了1万多股赤道商业公司的股票，这家公司是热带商业公司的大股东。

赤道商业股不像热带商业那么活跃，在我的卖压下如期大跌，我当然达到了自己的目的。那些曾经听信热带商业的暧昧的多头谣言的股民们看到，热带商业股上涨的同时赤道商业却遭到了大力卖空，股价大跌，自然得出结论：热带商业的强劲只是放出来的烟幕弹，只是炒作出来的涨势，很明显是在掩护热带商业的大股东赤道商业的内部出脱。一定是赤道商业公司内部在出清持股，因为没有外人会在热带商业走势如此强劲的时候放空这么多东家公司的股票。大家开始放空热带商业，它不再上涨。内线集团不希望承接所有抢着卖出的股票，这很正常。内线一停止撑盘，热带商业就开始跌。场内交易员和几家大券商也开始放空赤道商业，我回补了赤道商业的空头，小赚了一笔。我之前放空它可不是为了赚钱，只是为了阻断热带商业股的涨势。

热带商业公司的内线和勤劳的宣传部一次又一次地在华尔街上散布各种利多消息，企图把股价拉回来。他们一这么干，我就放空它，而价格一回落，我就趁着大家跟风放空时回补空头，甚至转而持多。如此一来，我就把内线的控盘游戏搞乱了。最后，热带商业股跌到了 125 点，大量股民放空，空头仓位太大了，所以内线把股价拉抬了 20~25 点。这是他们轧空的好机会。虽然预测到会有 20~25 点的反弹，但我没有提前回补空头，因为我不想失去自己的仓位。赤道商业还没来得及和热带商业一起上涨，我又放空了大宗赤道商业。结果和之前一样。这样一来，我就戳破了热带商业大幅涨势中传得沸沸扬扬的利多消息。

这时，整个市场已经变得非常疲软。我之前说过，我确信熊市已经到来，所以才在佛罗里达的钓鱼营地开始放空热带商业股。我也放空了很多其他股票，但最喜欢热带商业。最后，大势让内部集团不堪重负，热带商业开始直线下滑，多年来第一次跌破 120 点，然后是 110 点，然后跌破面值。但我仍然没有回补。一天，整个市场极其疲软，热带商业悲惨地跌破了 90 点，我回补了。原因还是原来那个！机会来了——市场够大、行情够软、空头远超多头。我可以说（虽然这么说可能有点对自己的聪明才智自吹自擂的嫌疑），我几乎全部平仓在了底仓价。但我其实并没有想过要抄底，我只想在尽量不损害账面利润的前提下套现。

我知道自己的仓位是对的，所以能在整个过程中按兵不动。我不会抗拒市场的趋势或逆大环境而行，恰恰相反。所以我才能确信不自量力的内线注定会输。他们所做的，早有人做过，且无一例外地失败了。我和大家一样知道价格逆动其实很正常，但我总能不为所动。我知道，以不变应万变才会笑到最后，远比回补并在高价再次放空要好得多。我总能坚持自己看准的仓位，并以此赚了一百多万。这并不是靠预感、高明的读盘能力或愚蠢的勇敢做到的，也不是靠聪明才智或贪婪的动力，而是靠我对自己判断的信念。我知道自己是对的，所以定力就是力量，而力量不必害怕谎言。即使那些谎言是报价器印在纸上的，也很快就会被戳破。

一年后，热带商业股再次被抬到 150 点，并连续高挂了好几周。整个市场已经持续上涨了好一阵子，所以不应再接着拱牛，理应回档。我测试过市场，所以我知道。那时，热带商业公司的经营状况也不好，即使大盘看涨，我也看不出任何能抬升它的价格的因素，何况那时大盘全无上涨迹象。所以我开始放空热带商业，打算共做 1 万股。我一卖，价格应声而跌，看不到任何支撑力。然后一天，不知怎么的，突然出现了大宗买进。

而我在第一时间就发现了这股买进，我向你保证。我这么说，可不是想说明自己是个奇才。我只是突然想到，热带商业的内线集团从不认为撑盘是一种道德责任，现在面临大盘下跌了，他们却开始买进，其中必有蹊跷。他们不是无知的笨蛋也不是派钱的好人，更不是想通过抬高股价在场外推销股票的投行。股价在我和其他空头的卖压下却涨了。我在 153 点回补了那 1 万股，价格涨到 156 点时，我实际上已经开始转手做多，因为报价器说明最小阻力方向是上扬的。我对大盘看跌，但我面对的是特定股票的交易状况，我要遵循的也不是宽泛的证券理论。价格一路飙到 200 多点，当年轰动一时。报导都说我被榨了八九百万，这对我来说可真算种恭维。事实上，我并没有持空，而是随着涨势一直在做多。实际上，我反而因为持股时间太长损失了一小部分账面利润。你想知道为什么吗？因为我认为，内线会做他们分内的事，如果我是他们，就一定会那么做。但我不该替他们考虑这事，因为我的任务是交易，只应考虑自己眼前的事实，而不是对别人该做什么指指点点。

第十九章
华尔街是个造神的地方，一代代股神起起落落

不知道从什么时候起，是哪位老兄第一个把证交所里大手笔买卖有价证券的正常交易行为叫做"控盘"的了。先洗盘然后低价吃货是控盘的一种，但和一般意义上的控盘不同。这种控盘虽然难免被认为不正当，但不至于不合法。怎么才能在不抬高股价的前提下在牛市中大笔吃进呢？这是个大问题。怎么解决呢？取决于很多因素，没有公式，你最多只能说："也许可以通过巧妙的控盘。""请举个例子，怎样才算巧妙的控盘呢？""啊，这得看具体情况。"你只能点到为止，说到这儿也就说不下去了。

我仔细研究自己交易的各个阶段的每个细节。除了从自己的经历中学习经验之外，我当然也会从别人那里吸取教训。今天，仍然有很多交易逸事在下午收盘后流传于证券公司，但已经很难再教会人们如何控盘了，因为今天和昨天不同。过去的那些花招、方法和手段，大都已经过时、作废，或变得非法、不可行了。证交所的规则和情况已与往日不同，丹尼尔·德鲁、雅各布·利特尔或杰·古尔德在50~70年前的交易故事，即使再详尽，也没多大参考价值，不值得一听了。今天要控盘一支股票，不必在意前辈们的事迹和做法了，毕竟，西点军校的学生不必学习古人的箭术以增加自己的弹道学知识。

但另一方面，研究人性总能让人受益匪浅[1]：人类会多么容易轻信自

---

[1] 数学不能控制金融市场，心理因素才是关键。更确切地说，只有掌握住大众的本能才能控制市场。

——索罗斯

己愿意相信的事情？人类为何总是允许自己（其实是鼓励自己）受贪欲和愚蠢的左右并付出昂贵的代价？今天的投机商和从前并无二致，仍然充满恐惧和希望，所以对投机商心理的研究仍然像以前一样珍贵。武器变了，但策略没变，而纽约的证券交易所何尝不是一个战场？我觉得托马斯·伍德洛克的话一语中的："投机成功的基础原则是：人们将来会和他们过去一样犯相同的错误。"

繁荣时期，进场的人最多。此时完全不需要精明的操作，所以讨论如何控盘或操纵股票，就是浪费时间，毫无意义，就像企图弄明白同时落在对街屋顶上的雨滴有什么不同一样。傻瓜总想不劳而获，而市场的繁荣总能轻易激发贪欲作祟的赌博天性。想不劳而获的人，注定要付出学费，以得到"天上不会掉馅饼"的课程。以前，我听到老辈人的交易和策略时，常常觉得 19 世纪六七十年代的人更容易上当受骗，但我也总能隔三岔五地在报纸上看到对最新的骗局报道，哪个投机行又破产了，哪些傻瓜又损失了几百万等等。

我初到纽约时，大家在热烈议论冲销交易和对敲，证交所明文禁止这些行为。有时，冲销设计得如此粗糙，结果谁都没骗到。每当有人对某支股票做自我交易时，证券商一眼就能识破并给你建议：自我交易太活跃。我在前面也说过投机行常用的所谓"赶市"，也就是让一支股票急跌两三个点，把投机行中小手笔多头们洗掉。至于对敲，由于各券商的操作很难统一协调，所以使用这一方法总会有些疑虑。这些都违反证交所的规定。几年前，一位著名操盘手在做对敲，他取消了委托单中的卖单，却忘了取消买单，结果在毫不知情的情况下几分钟就把股价抬高了大概 25 点。但他的买盘一停，又只能眼瞅着它以相同的速度迅速下跌。他本来想制造交易活跃的假象，却被如此不可靠的武器带来了灾难。你瞧，即使是业务水平最高的操盘手，也不能完全信任，因为他们做的是股票。虚假交易是明令禁止的，而且，现在的交易税也比以前贵多了。

"控盘"在字典上的定义中，包括垄断①。垄断可能是人为控盘的结果，也可能是貌似有人控盘，可能真是大家竞相吸进的结果。举例来说，1901年5月9日的北太平洋股票上的所谓"垄断"案，实际上根本就没人控盘。砷钙矿期货上的垄断案，所涉人员都付出了沉重的代价，包括金钱和名声上的双重损失。但是，它根本就不是有意进行的垄断。

实际上，大规模的垄断操作中，很少有真能获益的策划者。科莫多·范德比尔特两次垄断哈莱姆股票，均以惨败告终。但他也从空头短线们、狡诈的国会议员们和企图欺骗他的市议员们那里赚到了应得的几百万。另外，杰·古尔德在西北铁路股票的垄断控盘中大赔，迪肯·怀特在拉卡瓦纳股票的垄断控盘中赚了一百万，而詹姆斯·基恩在汉尼拔·圣乔伊股票案中损失了一百万。什么样的垄断才算成功呢？当然要把股价炒高，但卖出时收益必须得大，这样才算。

我以前常常会想，为什么半个世纪以前的那些大作手会如此喜欢垄断市场。他们能干、警觉、见多识广，不会像孩子一样轻信同行们都是善茬，却出人意料地总是被蛰。

一个老券商告诉我说：六七十年代的所有大操盘手们都有一个梦想，就是垄断一次市场。很多人是出于虚荣心，其他人则是为了复仇。总之，如果有人被大家指出，说他成功垄断过这支或那支股票，那就是大家对他的智慧、胆量和财富的认可，他就有了骄傲的资本，可以尽情享受同行的赞美。而这些赞美则是他通过自己的双手获得的，是应得的。是虚荣心在这些冷酷的操盘手心中作祟，使他们进行那些丧心病狂的垄断操作，他们并不只为赚钱。

那时，狗很容易就会吃狗，而且享受美妙的滋味。我之前应该说过，我多次成功逃脱被轧空的命运，不是因为我拥有神秘的第六感，而是因为我的经验，我总能大概知道从什么时候开始，买盘的力量好像不太对劲了，

---

① 垄断（corner）是股票市场中的一种操作手段，主力选择一支股票，大批吸进，造成这支股票在市场上的真空状态，然后再放出风声，使股价节节升高，水到渠成即可大获其利。

所以做空是不明智的。要做到这一点，我需要对市场做测试，这种试探是一种常识性的操作方式，老一辈的交易商们一定也用过。老丹尼尔·德鲁曾多次引诱小辈们卖空伊利湖丝绸的合约给自己，并让他们付出惨重的代价，而他自己却被伊利湖的科莫多·范德比尔特轧空。当老德鲁请求他手下留情时，科莫多只是冷酷地引述大空头德鲁自己的不朽名言："卖出不属于自己的东西，或者自食恶果或者锒铛入狱。"

能被华尔街两代人崇拜的大操盘手并不多，而德鲁不一样。他之所以名声不朽，可能主要是因为他创造了"掺水股票①"这个词。

爱迪生·杰罗姆被公认为1863年春天的公共市场之王。据说，有了他的内幕消息，利润就像已经存进银行户头一样妥妥的。总之，他是个了不起的交易商，赚了几百万。他慷慨大方，挥金如土，在股市有大量拥趸，直到外号"沉默的威廉"的亨利·吉普通过垄断老南方股票把他洗劫一空。顺便提一下，吉普是纽约州长罗斯威尔·弗劳尔的妹夫。

以前，大部分的垄断操作，主要就是靠不让别人知道你在垄断股票，但又通过各种方法引诱大家做空，所以其猎物主要是同行的专业人士，而不是股民，因为一般股民不太那么愿意做空。而这么多年，曾经让高明的场内交易员们上钩的原因现在并没有变。科莫多在垄断哈莱姆股票时，被轧空的人们进套的主要原因，是听到政治家们丧失信心的讲话。而我还从别处读到了故事的另一个侧面，那就是，那些专业人士之所以卖空哈莱姆，乃是因为价格太高了。而他们之所以认为它太高了，乃是因为它从来没有这么高过。因为太高所以不能买，所以正确的方法就是卖。这个逻辑听起来是不是跟现在一样？大家都考虑价格，而科莫多考虑的则是价值。所以，很多年之后，那些老辈人还经常用"他做空了哈莱姆"来形容一个人穷到家了。

多年前，我碰巧和杰·古尔德的一个老券商聊天。他的真诚让我相信，古尔德先生不仅仅是个人物（老丹尼尔·德鲁就心有余悸地评价他说："他

---

① 掺水股票，指股票面值总额大于公司的实际资本总额，所以是有水分的。

碰谁谁死！"），而且他比股票史上所有的操盘手都高一头。他的那些战绩说明，他无疑是个金融奇才，毋庸置疑。我能明白，他适应新环境的本能大得惊人，这一能力对股商来说相当宝贵。相比股票投机，他更注重实物买卖，所以能面不改色心不跳地随意改变攻防方式。他炒作价格，要的是长期投资，而不是靠股价涨跌赚点小钱。他早就看出，持有铁路股票才能赚大钱，而不是在证交所场内炒作铁路股票。

他当然也利用股市，但我想，那是因为股票是最快、最容易致富的方法，而他需要几百万的启动资金，才能持有股票。他总是缺钱，就像老柯利斯·汉丁顿总是缺钱一样，银行愿意贷给汉丁顿的钱总比他需要的少两三千万。有远见却没钱，意味着头疼；有远见又有钱，就意味着成功；成功会带来力量，力量就是金钱，金钱又造就成功……如此反复，永无止境。

当然，控盘并不是当年那些大人物的专利，还有几十个小作手也干过。我记得一个老券商给我讲过一件往事，发生在 60 年代初，他说：

"我对华尔街最早的记忆是我第一次来金融区。父亲要来这儿办点公事，不知为什么，也带我一起来了。我们是从百老汇大街转入华尔街的。当我们沿着华尔街往回走到和百老汇、纳索街的交叉路口时，就是现在信孚银行大楼那儿，我看到一群人跟着两个人。第一个人正在向东走，装出一副无所谓的样子，后面跟着的那个则气得满脸通红，一只手疯狂地挥舞着帽子，另一只则攥着拳头猛击空气，叫得比乐队还响：'吝啬鬼！吝啬！借点钱就这么难吗？你简直就是个吝啬鬼！'我看到很多脑袋从窗户里探出来。那些年还没有摩天大楼，我确定二三楼的人都在探头看。父亲问这是怎么回事，有人回答了，但我没听清。我正忙着紧抓父亲的手，免得被人群挤散了。街上的人越来越多——看热闹的人总那么多——我有点不舒服。人们从北边的纳索街、南边的百老汇大街跑过来，从华尔街的两端跑过来，眼睛睁得大大的。我们终于挤出了人群，父亲告诉我那个喊吝啬鬼的人是某某某，但我不记得了，不过我记得他是全纽约最大的操盘手之一，替内线集团做事。我记得好像，在整个华尔街，他盈利和亏损的数额仅次于小雅各布。
我仍然记得小雅各布这个名字，因为我觉得一个大男人叫这么个名挺
逗的。那个被叫成吝啬鬼的人经常把持资金，所以声名狼藉。我也不
记得他叫什么了，但记得他又高又瘦、脸色苍白。那时，内线集团经
常通过向证交所借钱来减少证交所可以外借的钱，锁住资金。或者更
确切地说，他们不是真借钱，而是借了而不用，只拿着保付支票不放手。
这当然算操纵市场，我觉得是控盘的一种方式。"我同意老券商的观点，
但这种操纵方式今天已经看不到了。①

当年那些伟大的作手，华尔街至今还在传说他们的丰功伟绩，但我无
缘和他们交谈。我指的是操盘手，不是金融领袖。那些作手们独领风骚之时，
我还没进股市呢。当然，我初到纽约时，最伟大的作手詹姆斯·基恩正如
日中天，但那时我只是个小伙，一心只想在正规证券公司复制我在家乡投
机行里的辉煌。而且，那时基恩正忙着操作美国钢材（他控盘生涯中的杰
作），而我完全没有控盘经验，甚至不知道这种东西，对其意义或价值更
是一窍不通，所以也不太需要了解它。如果我曾经考虑过控盘，我想当时
也一定是把它当做某种伪装巧妙的高级骗术，而投机行曾用来对付我的那
些手段就是这种骗术的低级形式。从那时起我就听到过很多关于控盘的讨
论，但大多是猜测和假设，没有细致和理智的细究。

很多基恩的熟人都告诉我说，他是华尔街有史以来最勇敢、最厉害
的操盘手。这可真是了不起的荣誉，因为华尔街还是出过很多大作手的。
他们的名字人们大多都已忘记，但他们都曾经辉煌过，都曾经为王，哪
怕只有一天！报价器曾让他们从默默无闻到名满金融界，但报价器打印
出来的价格记录条的力量不够强大，无法让他们持续成功，名垂青史。
总之，基恩绝对是他那个时代最厉害的作手，而且，那是个持久又激动
人心的时代。

---

① 当规则被参加者习以为常后，游戏的规则就会随之发生变化。但人性没变，从这个角度可以说，规
则从来没有变过。 ——彼得·林奇

他有知识、经验和卓越的才能，曾经为哈弗梅耶兄弟提供操盘服务，为原糖创造市场出货。基恩当时破产了，否则他不会受雇于人的。他可是个有尊严的投机家！他成功地控盘了原糖，把它变成了抢手的热门货，哈弗梅耶兄弟出仓起来就很容易了。之后，很多内线集团多次邀请他去操盘。我听说在这些内线操作中，他从不索取或接受劳务费，而是像其他内线成员一样分成。基恩当然独自操作股票，所以常会传出双方互相指责对方背信弃义的闲话，他和惠特尼·瑞恩集团的宿怨就是这么来的。作手很容易被同伴误解，同伴们可不像他那样清楚该怎么做。这点我感同身受。

很遗憾，基恩没有详细记录他在1901年春天是如何控盘美国钢材的，那次成功是他一生的杰作。据我了解，摩根先生没和基恩见面聊过这件事，摩根公司是通过塔伯特·泰勒公司和基恩交涉的，塔伯特·泰勒是基恩的女婿，而基恩就以他的公司作为自己的大本营。基恩不仅在操作中得到了报酬，我还确定他也享受了其中的乐趣。他在那年春天炒热市场并赚了几百万，这个事迹至今仍到处传颂。他告诉我的一个朋友说，几周内他就在公开市场上为承销团出清了75万多股。想一下这两件事情，你就会明白他干得不赖：第一，这家公司的资本总额虽然超过了美国当时的国债总额，但这是支新股，谁也不知道它会如何；第二，在基恩炒热的这个市场里，诸如雷德、利兹、莫尔兄弟、亨利·菲普斯、弗里克等钢材巨头同时也来捡便宜，结果不枉此行，他们也向广大股民卖出了几十万股。

当然，大环境也对他有利。那时不仅是大牛市，而且是经济大繁荣，人们的精神极好，这种乐观精神大概再也不会出现了。所以，当时国民的心理气氛对他有利，再加上他无穷无尽的财力支撑，再加上他的天才操作，一切因素加起来，就铸造了他的丰碑。后来，市场无法消化过剩的证券，恐慌来临，1901年被基恩炒高到55点的普通钢材，到1903年就跌到了10点，1904年则跌到了$8\frac{7}{8}$点。

　　基恩当时是如何控盘的，我们无从分析。他没有写书，所以没有足够的详细信息供我们分析他的战役是如何打响的。否则，我们就可以了解他是如何控盘联合铜矿的，那肯定非常有意思。标准石油的罗杰斯和威廉·洛克菲勒都曾想在市场上脱手过剩的股票，都以失败告终，最后只得请基恩帮忙操作持股，基恩答应了。切记，罗杰斯可是华尔街那个时代最能干的商人之一，而威廉·洛克菲勒是整个标准石油集团中最勇敢的投机商。他们有威望，而且资金实际上是无穷无尽的，又在股市横行多年，身经百战，但还是得找基恩帮忙。我说这些，只是想说：有些工作只能由专家来做。这是支受到大力吹捧的股票，由美国最大的资本家们主办，但也不可能随意出手，除非在金钱和名望上受到双重损失。罗杰斯和洛克菲勒够聪明，所以才认定只有基恩能帮上忙。

　　基恩立刻开始操作，在牛市中，以票面价值上下卖出了22万股联合铜矿。他出清内线的持股后，股民仍在买进，价格又涨了10个点。当内线抛完后，看到散户那么迫切地买进，他们自己倒开始看多。据说，罗杰斯实际上建议基恩持股联合铜矿。说罗杰斯打算倒货给基恩是不太可信的，他不至于笨到相信基恩好欺负。基恩按他惯常的方式进行操作，即，先拉升股价，然后随着股价一路下跌大宗抛售。当然，他根据需要和价格上每天的细微变化选择战术操作。股票市场就像战场，最好牢记战略和战术的差别。

　　基恩的亲信之一，是我知道的最会空手套白狼的人。前几天他告诉我说，在联合铜矿的操作中，基恩好几次发现自己手上几乎没有持股了，也就是说，之前为拉抬股价买进的股票都清仓了；第二天他就会买回几千股。第三天他又全部卖出。然后他就会完全不动市场，观察市场如何自然反应，也让市场习惯这种波动。到了真正出清持股时，就会像我告诉你的那样，随着股价一路下跌抛售。股民总希望价格会反弹，当然，也总有人平仓空头。

　　此次操作中基恩有个助手，他告诉我说：基恩替罗杰斯和洛克菲勒卖出持股套现 2000 万~2500 万后，罗杰斯派人送来一张 20 万的支票。这让人联想到那位阔太太，在世界一家歌剧院丢了一串价值 10 万美元的珍珠项链，当一个女工捡到并送还给她的时候，她打赏了 50 美分。基恩把支票退了回去，并附了一张便条，礼貌地说他很高兴能帮上忙，但他不是廉价的佣工。他们收回支票，写信告诉基恩说期待和他再次联手。不久，罗杰斯告诉基恩消息，让他在 130 点的价位买进联合铜矿！

天才大作手，詹姆斯·基恩！他的私人秘书告诉我说，当市场对他有利，他就会变得暴躁。他的朋友们都说，他一暴躁就对别人冷嘲热讽，谁听了都忘不了。可他亏钱时脾气却会很好，彬彬有礼、和蔼可亲、言辞精辟、妙语连珠。

有很多心理素质和成功的投机商共生在一起，而他在这些心理素质方面则超级无敌。显然，他从不向大盘叫板，他无畏无惧却从不冒失，而且一旦发现自己错了，就能立刻转向。

基恩之后的时代，证交所的很多规则都改了，没改的那些规则也越来越严格，执行也很强硬。股票的买卖和利润都被套上了各种新的杂税，诸如此类，所以这个游戏似乎变得和以前不一样了。基恩巧妙地运用并大赚的那些手段，已经无法再用，而且可以肯定的是，华尔街上的专业精神已非往昔可比。不过，我可以说，基恩生在金融史上的任何一个时期，都算得上了不起。这么说一点都不为过，因为他确实是一位伟大的作手，对证券游戏了如指掌。他在 1876 年从加州第一次来到纽约，两年就赚了九百万。1901 年再次回到纽约，他也同样成功。1922 年，他本来也可以像前两次那样成功的。总有些人的步子比别人要大，注定要成为领袖，无论大众如何变化。

其实，说市场变了倒是真的，但并不像想象中那么剧烈。收益确实没有原来那么高了，因为这不再是市场初创时了，所以没有首创性的收益了。在某些方面，控盘比以前更容易；而在另一些方面，又比基恩的时代更困难了。

广告无疑是一种艺术,而控盘则是通过报价器进行传播的艺术。报价器应该显示作手希望股民读到的故事,越真实就越可信,越可信,广告就越成功。实在点儿说就是,今天的操盘手不仅要让股票看起来强劲,而且要让它真的强劲起来。所以,控盘得建立在稳健的交易原则的基础上。正是这一点,让基恩成了奇迹般的存在,他是完美交易商的鼻祖。

第二十章
操盘手控盘的细节：如何揉捏价格的涨跌造势

"控盘"这个词听起来有些丑陋，所以需要一个化名。为了大宗出货就需要控盘，只要操作中没有恶意的误导成分，我并不觉得其过程有什么见不得光的邪恶之处。① 毫无疑问，操盘手必须把投机商变成买主，会把矛头指向那些希望得到高回报的人，因为他们更愿意冒险。总有人想赚容易钱，他们也知道这种想法和做法很危险，但一亏损，还是会说被操盘手坑了。所以我一点也不同情他们。他们一赚钱就觉得自己很聪明，一亏钱就说别人是骗子，"有人在控盘！"他们说出这个词时，意思就是有人在搞鬼，但其实并非如此。

通常，控盘是为了激活市场，好在高价位大宗出货。大市场环境常会突然反转，发行商就会发现自己无法脱手，除非做出牺牲。但没人乐意牺牲，所以可能决定，雇一位拥有控盘经验和技术的专业人士，帮自己有序地退出，而不至于大举溃败。

你会发现，我说的不是那种为了低吸大宗股票而进行的控盘，比如为了控制某公司而买进并持股，因为这样的控盘现在比较少见。杰·古尔德曾想控股西部联合铁路，所以决定购进大宗股票。突然，多年未在证交所大厅露面的华盛顿·康纳，出现在了西部联合的交易处，并不断买进，好

---

① 金融市场不属于道德范畴，它有自己的游戏规则。我并不觉得炒作外币、投机有什么不道德。

——索罗斯

像认为古尔德想买西部联合，所以得趁早赶紧买。交易商无一例外地嘲笑康纳，觉得他竟然蠢到认为同行们都是傻子，会认同他这种幼稚的假设，所以高兴地卖出他想要买进的西部联合。这算控盘吗？我只能回答说："不算，也算！"

就像我说的，控盘的目的大多是以最高的价格倒货给股民。与其说是卖出，不如叫分散出货更精确。很显然，对一支股票来说，一千人持有比一个人持有要有利得多。所以，操盘手不仅要考虑如何高价出货，还必须考虑如何分到很多人手里。

如果你不能引诱股民承接，抬高价格就失去了意义。经验不足的操盘手总是设法在最高价出清，往往一败涂地，大智慧的老前辈就会告诉他说：牵马到河边很容易，强迫它喝水就难了。这才是奇才！实际上，你最好牢记控盘的一条规则，一条基恩和其他厉害的前辈们熟知的规则：把股价炒热，然后在跌势中散给大家。

让我再说细点。比如现在有支新股在纽交所如期上市，有个承销团、资金池或个人，想高价散出大宗股票。那么，最好的销路当然是公开市场，而最好的买主就是广大股民。又比如销售事宜由某人负责，但是他（公司的合伙人，或前合伙人）试过亲自在证交所发行，却宣告失败。他已经或很快就对股市有了充分的认识，发现自己经验尚浅、能力有限，无力成功操作。他就会从传说中和自己的耳朵中，寻找那些在类似操作中成功的人，下定决心求助于他们的专业技术。他找到其中一个专业人士，就像生病时去看医生，或者遇到工程技术难题时去找工程师一样。比如说他听说我精通股票，他就会全力调查我的资料，然后安排和我见面，并适时拜访我的办公室。

当然，可能我正好了解这个公司，知道其股票的价值。作手就靠这个吃饭，所以应该了解这些。来访者会告诉我他们想做什么，请我接下这笔交易。到我说话时，我会询问一切相关信息，以明确他们的目的到底是什么，然后确定要出清股票的总额，并评估成功操作的可能性。我会解读现在的大环境，再加上所有相关信息，我就能判断操作成功的可能性了。

如果评估完，我觉得还行，就会接下这个活儿，并当场开出我的条件。如果他接受我的条件（报酬之类）我就会马上准备动手操作。

我通常会要求得到大量的看涨期权①。我会坚持阶梯式的认购价位，这对双方都有利。认购价从略低于市价开始，逐渐上升。比如，现在市价为 40 点，而我会得到 10 万股的期权。我会在 35 点的价格要求几千股，以 37 点再要求一批，40 点再要求一批，然后是 45 点、50 点，一直到 75~80 点。

如果我的控盘业务结果很好，价格涨了，再假如它涨到了一定价位，市场对它的需求强劲，我就有了一个可以大宗出货的市场了，我当然会认购这些股票。这样我就赚钱了，我的客户也赚钱了。事情理应如此。如果他们买的是我的控盘技术，就理应获得价值。当然，发行商有时也会亏损，但比较少见，因为我只有确认的确有利可图时才会接受工作。今年，我倒霉了一两次，没赚到钱。当然有原因，但那是题外话，可能稍后我会细说。

要拉抬一支股票，第一步是让盘面显示，它将涨起来。听着很傻，对吧？但你仔细想想，并不像听起来那么傻，不是吗？你得宣传，才能把目的落实并扩大结果，而最好的宣传，莫过于让股票真的变得活跃而强劲。不管什么操作，最后都得落实在报价器上，它才是世界上最有力的宣传工具。我无须给客户印刷宣传资料，不必告诉日报社股票的价值，不必敦促财经评论员关注公司的前景，我也不需要粉丝。我只要炒热它就行，以达到所有理想的效果。交易热络时，人们就会想得到解释。对媒体来说，一支股票很热，自然就意味着它需要出现在自己的版面上。我无须插手，不用动一根手指头，解释就会自己出现的。这些解释对散货来说十分必要。

场内交易员只需要活跃的股票。只要一支股票流通自由，他们就会在任何价位操作它。一看到活跃股，他们就会交易上千股，他们的总容量相

---

① call，期权（option）的一种，看涨期权，合约持有者有权利而无义务以认购价从卖方买股票。call 和 put（看跌期权）相对。

当大。他们一般都是被控股票的第一批买进力量。他们会随着上涨一路买进，所以在整个操作中，他们都是最大的助力。我很理解基恩，他总能善加利用本性最活跃的场内交易员，一来是为了掩盖是谁在控盘，二来是因为他知道活跃的交易员最善于散布消息以扩大助力。他常以高于市价的价位口头给他们看涨期权，好让他们获利之前帮自己一把，而且他会兑现自己的诺言让他们赢得利润。而我让场内交易员纷纷跟进的方法，则只是把股票炒热。他们对股票没有别的要求，只要活跃就行。当然，你最好切记，场内交易员买进是为了卖出获利，不一定要赚很多，但一定要快。

因为上述原因，我会把股票炒热以引起场内交易员的注意。我买进卖出，他们都会跟着买进卖出。如果我有足够多的看涨期权，卖压力量就不会太大，所以我总坚持拥有大量看涨期权。所以，买压会高于卖压。股民跟随的领袖，通常是场内交易员而不是操盘手。股民进场成为买方，我则会卖出股票全力满足这种正中期待的需求。通常，这种需求的容量会超过我在控盘初期被迫吃进的数量，这样，我就不仅能出清股票。换言之，就是我能卖出比我实际要出清的股数更多的股票。我有足够的期权，所以放空也不危险。一旦股票饱和，广大股民的需求变弱，股价自然会停涨，然后我会停止操作，观望。

如果股票停涨，第二天就会疲软，然后回踩，或者眼贼的交易员可能看出我的股票已无买盘，于是他们会卖出，他们的粉丝股民也会跟着卖出。不管原因是什么，它开始跌。而我则开始买进，支撑它，让它看上去深受股民喜爱。而且更妙的是，我能在不吃进的前提下给它撑盘，也就是不需要增加持仓，而且这么做也不会损害我的账面。为什么呢？因为在高价位时，也就是交易员和股民的买进需求旺盛时，我攒了一些空仓，所以现在实际上只是在回补当时的空仓。我会让交易员和股民明白，总有人在股价下跌时买进。如果没有支撑力量股票就会变得越来越软，大家就会纷纷卖出，而我的这种操作既可以阻止交易员们鲁莽放空，也可以阻止恐慌的股民急着卖出。这种回补操作，我称其为"维稳工序"。

　　我是怎么攒空仓的呢？当初，随着市场扩大，我自然随着价格上涨一路在高价做空，但放空量不会太大免得影响涨势。这是在严格执行我的维稳工序。显然，我在稳定有序的涨势中攒的空头越多，此时就越能鼓励那些胆小的交易员，保守的交易员的数量远大于轻率的交易员，可以给疲软的股票更多的支撑力量。因为当初积攒的空头，我总能不花钱就支撑股票。我在拉高后放空，但常在同一价位回补，只是为了创造或增加我所谓的无风险买压。我的任务不仅仅是拉抬价格或替客户出清大宗股票，还要为自己赚钱。我从不要求委托方为我支付劳务费，我有认购权，我能得多少，完全取决于我的操作成功的程度。

　　当然，以上所说的方法也总有所变通，我从不坚守没有灵活性的系统。我会根据环境修订自己的条件，调整自己的仓位。

　　要分散出货，就要把股票炒到最高点，然后才能开始散。我一再强调这句话，是因为它不仅非常重要，而且股民显然相信，在最高点时，内线的仓位就已出清了。有时，当股票虚涨，就像在水里泡发了一样，它就会停止上涨。此时就该卖出了，你一卖，价格自然下跌，甚至会跌得超乎预期，但通常你都可以让它恢复。只要我控盘的股票价格随着我的买进上涨，我就能确定自己掌控得不错。如果需要，我还会用自己的私人账户买进，这么做不是因为我此时此地是个操盘手，而是因为我一直还是个交易商。我买进它，就像买进任何其他有同样表现的股票一样，信心十足，毫无畏惧，因为我确定这是最小阻力方向。还记得最小阻力方向的交易理论吧？啊，作为一个交易商，价格的最小阻力方向一确定，我就会朝那个方向操作。

　　当我的买盘不能促使价格上涨时，我就停止买进，开始卖出。即使没有控盘这支股票，我也会这么做的。你懂的，主要的操作手段就是随着下跌一路抛出。在下跌中能出清的股票数量，是十分惊人的。

　　我一再强调，在控盘过程中，我绝不会忘记自己的主要身份不是操盘手，而是交易商。毕竟，作为操盘手，我遇到的问题和作为交易商时是一样的。操盘手一旦无法随意揉捏股价，控盘就结束了。当你控盘的股票表现异常，应该马上停止控盘，不要跟行情叫板。不要企图挽回损失，趁还能退出赶紧退出，以最小的代价全身而退。

第二十一章
止赢和止损同样重要，成功时多走一步就会变成烈士

说得这么宽泛根本无法打动你，我完全理解你的烦恼。概论通常都无法让人太明白，也许举个例子效果就会好些。现在我给你讲个真事，我只用了7千股就把一支股抬高了30点，为它开拓了无可限量的市场。

它就是帝国钢材。公司老板们名声在外，而且全力宣传股票的价值。通过华尔街的众多券商，他们把大约30%的股票放给了股民。但上市后交易不太活跃。偶尔有人问起它时，个别内线（初期承销团的成员）会说公司收入出乎意料地好，前景一片大好。他们说得没错，公司运作得确实非常好。但是，对投机商来说，它却无法令人激动，缺乏投机吸引力；而对投资者来说，他们也不确定其价格是否稳定，分红能否持续。它表现平平，没有太显眼的表现，温吞得很。内线人士真实且激动人心的报告，并没有刺激出相应的涨势，但它也没有下跌。

就这样，帝国钢材一直默默无闻、无人问津、没人吹捧。一方面，没人放空所以不会下跌。股权不够分散，所以没人放空，如果那么做，你就会完全受制于持股的内线集团。而另一方面，它也没有诱因使人买进。

对投资者来说，它是支投机股。而对投机者来说，它又属于牛皮股；一旦你买进，就会被迫变成投资者，不管你愿意不愿意，只能望着横盘发呆，觉得只能长期持股。被这样一支牛皮股拖个一两年，损失会很大，还不如及早脱身。而且，等别的股票出现大好时机时，你会发现自己被套住了，无法脱身。

　　一天，帝国钢材财团的一个大首脑，代表他自己和他的同事们来找我。他们想为股票制造市场。他们有 70% 的股份没有流通，他们知道自己拉不起股价，所以想让我帮忙，问我怎样才能接这个活儿。

　　我告诉他几天后给他答复。然后我开始研究公司的资产。我找了几个专家考查公司的各个部门，生产部、业务部和财务部。他们给我提供了客观公正的报告。我可不是要找出公司的优缺点，我只想要事实，所以我得到了。

　　报告显示，这家公司不错，很有价值，前景不错。如果你是做投资的，而且可以稍安勿躁，以现在的市价购进将是明智之举。从股票的市场表现和公司的实际情况来看，上涨是最合理合法的走势，虽然你不能对未来打包票。我看不到任何理由，为什么不真心实意且胸有成竹地接这个活儿，控盘帝国钢材。

　　我把决定通知了他，他来到我的办公室，详谈生意的细节。我开出了条件：不要劳务费，只要 10 万股帝国钢材的看涨期权，价格从 70 块到 100 块不等。可能有人会觉得，这是一笔很大的酬劳；但他们也应该考虑考虑，当时市价是 70 点，而内线清楚地知道，不压低股价，他们自己根本就卖不掉 10 万股，甚至连 5 万股都卖不掉。股票根本就没有市场，关于公司的高收入和好前景的那些宣传，也根本没有吸引到足够的买家。而且在我的这个条件下，如果他不先赚上几百万，我一分钱也赚不到。我出面不是为了高额佣金，我索要的酬劳充满了不确定性。

　　我知道这支股票真值钱，而且大市场环境看涨，所以有利于所有好股票上涨，我相信自己一定能干得很漂亮。听到我的观点，客户备受鼓舞，立刻同意了我的条件。我们在愉快的气氛中签了合同。

　　我还进一步彻底地保护了自己。财团拥有或控制着的非流通股占 70%，我让他们签了一份信托协议，把这 70% 的股份暂时锁住。我可不想成为大股东们倒货的垃圾场。牢牢锁住了大头的持股后，我该考虑如何对付那30%了，但我要冒个险。历经风雨的投机商从不奢求毫无风险的交易。有了协议也不完全保险，但事实上，锁住的股份一下子涌进场的可能性也不大了，就像人寿保险公司的所有投保人同一天都死了一样。人有死亡的风险，股市也有风险，虽然没有人真印刷过风险概率表之类的东西，但风险率却真实存在。

规避了可规避的风险后，我的战役打响了。目标是让我的看涨期权产生价值，要做到这一点，我就得拉抬股价，制造一个市场，能让我抛售10万股——我持有10万股的期权。

首先，我要确定一上涨，大概会有多少股票会涌进市场。这对我的券商来说易如反掌，他们很快就弄清，在目前市价和略高的价位上，有多少股票待售。我不知道是哪些专门的人，告诉了他们那些记录在案的卖盘。股价现在是70点。在这个价位我一千股也卖不掉，因为没有买进力量，在低几点的价位上也没有任何买盘。我得根据券商们提供的资料行动，这些资料让我知道，有大宗股票待售，但没有多少买盘。

听到消息后，我立刻悄悄地吃进了所有70点和更高价位的待售股票。你懂的，我说的"我"是指帮我交易的券商。我的客户已经锁住了自己的股票，所以取消了所有的卖单，所以我吃进的股份都来自散户。

我不需要买进太多，我知道，适当的涨势会吸引买单，当然，也有一小部分卖单。

我没有散布帝国钢材的利多消息，完全没必要。我不是说利多宣传没用，我的任务是通过最佳宣传方式，直接激发大众的情绪。就像宣传羊毛制品、鞋子或汽车的价值一样，我必须宣传某支新股的价值。宣传是应有的策略，但应由买家们自己来寻找精确、可靠的利多消息。前面说过，各大报纸总会设法刊登评论，解释市场的动向。这就是新闻。读者不仅想知道市场的动向，而且想了解原因。所以，操盘手不必动一根手指头，财经记者就会刊出所有可用的信息和谣传，并分析公司的收入报告、业务状况和前景。简言之，就是有关涨势的任何信息。一旦有记者或熟人问我对某支股票的看法，如果我有看法，就会毫不犹豫地说出来。我不会主动给别人建议或内幕，但秘密操作对我来说并无益处。而且我知道，报价器是最能干的宣传员，也是最有说服力的销售员。

我把70点和略高价位的所有待售股票吃进后，就减轻了市场的卖压，帝国钢材的交易方向自然就明朗了。最小阻力方向显然是上扬的。场内交易员眼睛最亮，他们先发现了这一点，自然推断出它在上涨。虽然涨幅不得而知，但足以让他们决定买进。他们需要帝国钢材，完全因为它明显的涨势——这就是行情传达的可靠的利多消息！于是，我立刻动手填满他们的需要，也就是把刚刚从疲惫的持有人手中买来的股票卖给他们。当然，这种卖盘，操作需要相当审慎。我乐于满足这些需要。我没有把股票强塞给市场，也并不希望涨得太快。在这个阶段就抛完10万股的一半，可不是什么好事。我的任务是制造一个市场，可以让我出清10万股。

我卖出了交易员们急切买进的股票，没多卖，但这也意味着，我一直在施加的买压暂停了。过一段时间，大家就会停止买进，价格也不再上涨。一旦出现这种情况，交易员们也再无理由买进，所以也将开始卖出，而失望的多头股民也会开始卖出。但我早已做好准备，早料到价格在卖压下会跌，于是我就把之前在高几点的价位上卖给交易员的股票再买回来。而这一买就会让跌势停止。而价格一停止下跌，大家就会停止卖出。

然后我故技重施，吃进市价及略高于市价的所有待售股票（数量并不多），价格再次上涨，此次涨势的起点会略高于70点。记住，价格一回踩，很多持股人恨不得自己早就平仓了，但在头部3~4点以下时他们就舍不得割肉卖出了。他们总是暗暗发誓：只要股价反弹，就全部卖出，他们当初买进就是为了随着股价上涨抛出。但看到股价走向有变，就会又改变主意。当然，总有一小部分保守的快线会平仓，对他们来说，获利落袋心才安。之后，我只需重复这个过程，买进、卖出，但价格的起涨点会越来越高。

有时你吃光所有待售股票后，可能大幅抬高价格，在你控盘的股票上形成小型看涨骚动。这是极好的广告，会引起舆论，把场内交易员和喜欢频繁交易的投机散户诱进来。我认为喜欢频繁交易的人相当多。

我就是这样操作帝国钢材的，不管这种刺激创造的需求量有多大，我都会相应卖出以满足市场的需要。我的抛售总能控制好价格浮动的范围和速度。我就这样随着股价的下跌买进，又随着上涨卖出，几个回合下来，不仅抬高了价格，更为帝国钢材制造了活跃的市场。

我出手后，它就成了活跃股，人们就可以安心地买卖它了（前提是交易量不太大，不造成价格的剧烈波动）。人们再也不担心买进后被晾干，或者卖出后被轧空了。活跃的表现给了大家信心，越来越多的场内交易员和股民开始相信帝国钢材永远都有市场，而且，活跃的交易也消除了媒体对它的质疑。最后，在买卖几千股后，我成功地把股价拉抬到了面值。大家都很想在 100 美元的价位买进，为什么？涨势就在那儿，现在人人都知道这是支好股，之前以及现在买都很划算。很多人都认为：它既然能从 70 点涨到 100 点，就能从票面的 100 点再涨 30 个点。

我把股价拉高了 30 点，期间共积累了 7000 持股，均价约 85 块，也就是我每股赚了 15 个点的利润。当然，我的整体利润远比这个要大，虽然还只是账面利润。这笔利润绝对安全，因为我已经制造了足够大的市场，可以想卖多少就卖多少了。经过审慎的操作，股价还有上涨的空间，而我那 10 万股期权的价位是从 70 点到 100 点的。

股票走得很顺，所以我没有执行原定计划，及时把账面利润转化为钞票。这次控盘太漂亮了，绝对漂亮，理应成功，这可不是我自夸。这家公司的资产很有价值，即使股价再高一点也不算贵。帝国钢材最初的财团成员之一，某财力雄厚的著名银行表示，希望能控股该公司。帝国钢材公司业务繁荣，前景也大好，所以对银行来说价值非凡，可比由散户控制更有前途。总之，银行提出条件，要我让出我对股票的所有期权。这就是说，我有巨额利润了，所以我当场就接受了。当我能以高额利润一次出清时，我总乐意这么做。对这支股票上的获利，我是相当满意的。

在我让出 10 万股的期权之前，我就知道，银行雇了更多专家对帝国钢材的资产做了更加彻底的评估，而评估报告足以让他们决定提出对我进行收购。我留了几千股作为投资，我相信帝国钢材的前途。

我对帝国钢材的操作，十分规范，绝对遵守游戏规则。我一买进，股价就涨，所以我知道这很安全。它从没像有些股票一样进水。如果你发现一支股票对买压反应迟钝，你就该毫不犹豫地卖出了。如果一支股票有价值，大市场环境又不差，你就能确定即使股价下跌也能让它恢复，即使跌20多点也没问题。但帝国钢材是支有价值的好股票，所以从未暴跌，所以我恢复价格的本领也没派上用场。

在操作股票的过程中，我时刻牢记基本的交易原则：不和报价器叫板，不向烂市场发火。也许你觉得奇怪，我为什么会反复强调这一点。你应该懂得，那些经常在华尔街操作成功所以赚了几百万的精明人，一定都明白要冷静应对这一游戏的道理。但如果你了解实际情况，就会惊讶地发现，很多成功的大作手都会因为市场太烂而行如泼妇。他们把烂市场看做对自己的嘲笑，大发脾气，进而亏更多。

人们谣传我和约翰·普伦蒂斯不和。瞎猜的人们说：没准是我俩有人使诈，上当的那个搞错了交易，亏了几百万，诸如此类。但实际上根本不是那么回事。

普伦蒂斯和我相识多年，从没红过脸。他还常给我提供内幕，都很可靠，而按他的消息操作，我总能赚大钱。我也给他操作建议，他有时候听，有时候不听，不过他一听，就总能大赚。

他是组织和宣传"石油产品公司"上市的中坚力量。该股发行的第一天表现不错，但大市场环境急转直下，所以股票的表现并没像他们期望的那样。后来大势有所好转，普伦蒂斯就组了个股票池，开始操作这支股票，帮股票池套现。

我对他的操作手法一无所知，他没跟我说过，我也没问过。他生性聪明且经验丰富，但很明显，这次控盘的结果好像不咋的。股票池很快就发现，他们根本无法脱手任何股票。他应该已经尽了全力，因为管理股票池的人一般不会求助于外人，除非觉得自己能力不行，而这谁也不愿承认。总之，普伦蒂斯来找我了。一番客套叙旧之后，他说想让我帮忙为石油产品公司的股票制造市场，脱手股票池大约 10 万的持股。该股当时的价格是 102~103 块。

我觉得可能事有蹊跷，于是谢绝了他的提议，但他坚持请我出手相助，看在情义的分上，最后我只得应承。我生来就不喜欢勉强做自己没把握成功的事，但又总觉得人应该帮助自己的朋友。所以我说，我会尽力而为，也细数了需要克服的困难，并告诉他我不能保证一定成功。但普伦蒂斯只是说，他并不强求我给股票池赚几百万，但他确定只要我出手，结果一定会令所有通情达理的人满意。

就这样，我开始做一件自己觉得不该参与的事。和我担心的一样，普伦蒂斯代表股票池控盘时犯下了严重的错误，情况很棘手。但主要的困难还是时间不对，我确定牛市已届尾声，所以眼下市场并不乐观，不会让普伦蒂斯备受鼓舞，我至多可以带来短暂的反弹。我担心，在把石油产品公司的股票的走势反转之前，市场就已经完全是熊市了。但既然我已经答应了，那就全力以赴吧。

我开始拉抬股价。成绩有，但一般。我把价格抬高到了 107 点附近，这已经很不错了，我甚至卖出了少量股票，虽然不多，但我很高兴没有增持。场外的散户们在等待股价进一步小涨，以抛售持股，我简直就是他们的救星。如果大环境好些的话，我就能做得更好点了。普伦蒂斯没有早点请我出手，错过了最佳时机，这实在很糟糕。到了这个地步，我觉得唯一能做的，就是尽量平手退出。

我派人把普伦蒂斯叫来，告诉他我的看法，他强烈反对。我解释为什么采取这种立场，我说："普伦蒂斯，我能清晰地感知市场的脉搏。你的股票没有买盘，你很容易就能看到市场对我的操作的反应。听着，我在全力操作它，给了它我能给的吸引力，一直在支撑，但股民仍然无动于衷。这样，你就能确定，不是股票的问题，而是市场的问题。强行操作根本没用，反而一定会亏。如果有人跟进，作为股票池的管理者，你应该买进自己的股票；但如果完全没人跟进，你还买，那就是个笨蛋。我买进5千股，股民们应该也跟着买进5千股才对。我可不能做唯一的买家，如果那样做，就只能把自己套进大宗股票里去。现在唯一能做的就是卖，立刻卖。"

"你的意思是狂抛，不管价格多低？"普伦蒂斯问。

"对！"我说。我看到他准备反对，于是接着说："只要一开始抛售池里的股票，你就要做好心理准备，价格会跌破面值，而且……"

没等我说完他就大叫："噢，不行，绝对不行！"仿佛我在拉他进自杀俱乐部。

"普伦蒂斯，"我对他说，"控盘的基本原则是拉抬股价以便出货。你不可能在上涨中大宗抛出，只有在跌势中才能做到。我很想帮你把价格抬高到125~130点，但我没这本事，所以只能从现在的价位就开始卖出。我认为，整个大盘都会下跌，石油产品公司不可能是个例外。现在卖出引领股价下跌，总比在下个月被他人的卖压引领暴跌要好。反正它注定会跌的。"

我觉得自己没说恐怖故事，但是他哭得厉害，声音大得都能穿到地球那头的中国去。他什么都不听，就是不听。他哭道：那不行！那会给股票留下不良记录，风投银行更会来找麻烦，这家公司是银行用贷款入了股的，还有其他种种后果。

我再次告诉他，根据我的判断，它必然会跌15~20点，没有任何力量可以阻止，因为大盘会跌这么多。我再次强调，不要指望这支股票会成为一颗例外的明星。但我就像在纯粹浪费口水，他坚持让我撑盘。

这就是当时最精明的交易商之一，那个时代最成功的操盘手，他在交易中赚过几百万，对证券游戏了如指掌，现在却坚持在熊市初期撑盘！当然，这是他的股票，不过面对愚蠢的操作，完全背离交易原则的愚蠢操作，我还是和他争论了起来。结果徒劳无功，他坚持让我撑盘。

很快，大盘开始疲软，真正的跌势自然拉开了序幕，石油产品公司和其他股票一起下跌。按照普伦蒂斯的指令，我不仅没有卖出，反而为内线的股票池买进了。

原因只有一个，那就是普伦蒂斯不相信熊市已经到来。我相信牛市早已结束，我不仅测试过石油产品公司的股票，还试过其他股票，证实了自己最初的判断。我可不能等熊市完全开始后才开始放空。我放空了很多股票，但没动石油产品公司。

如前所料，石油产品股池的最初持股，以及后来为了撑盘买进的持股，都被套牢了。最后还是只能清盘，但如果当时普伦蒂斯同意我卖掉，他们就能以高得多的价位清盘了。结果注定如此。但是，普伦蒂斯坚持认为自己是对的，他就说自己是对的。我理解他。他说我当时建议他卖出，是因为我自己在牛市持了空头。他的意思就是说，如果狂抛石油产品公司，就会创造熊市，所以有利于我在其他股票上的空头。

完全是胡扯。我可不是因为放空所以看跌，而是因为看跌才持空。我观察和分析大环境，确定看跌后才放空。方向错误是赚不到钱的，在股市中尤其如此。我计划抛出池里的股票，是因为 20 年的交易经验告诉我，只能这么干，不然就是犯傻。作为一个老到的操盘手，普伦蒂斯应该看得比我还清楚，当时做任何其他操作都已不合时宜。

普伦蒂斯大概认为作手是无所不能的，但本来只有外行人才会有这种错觉。这其实是错的。基恩最大的成就，是在 1901 年春天控盘美国钢材的普通股和优先股。他的成功，并非完全靠他清晰的头脑和足够的智慧，也不是因为国内的首富们都是他的后盾，那些只是成功的部分原因，最主要的原因还是当时的大市场环境对他有利，股民的精神状态也刚好合适。

经历和常识会教给人很多东西，违背经验和常识行事，就会败得很惨。但华尔街上的傻瓜可不是只有外行人。我刚刚已经说过普伦蒂斯对我的憎恨。我没有自主操作，而是按照他的意思，他深感痛心，但把责任都推到了我的身上。

为了大宗出货而控盘，只要操作中不含恶意误导成分，就没什么神秘的，也不是暗箱操作或不合法的行为。如果要控盘成功，必须以合理的交易原则为基础。大家总是把这种正常的控盘，和过去那些冲销交易之类的操作混为一谈。但我可以向你保证，控盘中几乎没有骗人的成分。控盘和非法操作的区别在于操作者的人格，而不是操作的性质。摩根集团发行债券，民众是投资者，而操盘手卖出大宗股票，民众则是投机者。投资人力求从资本中获取稳妥、持久的回报，而投机者要的是快钱。操盘手会把目标市场定位在投机者身上，他们会为了高额回报的机会而冒更大的风险。我自己对盲目下注没有兴趣。我可能会大笔投入，也可能只买 100 股，但都必须先有充分的理由这么做。

我清楚地记得自己是何时开始控盘的，也就是帮别人卖股票的。那是一段愉快的日子，因为它漂亮地说明了华尔街上的操盘手应有的专业态度。那是在我卷土重来后，也就是我在 1915 年的伯利恒钢材股票上开始恢复元气后。

我的交易相当稳定，运气也不错。我从不刻意寻求媒体的帮助，但也从不有意回避发表自己的看法。而你知道，如果一个作手很活跃，华尔街的专家们就会夸大他的成功和失败。媒体自然就会听说他的大名，并刊登和他有关的所有谣言。有谣言说我赔得不能再惨了，也有的说我赚了好几百万，这两个消息来自同一个权威人士。我对这些报道的唯一反应就是好奇，我想不明白它们是怎么写出来的，更不知道我为什么会变得如此神奇。我的券商朋友们会一个个前来告诉我同样的故事，每个人都有个新的版本，变得更加离奇，并增加更多的细节。

说了这一通，主要是为了告诉你，我是怎么开始替别人控盘的。这得归功于媒体，说我瞬间付清了几百万债务，但夸大了我的手笔和盈利，于是整个华尔街都开始谈论我。当时，一个作手已经不能靠操作 20 万股就控制一支股票了，但你也知道，民众总希望能为老一辈的领袖找到接班人。基恩是个高明的股票作手，大名鼎鼎，他独立操作赚了几百万，所以承销商和银行才会请他出山大宗出货。总之，因为整个华尔街都在传说他的事迹，所以人们才需要他的服务。

但是基恩已经去了天堂（他说：除非看到自己的太太赛森比在天堂等他，否则他一刻也不会在那里停留），还有几个人也曾经独领风骚几个月，但都销声匿迹很久了。我指的尤其是 1901 年来华尔街的几个喜欢大手笔的西部人。他们从钢材持股中赚了几百万后，仍然留在华尔街。其实他们不是基恩那样的超级作手，而是承销商。他们极其能干，非常富有，而且极其成功地操作了自己或朋友控制的股票。他们实际上不是基恩或州长弗劳尔那样的伟大作手，但华尔街还是觉得他们的故事很值得议论，他们拥有大量的拥趸，包括很多场内交易员和活跃的券商。他们隐姓埋名后，华尔街上就再也没有真正的作手了，至少在报纸上看不到他们的名字了。

你应该还记得 1915 年证交所重新开市的那场牛市吧。协约国向美国购买了数十亿的战备物资，市场扩大了，我们瞬间进入了繁荣期。和战略物资相关的股票，根本就不需要任何操作，它们本来就有无限的市场。很多人仅靠订单就空手套到了几百万，甚至仅凭将得到订单的承诺。只要有订单，友好的风投就会注入资金让它们挂牌上市公开发行股票，或者他们就在场外发行自己公司的股票，所以都成了成功的股票发行人。只要适当宣传，民众愿意买进任何股票。

繁荣期过去后，一些发行人开始发现自己需要专业人士帮忙才能销售股票。股民们高价买进的股票算是全被套住了，在这种情况下要出脱新股可不是件容易的事。繁荣过后，大家只确定了一件事：任何股票都不会再涨了。这不是因为购买者变得更聪明了，而是因为买啥都赚的日子已经过去了，股民的精神状态已经改变。价格不需要下跌，只要市场清淡一阵子，大家便都开始悲观。

每次繁荣期都会有一些公司成立，主要（虽然并非唯一）想利用民众的好胃口：不用挑，买什么都赚！也有人迟迟不发行股票，他们会犯这种错误是因为，人们总不愿看到繁荣退去，总希望它会永远持续下去，所以认为它会永远持续下去。而且，如果利润够大，冒点风险也是值得的。当希望蒙住了人们的双眼，涨势似乎便永无尽头。大家看到，一支在 12~14 点时没人买的股票突然涨到 30 点，这应该是顶点了，可它又涨到了 50 点，这次绝对不会再涨了，可它很快又涨到了 60 点、70 点、75 点……这时大家相信，这支几周前还不到 15 块的股票不可能再涨了，可它又涨到了 80 点、85 点……于是普通人开始蜂拥进场，他们只考虑价格而不是价值，只根据情绪行动而不是大环境，采取了最简单的办法，拒绝思考涨势总有尽头。这就是业余人士虽然知道不应在顶点买进，实际上却总买在最高价所以赔得一塌糊涂的原因。于是，民众在繁荣期获得的账面利润，永远停留在了账面上。

第二十二章
没有永恒的朋友，利益共同体随时都在发生质变

一天，吉姆·巴恩斯来找我。他既是我的一个大券商，也是我的好朋友。他说想请我帮个大忙。他以前说话从没这么客气过，所以我让他说来听听，到底什么事。我希望自己有这能力，因为我实在很想能帮上忙。他说，他的公司对一支股票很感兴趣，实际上他们是这家公司的主要发起人，持有超过一半的股份。但因为情况有变，他们必须出清一大宗。吉姆想让我帮他操盘，这支股票就是"联合炉具"公司。

由于种种原因，我不想和这家公司扯上关系，但我欠吉姆一些人情，而且他坚持让我看在情分上出手相助，这让我无法拒绝。吉姆是个好人，又是我的朋友，而且我感觉他们公司一定遇上了大麻烦，所以最后我同意尽力而为。

在我看来，战时繁荣与其他时期的繁荣景象之间，最奇异的一个差别就是，到底有没有年轻人摇身一变成了金融家，在市场上扮演一种新角色。

当时的繁荣令人瞠目结舌，它的原因和结果都显而易见，世人皆知。同时，国内的大银行和大信托公司都全力以赴，帮助各种军火制造商和军火股票发行商一夜之间变成百万富翁。甚至，一个人只需说他有个朋友的朋友是某个盟军委员会成员之类的，就能贷到一笔资金去履行他还未获得的合约。我常听到一些匪夷所思的故事，说某某小职员从信托公司借来钱，通过做转了好几次手的合约，赚了几百万，摇身一变成了公司的总裁。那时，欧洲的黄金像潮水一样涌进美国，银行必须得想办法把钱贷出去。

老一辈人也许会怀疑钱到底是不是真的这么好赚，但此时的华尔街上，也没有多少老辈人了。在平淡的时代，满头白发的老前辈很适合做银行的总裁，但在奋发图强的年代，年轻就是最大的资本。银行的确赚大了。

吉姆·巴恩斯和他的合伙人，仗着跟马歇尔国家银行的年轻总裁的友谊和信任，决定将三家知名炉具公司合并，并发行新股。几个月来，广大股民都在不断买进任何股票，不管自己懂不懂。

可有个问题，所有三家炉具公司生意都很兴旺，而且其普通股都已经开始发放股息，大股东们都不愿出让控制权。它们的股票在场外很抢手，他们愿意出让的所有股票都已被抢购一空。他们对现状已经很满意了，不愿改变。但三家公司各自的资本额都太小，无法在公开市场上市大展拳脚，所以巴恩斯的公司介入了。巴恩斯的公司指出：三家公司一旦合并，规模就会够大，可以在证交所上市，新股会比旧股更有价值。变换股票的颜色以增加其价值，是华尔街上的老招术。比如，有支股票按票面价值的 100 元很难出售，有时就可以把股票总数变成原来的四倍，但你可以使新股卖到 30~35 块，这就相当于旧股涨到了 120~140 块，而旧股是绝对卖不到这个价的。[1]

三家公司分别是格雷炉具、米德兰炉具和西部炉具，它们将合并成为联合炉具公司。格雷炉具是三家中最大的一家，名气也大，而且有分红，股价在 125 块左右。巴恩斯他们似乎很有口才，成功说服了格雷炉具的几个大股东朋友参与合并，条件是以格雷的一股换联合炉具的四股。米德兰炉具和西部炉具紧跟老大哥的脚步，以一股换一股的条件加入了合并，两家的股票在场外交易的价位在 25~30 块之间。

股东们坚持现金支付，而且新公司需要其他运营资金来改善业务、推广股票，所以必须筹措几百万。于是巴恩斯去找他的银行总裁朋友，总裁友好地借给他 350 万，以新组建公司的 10 万股做抵押。据我所知，巴恩

---

[1] 公司跟人一样，改名字一般意味着实质性的改变，即使结婚改随夫姓也一样。——彼得·林奇

斯集团向总裁保证，新股的价格不会低于 50 美元。股票价值很大，银行绝对能赚钱。

他们负责承销这支股票，其最大的错误在于时间点不对。市场已经饱和了，无力吸收新股，他们本应看到这一点的。这倒并非完全致命，但他们急于复制其他承销团在股市的巅峰繁荣期那种不合情理的大绝杀，所以注定赚不到什么钱。

你可不能就此认为吉姆·巴恩斯他们是一群傻瓜或少不更事的毛头小子。他们都是聪明人，个个都熟悉华尔街的各种交易方法，其中一些人还是极为成功的操盘手。但他们的错误不仅仅是高估了民众的购买力（毕竟只有经过实际测试才能确定市场的购买力有多大），让他们付出惨重代价的大错误在于，他们认为牛市会永远持续下去。我觉得他们之所以会犯这种错误，是因为他们都经历过急速的大成功，所以从不怀疑自己能赶在牛市结束前清手离场。他们都小有名气，一大批场内交易员和券商都是他们的拥趸。

他们为这次并购好好地做了一场宣传。报纸毫不吝啬版面，报道铺天盖地而来，说三家公司是整个美国炉具业的化身，产品名扬世界。此次并购无疑是爱国行为，日报上每天都有一堆堆的文字，报道公司是如何征服世界市场的，亚洲、非洲、南美洲都已被牢牢占领。

财经版的读者对公司股东们的名字如数家珍。宣传工作非常成功，匿名的内线人士保证股价将绝对令人满意，所以市场上出现了对新股的大量需求。于是开始了公开申购，虽然价格标高在了 50 美元每股，但申购结束时的报告显示，股民超额申购了 25%。

想想吧！承销商最大的期望是什么样的？本来它只值 25 块，他们应该希望在上市几周后抬高到 50 点，再继续抬到 75 点以上，这样均价就是 50 块了。但在申购阶段就按 50 块卖，这相当于说，子公司的旧股已经凭空翻一番了。这是个危机，需要谨慎处理，但他们没有采取任何行动。从这里可以看出，不同的生意都有自己特殊的需要。

专业知识比笼统之见更有价值。承销商出乎意料地看到超额申购，万分欣喜地得出结论，认为大家将愿意出任何价格购买任何数量的股票。而他们也实在愚蠢得可以，居然没足额配售，也就是没有把申购时的看涨期权全部分配出去。即使决定要贪婪一点，也不应该这么蠢啊。

他们当然应该足额分配，这样认购量就超过发行量 25%。如果有需要，这 25% 就能支撑股价，而不需要花一分钱。这样他们就轻松占住了强大而有利的战略位置，我每次控盘都会设法让自己处于这个位置。他们本可以有力地遏制价格的跌势，让大家相信新股非常稳定，相信股票背后的财团。他们本应记住自己的任务不仅仅是把股票卖给股民，那只是他们营销工作的一部分而已。

他们自己觉得很成功，但是很快，这两大致命错误的后果越来越明显。股民看到价格有回落趋势，自然不再跟进。内线集团也开始丧失信心，不再支撑联合炉具。股价跌了，如果连内线都不买，还有谁会买？没有内线支撑就是最充分的利空消息。

根本没必要调取统计数据。联合炉具的价格和大盘一起起起伏伏，但从未超过最初挂牌时的五十几点。巴恩斯他们最后只能自己充当买家，试图把价格维持在 40 点以上。没有在上市之初支撑价格实在遗憾，但没有在申购时全额配售则更是错上加错。

总之，股票如期在纽交所上市后，股价便如期一路跌到 37 点。它之所以不再继续下跌，是因为巴恩斯他们必须撑盘，还有银行以 10 万股做抵押贷给他们的 350 万呢。一旦银行让他们清偿贷款，不知道价格会跌到什么地步。股民们在 50 点时纷纷买进，而在 37 点时却已经变得无动于衷，如果跌到 27 点，恐怕就更没人要了。

时间一天天过去，人们开始思考银行过度放贷的问题。青年金融家的时代已经过去了，银行业似乎眼瞅着就要退回保守主义了。好朋友变成了催债的，好像他们从未一起打过高尔夫球一样。

情况让双方都很尴尬，催偿贷款或请求放宽期限都没多大意义。和朋友巴恩斯合作的那家银行，依然很客气，但态度有些变化，好像变成了："看

253

在上帝的分上，一定要还钱啊，否则大家都得完蛋！"

情况一团糟，后果很严重，吉姆·巴恩斯只好来找我出手，帮他卖出10万股以清偿银行那350万的贷款。他现在不指望赚钱了，只要不太亏，他们就谢天谢地了。

好像不太好办。整个市场都不活跃，也不强劲，虽然偶尔反弹，也只能让人兴奋一下，试图相信牛市归来。

我告诉巴恩斯，我得仔细研究一下情况，然后才能答复，要接这活儿我的条件是什么。我确实做了研究，但没有分析公司的报表和前景，只是研究了问题产生的市场阶段。我不打算通过宣传公司的收入和前景来吹捧股票拉动涨势，我只想在公开市场上大宗出货。我考虑的是有什么因素可能、也许或应当有利于或不利于我的操作。

我首先发现：太多股票集中在太少的人手里，多得非常危险，多得令人不安。克利夫顿·凯恩集团持有7万股。集团旗下都是银行和券商，都是纽交所的会员公司，都是巴恩斯的挚友，都常年专营炉具股票，并都在并购中发挥了巨大的作用。他们的客户也都被拉进了泥坑。前参议员塞缪尔·戈登也持有7万股。戈登兄弟公司是他的侄子们办的，他是公司的特别合伙人。另外，赫赫有名的约书亚·沃尔夫也有6万股。这几个人加起来，共持有20万股联合炉具的股份。他们都是行家，知道什么时候该卖，不需要好心人指点；也就是说，一旦我开始操作，吸引大众买进（也就是我让它变得强劲、热门），就有可能眼睁睁地看着凯恩、戈登和沃尔夫顺势出货，大宗大宗的。我可不希望看到他们那20万股像尼亚加拉瀑布一样涌进市场。别忘了，牛市已过，操作再精妙，也创造不出刚性需求了。巴恩斯谦虚地退到一旁请我出手，显然也没有什么幻想了。他在牛市尾声让我抛售一支掺水的股票。虽然媒体还没说牛市已经结束，但我知道，巴恩斯也知道，银行当然更知道。

但我已经答应了。所以我派人请来凯恩、戈登和沃尔夫。他们那20万股就像达摩克利斯之剑，最好先绑牢。我认为最简单的办法就是和他们达成某种互惠协议。只要他们在我卖出银行那 10 万股之前按兵不动，我就积极地帮他们创造一个让大家都能顺利出货的市场。就当时的情况来看，只要他们出货十分之一，联合炉具就会跌到仓底。他们深知这一点，所以从未试图卖出。我要求他们做的只是，明智地无私一点，别让自私带来恶果，到了该卖的时候再出货。无论是在华尔街还是哪儿，占着茅坑就得拉屎，是利益共同体成员就得出力。我打算说服他们，仓促或欠考虑的出货只会妨碍全盘出货。而且时间很紧迫。

我希望我的提案能引起他们的共鸣，因为他们都是行家，也不指望市场会出现刚性需求，吸进联合炉具。克利夫顿·凯恩的证券公司生意兴隆，在 11 个城市设有分部，坐拥数千客户，他的公司还同时操作过好几个基金池。

手里有 7 万股的戈登参议员，钱多得离谱。纽约媒体的读者对他耳熟能详，因为他好像被一个 16 岁的美甲师控告毁弃婚约。被告送给她一件价值 5 千美元的貂皮大衣，还给她写过 132 封情书，这些后来都成了呈堂证供。戈登帮他的侄子们建了个证券公司，他是公司的特别合伙人。他曾参与过几十个基金池。他从米德兰炉具公司继承的大笔股份，换来了 10 万股联合炉具的股票。他持股太多，完全不理巴恩斯狂热的利多建议，在市场变糟之前就出手了 3 万股。他后来对朋友说，要不是其他大股东（也都是他的亲密老友）求他不要再卖了，他才不会停手呢。他停手是出于对朋友的尊重。当然，他停止的另一个原因，就是我刚说的那个：也没有市场让他出货了。

第三个是约书亚·沃尔夫。在当时的操盘手中，他大概是最有名的一个了。二十年间，世人皆知他是场内交易中的大赌客，在哄抬或打压股价方面难逢敌手。他操作两三万股，和别人做两三百股一样轻松。早在来纽约之前，我就听说他惯玩大手笔。他当时跟一个好赌的小集团到处豪赌，在股市和马场都一掷千金。

以前人们常说他只是个赌徒，但其实他是有真本事的，对证券游戏很有天分。同时，大家都知道他没什么高级追求，所以成了很多笑话的主角。其中有个故事流传最广。一次，约书亚出席他所谓的上流社会晚宴。由于女主人的疏忽，一些客人开始讨论文学，女主人还没来得及阻止就出事了。

一个女孩坐在他旁边，一直只听到他嘴里大声的咀嚼，除此之外还没听到它发出过别的声音。她转向他，想跟这位大金融家聊聊，于是真诚地问："啊，沃尔夫先生，您喜欢巴尔扎克吗？"

约书亚礼貌地停止咀嚼，咽下这一大口，回答说："我从来不在场外做小股票。"

这就是联合炉具的前三大股东。我请他们来，告诉他们，如果他们组建一个可以提供现金的基金，并以略高于市价的价位把手里股票的看涨期权让给我，我就能尽量创造市场。他们立刻问我，需要多少运营资金。

我回答说："你们被套住很长时间了，毫无办法。你们三个共有 20 万股，而且你们清楚，除非能创造市场，否则毫无卖出机会。而要创造市场，吸收你们的股票，就必须有足够的资金先买进一定量的股票。如果资金不足而中途停止，就会前功尽弃。我建议你们组建基金，筹集 600 万，把手里20 万股的认购权以 40 块的价格出让给基金，交由第三方保管。如果一切顺利，你们不仅能出清持股，基金还能赚一点。"

如前所述，关于我的盈利，市场上有各式各样的传说。我想这些谣言这次或多或少帮了我的忙，毕竟一旦功成名就，事事就都比较顺了。总之，我不用跟他们多费唇舌，他们完全清楚，孤军奋战效果甚微。他们觉得我的提案不错，所以离开时说会立即组建基金。

他们很快就说服了很多朋友加入。我想，他们一定肯定地告诉朋友们基金定能获利，比我肯定得多。而据我了解，他们自己也确实相信能获利，所以这不算黑心消息。总之，几天后基金就成立了。凯恩、戈登和沃尔夫以 40 块的价位出让了 20 万股的认购权，我负责把这些股票锁好。这样，如果我抬高了价格，这 20 万股就不会流进市场了。我必须先自保然后才能救人。不少本来很有希望的操作最后却失败了，都是因为基金或集团内部人员没有信守承诺。华尔街是一个狗吃狗的地方，人们认为不欺诈就是愚蠢。当年，第二家美国钢铁线缆公司上市时，内线集团就曾相互指责他人在背信弃义地出货，而约翰·盖茨一伙和塞利格曼银行集团之间，也曾有过君子协定。我曾在一家证券公司听到有人背诵一首四行诗，据说是盖茨写的：

毒蜘蛛跳上蜈蚣的背，

毛骨悚然地狂笑：

"我要毒死这个残忍的凶手，

不然他就会毒死我。"

请注意，我绝不是想暗示，我的朋友们都想在交易中骗我。但原则上最好以防万一，很明显这是常识。

沃尔夫、凯恩和戈登告诉我说，基金已经组建完毕，但 600 万的现金还没到位，我还得再等等。我早就告诉他们要快，但资金还是零零散散的，我记得大概来了四五波。不知道为什么，但我记得当时是向他们发出了紧急求救信号的。

当天下午，我收到了一波大金额支票，我掌握的资金才到 400 万。他们保证剩下的 200 万会在一两天内到位。这样看来，牛市结束前基金也许还能有所作为。但顶多算难度减轻，而我越早开始操作，结果就会越好。股民对牛皮股的新动向不会特别感冒，但手握 400 万资金，你就有办法激发人们对任何股票的兴趣。这些钱足以清除所有卖压。如前所述，时间紧迫，没必要等另外 200 万到位才开始。很显然，越早把价格抬高到 50 点，对基金越有利。

第二天早上一开盘，我惊讶地发现，联合炉具出现了异常的大笔买单。我之前说过，它几个月来都泡糟了，价格停在了 37 点上下。银行还有 35 块每股的抵押贷款呢，所以吉姆·巴恩斯谨慎地把它维持在这个价位。但

257

要让它上涨，他知道根本不可能。

但这天上午，股票出现了大买压，价格涨到了39点。开盘后的一个小时，成交量就超过了过去半年的总量。这成了当天的头条，并提振了整个大盘。我后来听说，当天所有证券公司的所有客户都在聊它。

我不知道这意味着什么，但它的振作没有伤害我的自尊。我一般不用亲自打听股票的异常走向，因为我在场内的朋友（替我交易的券商和场内交易员）都会告诉我消息。如果他们觉得我会感兴趣，就会给我打电话，告诉我他们听到的任何消息或谣言。我那天收到的消息是：明显有内线在吃进，且并无冲销交易，都是真正的吃进。买方吃进了37~39块的所有卖盘，而不管怎么打听，都没人能透露任何原因或内幕。警觉而聪明的场内交易员断定，其中定有蹊跷，有大动作。当有内线吃货，股价上涨，又没有利多消息鼓励股民跟进，那些追随价格的股呆就会四处打探消息，大声问官方消息什么时候出来。

我可是什么都没做。我分析并紧盯每笔交易，感到很奇怪。第二天，买压更大了，而且来势汹汹。委托在37点的卖盘们，放了几个月都没人理，但现在都被迅速吸收了，新的卖单也没能遏制涨势。价格自然一路攀高，突破40点，很快就涨到了42点。

价格一到42点，我觉得是时候抛出作为银行抵押的股票了。我当然知道，价格会应声而跌，但以37点的均价抛出所有持股，问题应该不大。我清楚这支股票的价值，而且对它的清冷交易跟踪了几个月，知道该如何出货。我小心翼翼地脱手了3万股。居然还在涨！

当天下午，我知道了幸运涨势的神秘原因。事情大概是这样的：上涨当天早上开盘前，和前一天下午收盘后，场内交易员们得到消息，说我十分看好联合炉具，准备把价格一把抬高15~20点。对于不了解我的人来说，那就是我惯用的手法。消息主要是约书亚·沃尔夫在散播。他从昨晚就开始了买盘，从而开启了涨势。而他那些场内交易员朋友很乐于听他的内幕，因为他知道很多内情，而且不会误导这些粉丝。

我很怕会有很多股票随着涨势涌进场，但实际上没有那么多。想想名义上锁住的那 30 万股，你就会明白这种担忧很有道理。现在，要拉抬股价比设想的要容易得多了。弗劳尔州长说得没错，每当别人指责他操纵自己公司负责的股票时，比如芝加哥汽油、联邦钢材或 B.R.T.，他总是说："我知道怎么拉升股价，唯一的办法就是买进。"这也是场内交易员拉升股价的唯一办法，价格会自动做出反应的。

第二天早饭前，我从早报上读到了一则消息："拉里·利文斯顿将大力控盘，拉抬联合炉具！"大家一定也看到了消息，而且肯定的是，电报已经将它传到了几百家券商的分部和城外办事处。至于细节，各大报纸的说法不尽相同。一个版本说：我组建了一个内部基金，准备迎头痛击广大的空头。另一个版本暗示说：公司近期将宣布分红。还有一个版本提醒大家不要忘了我的操作战绩，一旦看多，出手必胜。甚至有媒体指责公司藏匿了资产好让内线吃进。无论如何，这些报道一致认为：真正的涨势还没开始呢。

上午开盘前，我来到办公室查看信件时发现，滚烫的利多消息正像洪水一样激荡着整个华尔街，督促大家赶快买联合炉具。我的电话响个不停，秘书听到的是以各种方式提出的同一个问题：联合炉具真的会涨吗？我必须承认，约书亚·沃尔夫、凯恩和戈登（可能还有巴恩斯），消息传得太漂亮了！

我从不知道自己有这么多拥趸。啊，三天前这支股票还根本没人搭理，结果那天早上，全国各地的股民争相买进，几千股几千股地买。别忘了，其实股民买进，完全是因为从报纸上读到过我的成功战绩。所以我真得感激那些富有想象力的记者们。

在这种情况下，我在涨势的第三天、第四天和第五天卖出联合炉具，帮巴恩斯卖光了 10 万股，他用这 10 万股做抵押从马歇尔国家银行贷出了 350 万美元。如果最成功的控盘在于，操盘手以最小的代价达到目的，那么联合炉具的操作绝对是我交易生涯中最成功的一次。在整个操作过程中，我一股都没有买，完全没有必要为了卖而先买。我没有拉抬股价到最高点然后开始全面抛售，我甚至不是在跌势中出货的，而是随着它的上涨一路抛出。我没动一根手指就得到了别人为我创造的巨大市场，这就像梦想的天堂，尤其在我急需市场购买力的时候。操盘手一般是按照交易量抽成利润的。弗劳尔州长的一个朋友对我说，一次他成功帮 B. R. T. 的内线集团出清了 5 万股，但交易量超过了 25 万股。弗劳尔可是个大操盘家。汉弥尔顿也曾说过詹姆斯·基恩的故事，基恩在控盘联合铜矿时，交易了 70 多万股才把 22 万股全部出清，这笔佣金数目也很不小！想想他们的情况，再看看我，如果我也按他们的方式拿钱，在这次交易中我只能从为巴恩斯卖出的那 10 万股中抽取提成。我可是给他们省了一大笔钱啊。

我答应帮朋友吉姆卖掉持股，我做到了，而基金之前同意筹措的资金还没完全到位，但我又不想买回卖出的股票，所以我开始考虑去什么地方度个短假。我记不清去哪儿了，但我清楚地记得，我不再理会这支股票。价格很快开始下跌。一天，市场疲软，某个失望的多头想赶快脱手，股价在卖压下跌破了 40 点（我的认购价）。股票开始烫手。如前所述，我不看好大市场，所以更加感谢出现的奇迹。内幕消息散播者曾预言说，如果要出脱所有持股，我必然先得把价格拉抬二三十点，只有这样才能出脱那10 万股。但奇迹出现了，我根本没必要那么做。

失去支撑力量后，价格一蹶不振，一天，它再创新低，跌破了 32 点，历史最低点。你应该还记得，为了避免银行在市场上廉价抛售作为抵押的那 10 万股，巴恩斯他们一直把价格撑在 37 点。

一天，我正在办公室里静静地研究报价器，秘书通报说约书亚·沃尔夫要见我。我说有请。他冲进来。他本来不算个胖人，但我一眼就看出他好像气得有点肿了。

他冲到我站着的报价器旁边，大吼："喂，到底怎么回事？"

"请坐，沃尔夫先生。"我一边坐下，一边礼貌地说，想让他冷静点慢慢说。

"我不坐！我问你到底什么意思！"他扯着嗓子喊。

"什么什么意思？"

"你究竟对它干了什么？"

"我对什么干了什么？"

"股票！那支股票啊！"

"什么股票？"我问。

这把他惹急了，他脸红脖子粗地大吼："联合炉具啊！你对它干了什么？"

"没干什么啊！我什么都没干。怎么了？"我问。

他瞪了我整整五秒，然后炸了："你看看价格！看看！"

他真的很生气，所以我站起来看了看报价器，说："现在的价格是 $31\frac{1}{4}$ 点。"

"是！$31\frac{1}{4}$ 点。我这儿可还有一堆持股呢！"

"我知道你有 6 万股，套住了，因为当初你买进格雷炉具时……"

他没等我说完就打断了："可我又买了一些，有些还买在 40 块的高价位，现在还在我手里呢！"

他充满敌意的眼睛瞪着我，我说："我没叫你买啊。"

"你没干什么？"

"我没有叫你买进持仓啊。"

"我没说是你让我买的，但你本应拉抬……"

"我为什么要那么做啊？"我打断他。

他瞪着我，气得一句话也说不出来。他缓了缓劲，开口说："你应该拉抬价格的，你手里有钱。"

"是的，但我一股也没买。"我告诉他。

这句话终于让他爆发了。

"你一股也没买！你手里有四百多万现金，可他妈一股也没买？"

"一股也没买。"我重复了一下。

261

听到这话，他气得话都说不清了，最后好不容易才说："你耍的什么把戏？"

我从他的眼睛里看出，他心里在指责我万恶的罪行，所以我对他说："沃尔夫，你真正想问的是，我为什么没用50多块的价格买你40来块买的那些股票，是吧？"

"不，不是这样。你有40块价位的认购权，又有400万现金可以拉抬。"

"是，但我没动那笔钱，而且我的操作没让基金丢一分钱。"

"你听我说，利文斯顿……"他说。

但我没让他继续说完："你听我说，沃尔夫。你知道，你、戈登和凯恩持有的20万股已经锁住，如果我拉抬价格，就不会有大宗股票进入市场了。我拉抬股票有两个目的：第一是为股票创造市场，第二是用自己在40点价位的认购权获利。

"但你并不满足于在40点抛售你那套住数月的6万股，也不满足于你将在基金中分配到的利润，于是决定在40点以下时大宗吃进。而当我用基金的钱拉高价位时，你就可以倒货给我，因为你确定我会拉抬价格。

"你要在我出手之前行动，所以我就能成为你倒货的对象。我猜，你认为我必须把价格拉到60点才能出货。显然你很肯定，所以先买进了大约一万股，当然是为了再倒给我。而且为了以防万一，怕我不接盘，你没有考虑可能给我带来的困难，把消息传播给美利坚、加拿大和墨西哥的每个人。你所有的朋友都知道我将如何操作。不管是我买还是他们买，你都能全身而退。

"你把消息告诉了最近的朋友，他们买进后就会告诉他们的朋友，这些朋友又会告诉第四批、第五批，甚至第六批傻瓜……于是，当我最终要卖时，就会发现有几千个聪明人在等我行动呢。沃尔夫，你这个想法真是体贴。当我看到自己还没买价格就已经开始涨了时，你不知道我有多吃惊；当我在40块的价位出清那10万股时，你不知道我有多感激。有些人本来准备在50~60点的价位倒给我的。我真是个笨蛋，没用基金的那400万为他们赚钱，是吧？那些钱本来是用来操盘的，但是，我只会在需要时才买，而我认为当时没这必要。"

约书亚·沃尔夫在华尔街做了很多年了，所以不会让怒火影响生意。他冷静地听我说完，然后用友好的语气说："那么，拉里，老哥，我们该怎么办？"

"想怎么办就怎么办。"

"哎，讲点义气嘛，如果你是我，你会怎么办？"

我严肃地说："如果我是你，你知道我会怎么干吗？"

"怎么干？"

"我会平仓！"我告诉他。

他盯了我好一会儿，一个字没说，转身离开了我的办公室。这辈子再也没来过。

不久戈登参议员也来找我，同样火大，怪我给他们找事儿了。后来凯恩也来起哄。他们忘了组团时，他们的股票根本没有销路，他们只记得我手里拿着基金的几百万，却没有在44点的活跃高价帮他们出清他俩那14万股。而现在，价格到了30点，而且根本就没人要。他们认为我本该帮他们大赚特赚的。

当然，过了一阵子，他们也冷静了下来。基金没什么损失，主要问题还是怎么卖他们手里的持股。几天后，他们又回来找我帮忙，戈登尤其积极。最后，我让他们给股票定价在$25\frac{1}{2}$块，而我的酬金是$25\frac{1}{2}$块以上所有利润的一半。它的最新报价约在30点。

这样，我继续帮他们出清。根据大盘的行情和联合炉具的表现，要出清只有一个办法，就是不抬价直接卖。如果拉抬价格，我就得吃进，而如果随着跌势一路抛出，就总能卖给一些觉得捡便宜的买家。这些人总想捡便宜，而当一支股票比最高价低15~20个点时当然是便宜货，尤其最高价刚过去不久。他们认为，价格反弹在即。联合炉具曾高达44点，现在还不到30点，他们一定会觉得正该买进。

办法一如既往地奏效，捡便宜的买家大量买进，我出脱了他们三人的全部 20 万持股。但戈登、沃尔夫和凯恩根本就不感激我，一点也不。他们还在生我的气，至少他们的朋友是这么说的。他们常跟别人说我耍了他们，他们对我没有遂其意愿顶起股价而耿耿于怀。

其实，如果沃尔夫他们没有到处散布利多消息，我根本无法出清他们抵押给银行的那 10 万股。按我的惯用做法，也就是合理自然的方法，我就得以任何价位卖出。我刚刚说过，当时市场大萧条。在萧条市场，不顾一切的卖出，未必是唯一的方法，但一定要不计价格地卖出，别无他法。但他们不信，仍然很火大。但我不生气，生气没用。多年的经历教会我，在股市，谁生气谁就已经废了。这次他们抱怨后，就没有下文了。

但我得告诉你一件有意思的事。一天，我老婆去了一家别人极力推荐的裁缝店，女裁缝手艺不错，态度又好，性格极其招人喜欢。去了三四次后，她们慢慢就熟了，她说："我希望利文斯顿先生赶快拉抬联合炉具。我们听说他要拉高股价，而且一直听说他出手必胜，就买进了一些。"①

告诉你，无辜的人因为听了"我"的内幕而亏钱，一想到这事我就很难过。或许你现在明白，为什么我从不给人建议了。那个亏钱的裁缝太无辜了，我却背了黑锅，这让我觉得自己比沃尔夫更有资格伤心才对。

---

① 如果连我家的保姆都知道一支股票要涨，那就是我该卖出的时候了。　——巴菲特

第二十三章
内线绝不会向世界宣布任何事实，操盘手成为猎物[1]

---

[1]　华尔街专家的意见及看法，绝不会带给大众任何优势，你的投资利器就在你自己身上，投资你了解的产业和公司，才能发挥自身的优势。　——彼得·林奇

证券投机永远不会消失，人们不希望它消失。无论危险被警告过多少次，也无法阻止人们投身投机中去。不管一个人多能干或老到，都不能避免预料错误。再精心拟定的计划，操作出来都会走样，因为会发生没料到的事情，甚至根本无法预料的事情。灾难可能来自地震或天气，也可能源于内心的贪婪、虚荣、恐惧，或无法抑制的希望。这些都是交易商的大敌，可以统称为天灾。除此之外，他还要和人的行为为敌，那些无论从道德上还是商业原则上来说，都不正当的行为。

当我回想起 25 年前初到华尔街，人们都在干什么时，我必须承认现在的情况好多了。投机行没有了，虽然非法的投机号子依然红火，总有无数男女愿意为一夜暴富的梦想付出代价。证交所干得不错，一次次把骗子们清理出局，而且严格监督其会员公司遵守交易规则。证交所严格执行很多健全的规章制度，虽然仍有待改进。某些恶行依旧顽固，不在于道德上的麻木不仁，而在于华尔街打心底不愿改变。

在股票投机中赢利一向都很困难，现在更是一天比一天难。不久前，真正的交易商还能对每支股票都充分了解。1901 年，摩根推出了由几个小公司合并而成的美国钢材公司，这些小公司大都不到两年历史。当时，只有 275 支股票在证交所上市，还有约 100 支在场外交易。其中有很多股票，要么发行量太小，要么是次要股或保息股，所以交易清淡，没有投机吸引力，所以完全不必去了解。实际上，大多股票好几年没有一笔交易。但是今天不同了，上市的股票有九百多支，近期活跃的也有六百多支。过去，上市的股票们不仅资本额小，股票种类也少，交易商不需要关注太广范围的信息。但是现在，交易涉及各行各业，几乎每个行业都有股票上市，人们没有那么多时间和精力去收集所有股票的所有信息。① 这样，对于靠理性操作的人来说，投机变得困难多了。

做股票的人不计其数，但真赚钱的人不多。② 大众只是"在"股市"里"而已，所以一直有人亏损。无知、贪婪、恐惧和希望，所有这些都是人类这种动物的本性，都会让人亏损，而世界上所有的法律和证交所的所有规则都无法消除。即使再周密雄伟的计划也可能被意外事件击败，连最冷血的经济学家和最热心的慈善集团也根本无法推知。还有另外一种亏损来源：黑心的假消息。这些消息和普通的内幕不同，因为它们会先伪装和乔装打扮一番，所以更加危险和恶毒。

普通外线自然喜欢靠内幕（或谣言）交易，不管是直接从别人那里听来的还是间接从报纸上看到的。对于普通的内幕，你无从防范。比如一个至交好友真诚地告诉你说，他希望你能跟他一同操作，这样你就发财了。他是一片好意。但如果消息有误你该怎么办呢？对于狡猾的专业情报贩子的内幕，你也无从防范，上当受骗的几率和买到假金砖或假酒的几率差不多。但这些都不是最可怕的，因为你可以信，也可以不信。

但典型的"华尔街谣言"，却由不得你不信。对这些谣言，大家毫无防范能力，上当了也没办法。媒体和报价器合作传播的利多消息才是最致命的。证券承销商、操盘手、内线集团和一些个人可以通过各种各样的手段以最高的价格把过剩的股票倒给你。

随便翻开哪天的财经报纸，你都会惊讶地发现里面充斥着大量半官方

---

① 买股票和养孩子差不多，别生太多让自己手忙脚乱，持股最多不要超过五支。 ——彼得·林奇
不要持太多支股票，最高的利润来自少量的股票的组合，这些股票你能充分了解。 ——巴菲特
② 无论在华尔街还是哪儿，都不存在确定的、轻松的致富之路。 ——格雷厄姆

性质的声明。说这些话的权威人士都声称消息确切，因为他们是"大内线"、"大股东"、"高管层"或"掌权人士"。我面前就是今天的一摞报纸，我随便从里面挑出来一条，你听："一位大金融家透露，市场近期不会衰退。"

真的有个大金融家说过这话吗？如果是真的，他意欲何为呢？他为什么不公布自己的姓名呢？难道他担心人们真信了他的话会有什么后果吗？

这里还有一条，说的是一支近期变成活跃股的股票，透露消息的是一个"大股东"。如果真有这么个人，那究竟是董事会的十几个股东中的哪个？显然，用匿名的方式，不管谁信了消息但倒了霉，都没法怪谁。

除了要研究大家的成功先例之外，交易商还必须考虑股票交易中的反面教材。除了研究如何赚钱，你还得懂得如何避免亏损。知道什么不该做，比知道什么该做更重要。所以最好记住，个股的涨势中或多或少都有些控盘因素，内线拉抬价格只有一个目的：高价出脱。但证券公司的普通客户，一般都自认为不那么容易上当，因为他会坚持寻找股票上涨的原因。操作者自然会迎合这种"聪明"来"解释"为什么会涨，以便出货。我相信，如果不允许媒体刊登匿名的利多消息（就是那些故意放出的促使大家买进或继续持股的消息），大家就不会亏那么多了。

几乎所有匿名股东或内线人士放出的利多消息都是不可靠的，都是用来刻意误导大家的，但大家都认为，这些声明既然沾有官方性质，所以是可信的，因此损失的资金每年都不止几百万。

比如说，一家公司的业务经历了低谷，所以股票没人买。报价器上的数字反映的是，对股票实际价值的总体、大概的估值。如果价格低于价值，也就是股票比较便宜，就会有人知道，然后买进，价格就会涨；而如果价格高于价值，也就是很贵，同样会有人知道，然后卖出，价格自然会跌。而现在价格不偏不倚，所以无人问津，也没人动手。

假如公司的业务发生了转机，谁会最先知道，内线还是大家？绝对不会是大家。然后会发生什么？如果情况持续改善，公司收入就会增加，公司就能恢复分红，如果分红持续，还可能提高股息。也就是说，价值涨了。

假如情况持续好转，管理层会在第一时间把好消息公之于众吗？总裁会把消息透露出来吗？会有股东第一时间站出来不具名发表声明，出于博爱精神让报纸财经版和通讯社报道的读者受益吗？会有低调的内线以惯用的匿名方式告诉大家公司前景一片大好吗？

时间点不对，所以他们当然不会。他们会只字不提，报纸不会有报道，报价器也不会透露风声。① 他们会谨慎地封锁真正的利多消息，不让大家知道，"大内线"们会在沉默中吸够。随着知道内情的人的低调买进，价格开始涨。财经记者明白内线们应该知道上涨的原因，就会去采访他们。这些不愿透露姓名的内线们会怎么做？他们会一致宣称自己毫不知情，涨势毫无根据，甚至说自己是做实业的，根本不关心股市和股民的行为。

假如价格继续上涨，直到有一天，了解实情的内线满仓了。华尔街上就会涌入大量利多消息。而且报价器显示出了"可靠消息"，公司业务的确好转了。当初那些不具名的低调股东曾说涨势毫无理由，现在却说，股东们有充分的理由相信公司前景一片大好。当然还是不具名，这样你就不知道这其实是同一个人了。

利多消息像洪水一样涌来，冲得大家纷纷买进，刺激价格进一步上涨。很快，不具名的股东们的预言变成了现实，公司恢复了分红或提高了股息率，等等。随后，添油加醋的利多消息数量剧增，而且更有煽动性。一个"大董事"被直接问到公司的经营状况，他向世人宣告，情况不仅仅是好转而已；一家报纸百般央求一个"大内线"，他才终于承认公司的收入惊人；一位与该公司合作的"著名金融家"被迫指出，公司销售量历史空前，即使没有新的订单，公司也得夜以继日地干不知道几个月才能满足既有订单；一个"财务部人员"在报纸上用大字号标题宣称，大家吃惊于股票涨了，他只对这种吃惊感到吃惊，任何人只要分析一下即将发布的公司年报，就会知道现在的涨势太过含蓄，该股的净值远远高于市价。但这些消息绝

① 如果内线或基金确定看涨，决定买进大宗持股，一般都会秘密地一小笔一小笔地积累，以免把股价拉抬太高，惊动了股民。

不会提到透露消息的好人是谁。

只要公司业绩持续增长，而内线没有察觉公司发展速度有减缓的迹象，他们就会一直持有低吸的股票。既然没有让股票价值下跌的因素，有什么理由卖出持股呢？但是，一旦公司业务开始下滑，会发生什么呢？内线会出面宣布、警告或稍加暗示吗？不会。当初公司业绩好转时他们悄悄买进，现在业绩下滑，他们会同样悄悄地卖出，所以股价会呈现下滑的趋势。在内线的卖压下，价格自然会跌。接着，大家就会收到一如既往的"解释"：一个"大内线"宣称一切正常，价格之所以会跌，是因为有些空头想操纵股票。股价下跌的倾向持续一段时间后，某天定会出现猛跌，人们就会吵着要"理由"或"解释"。如果没人说点什么，股民就会恐慌，担心公司倒闭，股票变成废纸。于是媒体上就会出现这样的消息："我们采访了公司的一个大股东。对于股票的疲软状态，他宣称唯一的结论就是空头在挤压。公司的基本状况没有变，业务空前兴旺，不出意外的话，很有可能在下次董事会议中提高股息。空头势力咄咄逼人，导致股价低迷，这显然是想逼人出货。"报纸为了让消息更加可信，可能会补充道：据"可靠消息"，股价下跌当天，空头抛出的股票，大部分已被内线吃进。空头们是在作茧自缚，早晚要付出代价的。

部分人信了这利多消息，所以继续买进，所以亏了；还有部分人取消了卖出的打算，所以继续持股，所以亏了。其实正是那些"大内线"在散货给股民，他们想尽办法阻止大家卖出他们不想支撑的股票。大家看到"大股东"的声明后会怎么想？一般的外行会怎么想？当然是相信股票绝对抗压，空头的卖压只能导致暂时的疲软，一旦空头暂停，内线集团就会引导报复性的涨势，逼迫空头高价回补。股民完全相信这一点，因为如果跌势真是空头卖压引起的，事情一定会这么发展。

尽管市场上流传着内线集团放出的狠话，说会大力轧空广大空头，但问题股票的价格并没有反弹，跌势汹涌，根本停不下来，因为内线放给市场的股票太多，市场消化不了。

这些由"大股东"和"大内线"卖出的持股，成了职业股商之间的足球，踢来踢去。股价不断下跌，似乎永远没个头。内线知道公司业务不佳，收入减少，所以在业务好转之前不敢支撑。而一旦业务再次好转，内线又会低调买进。

我做股票这么多年，一直很熟悉市场。在我的记忆中，没有一次大跌，是由空头掼压造成的。所谓的空头卖压，不过是了解内情的内线的卖压。但他们不可能对外公布说，下跌是因为内线的抛售或缺乏内线支撑造成的，这样大家就会纷纷卖出，卖压就更大了。一旦大家都卖而不买，情况就会大乱。

大家应当牢记一点：如果一支股票持续低迷，原因绝不是空头的掼压。一旦一支股票持续下跌，你可以肯定一定出了什么问题，不是市场的问题，就是公司的问题。如果跌势背后没有原因，价格很快就会跌到股票的价值以下，内线不等股民出手，自己就会买进，股价随之止跌。实际上，空头只有在股价高于实际价值时卖出才能赚大钱。有一点是绝对可以肯定的：内线绝不会大肆宣扬任何事实。

不说你也知道，纽黑文铁路公司就是个经典案例。现在大家都知道当时是怎么回事了，但当时的知情人很少。它是新英格兰最大的一条投资铁路，股票在1902年的价格是255块。当时在新英格兰，一个人在这支股票上的持股量可以决定他受尊重的程度和他在股票界的地位。如果谁说它会破产，他不会被关进监狱，而是会被送进疯人院，和别的精神病待在一起。但是，当摩根任命了一个偏执的新总裁时，悲剧就开始了。一开始，大家并不知道新政策会让公司沦落到那种地步。但随着纽黑文以虚高的价格不断购进联合铁路公司的资产时，眼亮的人开始质疑梅兰总裁的新政策。纽黑文铁路以1000万的价格从联合铁路购进了一种只值200万的有轨电车系统。对此，公司董事会里有一两个轻率的成员出言不逊，说公司管理层行事鲁莽，暗示纽黑文再大也经不起这种挥霍。

是谁先看到大难临头的呢？当然是内线。他们知道内情，开始抛出持股。第一批看出股灾将至的人，自然是内线。他们越了解公司的实情，就越多地减少持股。他们纷纷卖出，不再撑盘，于是新英格兰的这支绩优铁路股开始下滑。人们一如既往地开始问为什么，想凭自己的聪明才智得到合理的解释，而惯用的伎俩很快出现："大内线"宣称，股票没什么问题，跌势是因为胆大妄为的空头在抛售。听到这话，新英格兰的股票商们继续持有纽约—纽黑文—哈特福德联合的股票，甚至根本没把它当做投机，还以为就跟投资一样稳赚不赔。内线不是说股票没问题吗？几个空头的卖压有什么大不了的？公司不是宣布继续分红吗？那当然应该继续持股啊！

但另一方面，公司并没有兑现轧空的承诺，股价反而再创新低。内线开始更加急着出货，且更加明目张胆。跌势加剧，新英格兰地区那些寻求稳妥投资和稳定分红的大众损失惨重，于是，几个情绪激动的波士顿人开始要求相关人士对暴跌给出明确的解释，但他们却被骂做蛊惑人心的股票奸商。

一支股票，从255块跌到12块，不可谓不惨烈。它空前绝后，绝对不是，也绝不可能是空头打压的结果。这种跌势不是空头的卖压可以引起的，也不是空头的操作可以维持的。内线集团总能一边高卖，一边鼓动大家买进，否则没人接盘啊。而如果真把内情公之于众，就绝对高抛不了了。内线们知道，不管价格是250块还是200块、150块、100块，还是50块、25块，都高于股票的实际价值，但大众不知道。大众正全力试图靠买卖这支股票赚钱，因为他们认为，价格暂时走低正好低吸。记住：公司的全部实情只有少数人清楚。

过去二十年里出现过多次惨重的暴跌，均非空头打压所致，但股民却一再轻信这种解释，所以一次次亏个几百万。一些人看到这支股票的表现后本来打算卖出甚至清仓的，可就是信了这种解释，所以抱有一线希望，以为空头停止打压后，价格就会反弹。以前我总听到股民们骂基恩，在基恩出道之前，他们就骂查理·沃瑞索夫或爱迪生·科马克，后来我自己也成了他们无端指责的对象。

　　说到这里，我想起来一个故事，关于英特维尔石油公司的。当时一个内线集团在拉抬股价，股民看到涨势就开始买进。集团把股价炒高到50块后出货，价格随之暴跌。于是，像任何时候一样，聪明人又在问：为什么它这么疲软？大多数人都有同样的疑问，所以问题的答案也就成了头条新闻。一家财经报纸召集了一群券商，问股价为何暴跌。券商们完全知道上涨的内情，也完全清楚下跌的原因，他们其实也是这一内部集团的成员。为了找一个可以见光的原因，他们竟然说："是拉里·利文斯顿在打压！"不仅如此，他们还说要狠狠地"教训"我一顿。但同时，内线当然还在不断地出货。股价跌到了12块，但这其实已经赚了，即使压到10块以下，平均卖价仍会高于他们的买进价。

　　对内线来说，随着股价下跌一路卖出是明智而正确的操作。但在35~40点吃货的外线，就不同了，他们盯着报价器，拿着持股，就等着拉里·利文斯顿倒大霉，落入愤怒的内线集团手中。

　　在牛市，尤其是市场繁荣期，一开始大家都能赚到钱，但后来都因为流连于牛市不肯收手而亏损。正是这种"空头打压"的解释，让他们流连忘返，然后套牢。对这种解释，你应该打起十二分精神，它们只是那些不愿具名的内线们的圈套罢了。

第二十四章
内线只会告诉你何时买，但一定不会告诉你何时卖①

---

① 每个人都知道，在市场中，如果赖着不走，最后都有一赔。那些不肯放弃的人并非投机商，而是赌徒。
这就是很多人到最后，要么选择提前退休，要么转做长期投资的原因。 ——格雷厄姆

大家总喜欢内幕，所以才会有那么多人，不仅喜欢听，还喜欢传。券商理应通过公司内刊简讯给客户一些交易建议，口头的也行，但不能过分强调某公司的现状，因为市场的动作总是领先报表 6~9 个月左右。你不能根据某公司之前的业绩而建议客户买进，除非你能肯定它在 6~9 个月后还能保持。如果把目光放长远，你就能清楚地看到，形势正在发展，终将改变当前正在起作用的力量，这样你就不会断然认为股价现在很便宜了。投机商必须往长远看，但券商不必，它们只关心现在是否能赚到佣金，所以券商内刊简讯中不可避免地常常错误百出。券商主要靠收客户的交易佣金谋生，但它们也会通过市场内刊简讯或口头形式引诱客户接手内线或操盘手抛出的股票。

经常会有内线去找券商，让他们帮忙创造市场脱手 5 万股。券商会想进一步了解情况。比如股票的市价是 50 块，内线就会告诉券商："我会以 45 块的价格给你 5 千股的看涨期权，每高 1 个点，我就多给你 5 千股，直到所有 5 万股的期权完毕，我还会在 50 块价位给你 5 万股的看跌期权[①]。"

这样，只要券商有足够多的拥趸（内线要找的当然正是这种大公司），

---

① put，期权（option）的一种，合约持有者有权利而无义务以特定价格卖给原股票持有者。put 和 call（看涨期权）相对。

这钱是相当容易赚的，因为券商常有大批粉丝。记住，因为券商手上有两种期权，所以保准赚钱。只要能让大家跟进，券商就能出清，既赚了正常的佣金，又能高价出清。

我还记得一个著名内线的战绩。他给大券商的客户经理打电话，有时甚至给券商的小合伙人打电话，告诉他们说："喂，老朋友，我很感激你多次帮我，为了报答你，现在给你个赚钱的机会。我们刚成立了一家新公司，吸收一家旧公司的资产，我们将大力抬高价格，比市价高得多。我打算以65块的价位卖给你500股班塔姆连锁店的股票，它现在的报价是72块呢。"

这位知恩图报的内线会把消息告诉各大券商的十几个客户经理。既然华尔街的券商都收到了慷慨内线的内幕，知道自己可以获利，他们会怎么做？当然是建议每个客户都买进，而那个好人早就料到了。券商们会帮助这个好心的内线创造市场，让他把手里的股票，高价倒给可怜的大众。

证交所禁止很多操作，但我认为还远远不够。他们还应禁止一些股票承销手段。有些公司在证交所上市了，但仍然可以在场外以按揭的方式销售，这是应当禁止的。挂牌上市并有报价，就让股票有了某种形式的保证，看起来很正规，特别容易引诱人们上当。尤其是，在场外买，价格一般比市价低，还可以在自由市场正式卖出，这就足以诱使人们超额买进了。

还有一种销售手段，让不肯动脑子的大众亏了几百万，但它完全合法，所以上当了也没法起诉任何人。这种手段就是，由于市场需要所以分拆。为了把股票炒热，操作可能是这样的：把原来的一股劈成2股、4股甚至10股来卖。就像1磅1块钱的产品，本来很难卖，但把价格改为25美分0.25磅就好卖了，甚至卖到27~30美分都没问题。大家从来没想过为什么就便宜了呢，其实又是好人在作怪。其过程就是换个颜色重印罢了。精明的交易商需要警惕这种"特洛伊木马"，这种事本来是必须提防的，但大家根本不理会，所以每年都亏几百万。

法律制裁中伤者，也就是编造并散布谣言，意图抹黑某一行业、个人或公司信誉的人，因为他们企图诱使大家出货以压低股票价格。这一法律最初的主要用意是，惩罚那些在经济紧张期公开怀疑银行兑款能力的人，以减少发生恐慌的概率。当然，同时它也保护股民，以免大家低价抛售。换句话说，美国的法律惩罚散布假利空消息的人。

但怎么惩罚那些散布假利多消息的人呢？法律如何保护大家不被忽悠得高价买进别人的倒货呢？没办法。大众会听从不具名内线的消息，在股价过高时买进，也会听信所谓暴跌理论低价抛售，两边都亏损。前者明显更恶劣。如果能有法律，像惩罚利空谎言一样惩罚利多谎言，股民们就能少亏几百万了。

承销商、操盘手等都是匿名利多谎言的受益者，但他们都会说：根据谣言和不具名的声明做交易，就活该赔钱。甚至有人会说：愚蠢的人就像吸毒者一样没有资格受到保护。

证交所不能袖手旁观，任凭利多谎言肆虐。它应当积极保护大家不受非法行为的侵害。如果知情的内线人士想让股民相信他的声明或观点，就让他签名，对自己的话负责。署了名也不能保证利多消息就是真的，但这样做可以让"内线"和"大董事"们小心一点。

大家应当时刻谨记股票交易的基本原则。涨了，别问为什么涨，自然是因为持续的买盘。只要股价接着涨（偶尔的小幅回踩属合理现象），继续买进就是稳妥的操作。经过长期的持续上涨后，价格突然回档，逐渐开始下跌，其间偶尔小幅反弹，这时你就明白，方向显然已经从上涨变成下跌了。就是这么简单，为什么非要找个解释呢？可能真的有某些根本性的原因导致了下跌，但只有少数人知道。他们要么秘而不宣，要么宣称股价现在很划算。游戏的本质就是这样，所以大家应该认识到，知情人是少数人，而他们绝不会透露真相。

所谓内线或高层的话，大部分都是假的。根本没人要什么内线发表具名或不具名的声明。编造并发表这些声明的，都是大利益相关者。当股票处于涨势，大宗持股的内线不会反对场内交易员参与交易，而且还从旁协助。

但内线只会告诉他们何时买，但一定不会告诉他们何时卖。这样，场内交易员和广大散户就一起蒙难了。但交易员比散户有用，因为一旦误信内线的消息，他们有能力创造更大的市场，内线可以出更多的货。这些内线在游戏的任何阶段，当然永远都不可信，而公司的大老板们呢？他们通常会根据实情在市场上买进卖出，他们从不说谎，但什么也不说，因为他们发现，有时候沉默是"金"。

我说过很多次了，而且再多说几遍也不为过：做股票这么多年的经历，让我相信，有人有时能打败某支股票，但没人能永远打败整个市场。无论你经验多么丰富，任何人都可能会输，因为投机不可能百分之百全中。华尔街的职业投机商都知道：根据内幕交易，就是作，人不作不死。它比饥荒、瘟疫、作物歉收、政治调整或其他任何正常的意外都更有摧毁性。不管是在华尔街还是哪儿，都没有通往成功的康庄大道，何必再给自己加几块绊脚石呢？

（完）